Al día en los negocios: Escribamos

Al día en los negocios:
Escribamos

Ela Gómez-Quintero
María E. Pérez
Iona College

McGraw-Hill, Inc.
New York St. Louis San Francisco Auckland Bogotá
Caracas Hamburg Lisbon London Madrid Mexico Milan
Montreal New Delhi Paris San Juan São Paulo Singapore
Sydney Tokyo Toronto

AL DIA EN LOS NECOCIOS: ESCRIBAMOS

First Edition
9 8 7 6 5

Copyright © 1984 by McGraw-Hill, Inc. All rights reserved. Printed in the United States of America. Except as permitted under the United States Copyright Act of 1976, no part of this publication may be reproduced or distributed in any form or by any means, or stored in a data base or retrieval system, without the prior written permission of the publisher.

Library of Congress Cataloguing in Publication Data

Gomez-Quintero, Ela Rosa, 1926-
   Al dia en los negocios-escribamos.

   1. Spanish language-Business Spanish. I. Pérez, María Esther, 1928-   II. Title.
PC4120.C6G64   1984   468.3'421'02565   83-26916
ISBN 0-07-554494-6

Text and cover design by Randall Goodall

PREFACE

Level and purpose

Al día en los negocios: Escribamos has been prepared for students at the intermediate and advanced levels of Spanish who wish to familiarize themselves with the vocabulary, protocol and styles of correspondence, and documents common to the Spanish-speaking business world. Fundamental grammar and vocabulary are assumed, upon which students build to achieve competence in written business communication. Vocabulary is presented by means of introductory essays and model letters illustrating the kind of letter discussed in the essay; key words are italicized in the essay and underscored in the letters, and those words are reinforced immediately afterward by focused exercises. Each chapter in the core of the text addresses the vocabulary, tone, and format of letters and documents required for a particular aspect of business: for example, banking, import/export, collection, personnel, and transmittals of all kinds. Because of the many types and aspects of business covered, *Al día en los negocios: Escribamos* is suitable for students preparing for careers in business, international studies, and secretarial arts, as well as for any student of Spanish needing a survey of everyday correspondence techniques. The extensive vocabulary lists in each chapter, as well as the informative appendices, also make the text useful as a resource book for professionals in any field allied with business.

The text offers a substantial assortment of exercise material—more, in fact, than will likely be used in any given course—to give students flexibility of choice in reinforcing their knowledge of new vocabulary and format and also to offer instructors the opportunity to pick and choose, and to adapt the text to the length and focus of their particular course. For that reason the text can be used in evening courses that meet once a week, in a standard semester or quarter course with three meetings per week, or in an intensive summer-school course. For year-long courses it is suggested that the text be used in conjunction with its companion volume, *Al día en los negocios: Hablemos,* which provides abundant practice in oral role-playing and vocabulary development for spoken communication in the business world. The two texts can be used sequentially in two terms, or concurrently over the course of the year.

Content and organization

Al día en los negocios: Escribamos is divided into five parts and sixteen chapters, including a **Lección preliminar** (an introduction to such basics as cognate study, business abbreviations, cultural phenomena peculiar to Spanish correspondence, postal systems, and written conventions for numbers). The first part of the main text covers conventions of letter-writing, including format and punctuation styles. The second part, which makes up the bulk of the text and comprises ten chapters, handles in turn one type of correspondence, providing situational background, sample correspondence, and vocabulary germane to that field. Included in this main part are documents and forms that allow students to imagine themselves in real-life situations. The third part addresses brief and/or urgent messages, memos, and financial documents; the fourth, social correspondence, and the fifth, government correspondence. In addition, a glossary of business terminology, a directory of international economic networks, and a Spanish-English vocabulary lend support to the pedagogical apparatus contained in the body of the text.

The following elements are found in a typical chapter of *Al día en los negocios: Escribamos:*

—*A series of brief essays with corresponding sample letters* covering the various types of letters needed to do business in the field discussed in that chapter.

—*Exciting and practical exercise sections* (**Ejercicios: Practicar, variar y crear**) following each type of letter, in which students can practice new vocabulary through matching synonyms and antonyms, matching similar **formulismos,** and doing sentence-building activities. All exercises are directly related to the type of letter being studied and are graduated in difficulty from passive-recognition activities to filling in missing parts of letters to some very challenging "hands-on" tasks that require creating entire letters similar to the model letters and utilizing the new chapter vocabulary.

—*An overall question section* (**Preguntas**) that tests students' comprehension of all the material covered in the essays and sample letters.

—*An extensive vocabulary listing* (**Vocabulario**) that focuses on terminology pertinent to the type of business covered in the chapter.

—*Extra guidance for editing* business correspondence (**Puntos esenciales de redacción**) that introduces or reviews the fine points of letter-writing, such as the tone needed for delicate transactions, the avoidance of redundancy, tips for effective advertising copy, and so on.

—*Supplementary information* on the mechanics of letter writing (**Información suplementaria**), such as specialized abbreviations and symbols, connotations of similar words used within particular business situations, technical terminology, and so on.

—*Additional exercises* to test the skills developed by the last two features.

The text also offers actual documents and realia of various kinds that allow students to see, and sometimes fill in, the kinds of forms discussed in the essays. For example, applications for employment, checks, money orders, telegrams, promissory notes, customs documents, and insurance policies are among the large assortment available for a realistic look at the Hispanic business world.

The sequence and content of *Al día en los negocios: Escribamos* have been tested in the classroom over a period of more than three years, and student response has been highly favorable.

Acknowledgments

The authors would like to thank first of all their students for their enthusiasm and comments, and the many readers of the manuscript who have offered valuable advice and suggestions. Special thanks are due Dr. Thalia Dorwick of Eirik Børve, Inc., and Pamela Evans, Laura Chastain, and Tina Norum, all of whose editorial support has been invaluable.

INDICE

Introducción — 1

Lección preliminar — 3
        Las abreviaturas
        Los cognados
        Números y cantidades
        Peculiaridades culturales
        El correo y las telecomunicaciones

PRIMERA PARTE: LA CORRESPONDENCIA COMERCIAL — 11

CAPITULO 1
La carta comercial — 13

CAPITULO 2
Presentación y puntuación de la carta comercial — 31

SEGUNDA PARTE: DIFERENTES TIPOS DE CARTAS COMERCIALES — 47

CAPITULO 3
Cartas de solicitud de empleo, de presentación y de recomendación — 49

CAPITULO 4
Cartas de acuse de recibo de solicitud de empleo, de renuncia, de solicitud de aumento y de ascenso — 73

CAPITULO 5
La correspondencia bancaria — 95

CAPITULO 6
La correspondencia sobre compra-venta — 111

CAPITULO 7
La correspondencia sobre importación y exportación — 135

CAPITULO 8
La carta de cobro — 159

CAPITULO 9
La carta de referencia — 177

CAPITULO 10
La carta de reclamación — 191

CAPITULO 11
La carta circular y la publicidad — 207

CAPITULO 12
La carta de trámite — 225

TERCERA PARTE: LAS COMUNICACIONES COMPLEMENTARIAS Y LOS DOCUMENTOS — 247

CAPITULO 13
Los mensajes breves y urgentes — 249

CAPITULO 14
El cheque y otros documentos comerciales — 261

CUARTA PARTE: LA CORRESPONDENCIA SOCIAL Y PRIVADA — 275

CAPITULO 15
La carta social y familiar — 277

QUINTA PARTE: LA CORRESPONDENCIA OFICIAL — 289

CAPITULO 16
La carta oficial — 291

Apéndice 1: Glosario de términos comerciales — 303

Apéndice 2: Organismos e instituciones económicas internacionales — 315

Vocabulario español-inglés — 317

INTRODUCCION

Cuando la correspondencia es el medio de comunicación en el mundo de los negocios se llama *correspondencia comercial* o *mercantil*. Mediante ella los industriales, fabricantes, comerciantes, etcétera se ponen en contacto o comunicación para hacer sus operaciones mercantiles o comerciales.

La correspondencia comercial está representada por la carta, el memorándum, la tarjeta postal, el télex, el telegrama, el cablegrama y el radiograma. Estas cuatro últimas formas se utilizan para el envío de mensajes urgentes. La forma de comunicación más importante, por ser la más usada universalmente, es la carta comercial, cuyo principal objetivo, en términos generales, es notificar o informar, influir y convencer o persuadir.

Las cartas comerciales son el mejor representante o agente de toda empresa comercial, y como tales, tienen la misión de «hacer amigos» y aumentar tanto el patrimonio económico como la reputación de la misma. En la actualidad, escribir cartas comerciales es un arte en el que se combinan la sicología, el periodismo, la publicidad y las relaciones públicas. Por esta razón, muchas compañías cuentan con el servicio de corresponsales profesionales para el manejo de su correspondencia.

Por tratarse de un elemento vital en el funcionamiento de todo negocio, es indispensable conocer las reglas que rigen la correspondencia comercial en la lengua española, así como las peculiaridades culturales que la distinguen. Para ello se presentan en este texto los modelos y las indicaciones a seguir para redactar los distintos tipos de cartas comerciales que son habituales en los países hispanos. Además se dan reglas para escribir mensajes breves, documentos, cartas sociales y privadas y cartas oficiales.

Para facilitar la elaboración correcta de esta correspondencia se incluyen puntos esenciales a observar en su redacción, como los son ciertas reglas de acentuación, el uso de los signos de puntuación, de las mayúsculas, de las preposiciones y conjunciones que se prestan a confusión, etcétera, más una valiosa información suplementaria que comprende, entre otras, las abreviaturas comerciales más usadas, unidades monetarias de los países de habla española, pesas y medidas del Sistema Internacional de Unidades y otras piezas de información igualmente interesantes.

Toda la información anterior va combinada con ejercicios prácticos para desarrollar la creatividad en el campo de la redacción comercial.

Lección preliminar

El propósito de esta lección preliminar es dar a conocer algunos elementos clave que han de facilitar la comunicación escrita en el mundo hispánico de los negocios. Se presentan, primeramente, las abreviaturas, muchas de ellas usadas en idioma inglés por ser parte del lenguaje comercial internacional. Se incluyen también varias listas de palabras cognadas (que son aquéllas idénticas o parecidas en ambas lenguas, inglés y español) y las reglas que ayudan a identificarlas. Luego se presenta una guía para escribir correctamente números y cantidades, seguida de ciertas recomendaciones de gran utilidad práctica, como son el uso de ciertos formulismos y el estilo propio que se observa en la correspondencia de habla española. Por último se hace una breve referencia a los servicios de correo y telecomunicaciones.

La información precedente tiene como fin facilitar la participación activa en los ejercicios diseñados a lo largo de este texto para hacer más efectivo el proceso de conocer el funcionamiento de los negocios en los países de habla española.

Las abreviaturas

La abreviatura es la representación de la palabra en la escritura por medio de una o varias letras, por lo general no más de tres letras. A veces se emplean únicamente letras mayúsculas seguidas de un punto (.) al final de la abreviatura.

Las siguientes son algunas de las abreviaturas más usadas en la correspondencia comercial.

a.m.	antes del meridiano	*morning,* A.M.
Atn.	atención	*attention*
c., cta.	cuenta	*account, bill, statement*
Cía., Comp.	compañía	*company*
com.	comisión	*commission*
cte.	corriente	*current, up-to-date*
cto.	crédito	*credit*

Depto.	departamento	*department*
d/f.	días fecha	*the date stated, due date*
dcto.	descuento	*discount*
ej.	ejemplo	*example*
Expte.	expediente	*expedient; dossier*
f., fact., fª.	factura	*invoice*
Hno., Hnos.	hermano, hermanos	*brother, brothers*
No.	número	*number*
%	por ciento	*percent*
p.%	porcentaje	*percentage*
pdo.	pasado	*past*
p. pdo.	próximo pasado	*last month*
p.m.	pasado meridiano	*afternoon*, P.M.
pág., p.	página	*page*
prov.	provincia	*province*
ptas., pts.	pesetas	*Spain's currency*
Rte.	remitente	*sender*
S.A.	sociedad anónima	*corporation, stock company*
S.L.	sociedad limitada	*limited partnership company*
Sr.	señor	*sir., Mr., gentleman*
Sra.	señora	*Mrs., Ms., Madam*
Srta.	señorita	*Miss, Ms.*
Sres.	señores	*gentlemen, sirs*
Suc., Sucs.	sucursal, sucesores	*branch; successors*
tel., telef.	teléfono	*telephone number*
Ud., U., Vd., V.	usted	*you (formal singular)*
Uds., Vds.	ustedes	*you (formal plural)*

En este texto se usarán indistintamente las siguientes abreviaturas: **Ud.** y **Vd.** para **usted**, y **Uds.** y **Vds.** para **ustedes**.*

Los cognados

Cognados son aquellas palabras que se escriben igual o casi igual en español que en inglés, pero se pronuncian de distinta forma.

1. Son cognados idénticos los siguientes.

ESPAÑOL	**INGLES**
circular	*circular*
divisor	*divisor*
formal	*formal*

*En el Capítulo 4, págs. 90–91, aparecen más abreviaturas útiles.

industrial	*industrial*
natural	*natural*
particular	*particular*
personal	*personal*
propaganda	*propaganda*
singular	*singular*

2. Son casi iguales en español y en inglés, excepto por el acento ortográfico, la vocal final y/o el uso de una sola consonante en la palabra en español.

ESPAÑOL	INGLES
acento	*accent*
cablegrama	*cablegram*
comisión	*commission*
crédito	*credit*
departamento	*department*
expediente	*expedient*
presente	*present*
telegrama	*telegram*
télex	*telex*

3. Si la palabra termina en **-ción** en español, por lo general la terminación en inglés es *-tion*.

ESPAÑOL	INGLES
citación	*citation*
información	*information*
manipulación	*manipulation*
notificación	*notification*
posición	*position*
presentación	*presentation*
puntuación	*punctuation*
recomendación	*recommendation*
sección	*section*
situación	*situation*

4. Las palabras que en español terminan en **-cio, -cia** y **-dad** terminan en inglés en *ce* y *ty,* respectivamente.

ESPAÑOL	INGLES
autoridad	*authority*
claridad	*clarity*
competencia	*competence*
correspondencia	*correspondence*
preferencia	*preference*
propiedad	*property*
provincia	*province*
referencia	*reference*

Lección preliminar

servicio   *service*
variedad   *variety*

5. La sílaba **es** al comienzo de una palabra en español equivale a la consonante *s* en inglés.

ESPAÑOL	INGLES
espacioso	*spacious*
especial	*special*
especialización	*specialization*
específico	*specific*
espectacular	*spectacular*
especulación	*speculation*
estación	*station*
estampilla	*stamp*
estatuto	*statute*
estenografía	*stenography*

6. Aunque no siguen las reglas anteriores, otros cognados son fáciles de reconocer por la semejanza que existe entre la palabra en español y la palabra en inglés.

ESPAÑOL	INGLES
aclaratorio, clarificativo	*clarifying*
adoptante	*adopting*
caso	*case*
creativo	*creative*
diccionario	*dictionary*
minutas	*minutes*
múltiplo	*multiple*
necesario	*necessary*
representante	*representative*

Números y cantidades

Los números pueden ser ordinales, cardinales y romanos. La numeración romana se usa para expresar la sucesión de reyes, emperadores, papas y siglos y para ordenar los tomos o los capítulos de un libro.

I = 1; V = 5; X = 10; L = 50; C = 100; D = 500 y M = 1.000

Los *adjetivos numerales* ordinales indican orden: primero, segundo, tercero, cuarto, quinto, sexto, etcétera.

Los *números cardinales* son los números enteros en abstracto, como 2 (dos), 10 (diez), 100 (cien o ciento), 1.000 (mil), etcétera.

Al escribir cantidades deben seguirse las siguientes reglas:

1. **Ciento** se convierte en **cien** delante de un nombre, de **mil** y **millones:**

cien hombres, cien mil, cien millones. Se usa la palabra **ciento** delante de números menores de cien; ciento uno; ciento noventa y nueve.
2. **Uno** se transforma en **un** cuando va seguido de un nombre masculino singular o plural: un destinatario, ciento un destinatarios. **Un** se omite delante de **cien**, **ciento** y **mil**, pero se usa delante de **millón**: Tengo un millón de pesetas, pero no tengo cien dólares ni mil pesos mexicanos tampoco.
3. Se usa una sola palabra para escribir los números cardinales del 1 al 29, aunque también se pueden escribir así los números del 16 hasta el 29: diez y seis, diez y siete, veinte y ocho, veinte y nueve.
4. Al escribir cantidades en español, se usa *el punto* (.) para separar los pesos, y *la coma* (,) para separar los centavos, a la inversa de lo que ocurre en inglés.

   $5.000,50 (cinco mil pesos cincuenta centavos)
   $5,000.50 (*five thousand dollars and fifty cents*)*
   4,2% (cuatro con dos por ciento)

5. Tanto en la escritura corriente como en la correspondencia comercial se escriben con letras los números del **uno** al **nueve**, y del **10** en adelante con números.

   Solicitamos tres cajas de sobres, seis docenas de bolígrafos, nueve cajas de presillas y siete docenas de cintas de escribir a máquina.

   En la empresa Gomerez, S.A. hay 12 directores generales, 15 jefes de departamento, 25 secretarios, 20 mecanógrafos y 13 taquígrafos.

Peculiaridades culturales

El uso de dos apellidos. En los países de habla española, es costumbre general que las personas usen el *apellido paterno* y el *materno,* especialmente en ocasiones formales. Es importante tener esto presente al escribir una carta comercial. Al dirigirse a un cliente, debe hacerse así:

Sr. José Rodríguez Díaz (Rodríguez es el apellido paterno, Díaz, el materno)
Srta. Ana Amador Hurtado (Amador es el apellido paterno, Hurtado, el materno)

El uso de la conjunción **y** para enlazar ambos apellidos es asunto de opción personal y, aunque ha caído en desuso, particularmente en Hispanoamérica, aún hay personas que lo usan.

---

*Sin embargo, el sistema inglés se ha extendido y se usa en muchos países de Hispanoamérica.

Sr. José Rodríguez y Díaz
Srta. Ana Amador y Hurtado

En el caso de una mujer casada, ésta por lo general usa solamente el apellido de su esposo precedido de la preposición **de:**

Sra. María de González

Pero cuando se trata de ocasiones formales, al apellido paterno (Alvarez) añade **de** más el apellido de su esposo:

Sra. María Alvarez de González

El uso de los formulismos. En la redacción de las cartas comerciales y oficiales es frecuente el uso de *formulismos,* es decir, el apego al empleo de ciertas fórmulas consagradas por el uso. Estos formulismos se usan sobre todo en la introducción y en la despedida o cierre de la carta.

Acuso recibo de su atenta de...
Tengo el gusto de comunicarle que...
Nos es grato informarles que...
Con la mayor consideración y respeto,
De ustedes muy atentamente,
Quedamos de Ud. muy atentamente,

El estilo «florido» o «barroco». En la correspondencia comercial en general no se deben derrochar palabras; el estilo, aunque muy cortés, *no debe ser* sobrecargado y artificial sino directo, breve y conciso, pues el propósito de estas cartas es puramente dar cierta información al destinatario. Pero la lengua española, influida por la profusa retórica latina, considera el laconismo un tanto árido y descortés. De allí que en la correspondencia comercial exista la tendencia a usar un estilo que podría calificarse de «florido» o «barroco» por lo recargado. Para evitar esto, hoy día las grandes empresas comerciales cuentan con buenos redactores para lograr, a la vez, la mayor corrección literaria y cierta elegante formalidad en la correspondencia, sin olvidar la brevedad y la claridad expositiva.

El correo y las telecomunicaciones

Entre los servicios más importantes en el mundo de los negocios se cuentan el correo y las telecomunicaciones.

Todo comerciante e industrial depende de los servicios postales para el buen funcionamiento de su negocio, así como del *telégrafo* y del *télex* para la trasmisión rápida de mensajes urgentes a los lugares más lejanos del mundo.

En España y en la mayoría de los países hispanoamericanos la *Administración General de Correos* está bajo la dependencia del *Ministerio de Comunicaciones y Transporte.* Existen además Oficinas de Administración de Correos en las distintas ciudades, pueblos y villas para la distribución y reparto de la correspondencia.

Para distribuir con más rapidez la correspondencia, existen en las grandes ciudades *distritos postales.* Cada distrito tiene un número que debe escribirse en el sobre después del nombre de la ciudad a la que se destina la carta.

Madrid - 6, España
México, D.F., 5

El servicio de correos presta servicios que son de gran utilidad para la banca y el comercio en general. Por ejemplo, se ocupa de

1. El transporte de cartas, bultos o paquetes postales por tierra, aire y mar. La correspondencia enviada puede ser de primera, segunda, tercera o cuarta clase.
2. La expedición de *giros postales,* es decir, aquellas órdenes de pago que libra el administrador de correos para que a una persona determinada le sea entregada cierta cantidad de dinero en nombre de otra.
3. La apertura de cuentas de ahorros en la llamada *caja postal,* dependencia adscripta a la Administración de Correos.

Entre las repúblicas hispanoamericanas existen convenios o contratos mediante los cuales se ha establecido la Unión Postal Panamericana para tratar aspectos relacionados con la correspondencia, entre ellos la fijación de una tarifa doméstica común a todos los países de Hispanoamérica. En igual forma, existe también la Unión Postal Universal, de la que son miembros casi todos los países del mundo.

Vocabulario

la **abreviatura** *abbreviation*
el **adjetivo numeral** *numeral adjective*
la **Administración General de Correos** *General Post Office*
el **apellido** *surname, family name*
el **apellido materno** *mother's maiden name*
_____ **paterno** *family name*
el **bulto** *bulk; bundle, package*
la **caja postal de ahorros** *postal savings bank*
la **cantidad** *quantity, amount*
la **carta comercial** *business letter*
_____ **oficial** *official letter*
el **cognado** *cognate*
la **coma** *comma*

la **concisión expositiva** *expositive conciseness*
conciso *concise*
el **correo y las telecomunicaciones** *post office and telecommunications*
la **correspondencia mercantil** *commercial correspondence*
derrochar *to waste, squander*
el **destinatario**/la **destinataria** *addressee*
el **director general**/la **directora general** *general director*
el **distrito postal** *postal code, "ZIP" code*
la **ejecución** *execution, carrying out*

el **estilo florido o barroco** *flowery or baroque style*
la **expedición de giros postales** *dispatch of money orders*
el **formulismo** *formulism*
el **giro postal** *money order*
el **jefe**/la **jefa de departamento** *department head*
el **laconismo** *laconism, brevity of speech*
el **mecanógrafo**/la **mecanógrafa** *typist*
el **mensajero**/la **mensajera** *messenger*
el **Ministerio de Comunicaciones y Transporte** *Office of Postmaster General*

el **número** *number*
    _____ **cardinal** *cardinal number*
    _____ **entero** *integer number*
    _____ **ordinal** *ordinal number*
el **punto** *period (symbol)*

el **redactor**/la **redactora** *editor*
el **reparto de la correspondencia** *mail delivery*
la **resolución** *resolution, solution (of a problem)*
el **secretario**/la **secretaria** *secretary*

los **servicios postales** *postal services*
el **sobre** *envelope*
el **taquígrafo**/la **taquígrafa** *stenographer*
la **tarjeta postal** *postcard*
el **telégrafo** *telegraph*
el **télex** *telex*

PRIMERA PARTE
La correspondencia comercial

CAPITULO 1

La carta comercial

Requisitos de la carta comercial

Son requisitos imprescindibles del estilo comercial la claridad, la concisión, la naturalidad, la sencillez y la cortesía, arte que no se logra, desde luego, si no se observan las reglas de la ortografía y la sintaxis.

Claridad. La carta debe ser escrita para ser comprendida por quien la recibe; por lo tanto, debe evitarse el uso de palabras *confusas* o *rebuscadas*.

Concisión. La concisión ayuda a la claridad; así pues, debe evitarse el uso de detalles y palabras innecesarios. La carta debe ser breve.

Naturalidad. La carta debe seguir el viejo principio de «escribo como hablo», pues por ser un sustituto de la conversación debe escribirse con la misma naturalidad que se usa al hablar.

Sencillez. Lo que se dice en la carta debe expresarse sencilla y llanamente. La sencillez está íntimamente ligada a la naturalidad.

Cortesía. La cortesía produce buena impresión, pues predispone favorablemente al lector y le invita a la lectura de la carta. Los términos deben ser cordiales y han de evitarse las palabras y expresiones vulgares.

Ortografía. Es necesario el dominio de las reglas ortográficas, pues una carta llena de errores pone de manifiesto la incompetencia de quien la escribe, lo cual es un descrédito para la empresa o negocio que éste representa.

Sintaxis. Es muy importante también observar las reglas de la sintaxis, pues para que las oraciones transmitan con propiedad las ideas, es necesario que estén en orden sus partes gramaticales.

Elementos de la carta comercial

Una carta comercial consta de las siguientes partes o elementos:

el membrete	*the letterhead*
la fecha	*the date line*
el destinatario	*the addressee (the inside address)*
la línea de atención	*the to-the-attention-of line*
la referencia	*the reference line*
el saludo	*the salutation*
la introducción	*the introduction*
el cuerpo o texto	*the body of the letter*
la despedida o cierre	*the closing of the letter (the complimentary close)*
la antefirma y la firma	*the writer's signature preceded by the name of the company (if this is customary in its correspondence)*
las iniciales de identificación	*the initials*
los adjuntos o anexos	*the enclosures*
la postdata o P.D.	*the postscript or P.S.*

Membrete. El membrete aparece impreso en la parte superior del papel con el nombre de la empresa, el domicilio, el número de teléfono, las claves del télex y la cablegráfica, si las tiene, y el nombre del lugar en que radica la firma. El propósito del membrete es dar a conocer el negocio, por una parte, y por la otra, proporcionar al cliente datos referentes a la localización del mismo.

L. C. Real Estate, Inc.

Suite 234 Housing Investment Bldg., 416 Ponce de León Ave., Hato Rey P. R. 00918 — Tel. 759-8172

```
┌─────────────────────────────────────────────────────────────────────────┐
│                                                                         │
│  EXIMTRADE S.A.                                                         │
│                                                                         │
│                                          importación - exportación      │
│                                         ─────────────────────────────   │
│                                                                         │
│                                                                         │
│                                          teléfonos: 448 50 66  (10 líneas)│
│                                          cable: eximtrade               │
│                                          telex 27,551 - 27,611          │
│                                                                         │
│  eximtrade s. a. - serrano, 51, 4.° - madrid-6                          │
│                                                                         │
│  su referencia      su escrito del    n/. escrito del   n/. referencia     madrid - 6│
└─────────────────────────────────────────────────────────────────────────┘
```

Fecha. La fecha comprende el día, el mes y el año. Debe comenzarse a escribir en la línea número veinte en una carta comercial corta, y en la doce en una larga. Si el papel tiene membrete la fecha se escribe cuatro líneas después del membrete.

```
┌─────────────────────────────────┐
│                                 │
│      22 de junio de 1985        │
│                                 │
└─────────────────────────────────┘
```

Cuando el papel no tiene membrete o si en el membrete que tiene aparece el nombre de un lugar distinto de aquél desde donde se remite la carta, hay que escribir el lugar y la fecha:

```
┌─────────────────────────────────────┐
│                                     │
│      México, 22 de junio de 1985    │
│                                     │
└─────────────────────────────────────┘
```

Destinatario. Es la persona o empresa a quien se dirige la carta. Se escribe el nombre y apellidos de la persona o el nombre del negocio o empresa cinco líneas después de la fecha; en la línea siguiente, la calle y el número del domicilio, y por último, en la línea que sigue, la ciudad y el distrito postal.

```
┌─────────────────────────────────────────┐
│                                         │
│         Cía Inmobiliaria Valle, S.A.    │
│         Lérida No. 14,                  │
│         Santurce, Puerto Rico           │
│                                         │
└─────────────────────────────────────────┘
```

Capítulo uno

```
            Sr. José Fernández Pérez
            Avenida 9 de Julio 1763
            Buenos Aires 13, Argentina
```

Línea de atención.   Puede presentarse el caso de que la persona que envía la carta, es decir, el remitente, desee que el asunto que se expone en la misma sea tramitado por determinada persona o funcionario de la firma a quien se envía, en cuyo caso deberá escribirse la palabra «Atención (Atn.)» seguida del nombre de la persona o departamento cuya atención se solicita.

```
            Cía. Vallehermoso, S.A.
            Ventura Rodríguez, 7
            Madrid 8

            Atn. Sra. Marta González Vázquez
```

```
            Eximgold, S.A.
            Pío XII, 55
            Madrid 16

            Atn. Jefe de Personal
```

Referencia.   La referencia se escribe dos líneas después del destinatario. Suele expresarse así: *Ref.:* seguida de una explicación breve o de un número que indique que la carta que se escribe se refiere a un asunto ya tratado en otra anterior.

```
      Ref.:   Pedido No. 1897 del 8 del actual
```

```
      Industrias Textiles, S.A.
      Paseo de la Reforma No. 784
      México 11, D.F.

      Ref.:   Solicitud de empleo
```

Saludo. Se escribe al margen izquierdo, dos líneas después de la referencia. El tratamiento siempre va seguido de dos puntos (:). Algunos de los saludos más usados en español son los siguientes:

Señor:	*Sir:*
Señores:	*Sirs:* or *Gentlemen:*
Estimada señora:	*Dear Mrs.* or *Ms.* _____ :
Estimados señores:	*Dear Sirs:*
Muy señor mío: Muy señor nuestro:	*Dear Sir:* or *My dear Sir:*
Muy señores nuestros: Muy señores míos: Distinguidos señores: Estimables señores: Muy apreciables señores:	*Gentlemen:* or *Dear Sirs:* or *My dear Sirs:*
Srta. Ana M. Amador:	*Ms.* or *Miss Ana M. Amador*
Respetable señora: Distinguida señora:	*Dear Mrs.* or *Ms.* _____ :
Apreciado cliente:	*Dear Customer:* or *Dear Client:*
Estimado cliente y amigo:	*Dear Customer and Friend:*

El saludo debe ir de acuerdo con el cargo o jerarquía de la persona a quien se escribe.*

Otras formas de saludo son: «Estimado colega:» (a los compañeros de profesión) y «Compatriota:» (a una persona del mismo país de origen).

Introducción. La introducción es la frase inicial de una carta. Comienza dos líneas después del saludo. Se escribe a un solo espacio. Debe ser breve, natural y cortés. Algunos ejemplos de introducción de una carta comercial son los siguientes:

Tenemos el gusto de informarles...
We have the pleasure of informing you . . .

Acuso recibo de su atenta de...
I acknowledge receiving your letter of . . .

Nos place poner en su conocimiento...
We are pleased to inform you . . .

Le damos las gracias por su carta de...
We thank you for your letter of . . .

---

*Así por ejemplo, el saludo que se da al presidente, primer ministro o al más alto gobernante de un país es: «Honorable señor(a):»; a un rey o a una reina: «Su Majestad:» o «Su Alteza Real:»; a los embajadores, cónsules, etc.: «Excelentísimo señor(a):»; y a las autoridades religiosas, por ejemplo, al Papa: «Su Santidad:» o «Santo Padre:»; a los cardenales: «Su Eminencia:»; a los obispos: «Su Ilustrísima:» y a los sacerdotes: «Reverendo Padre:» o «Muy Reverendo Padre:».

En contestación a su grata carta de...
In reply to your inquiry of . . .

Hemos recibido una notificación de...
We have received notification of . . .

A su debido tiempo recibimos su...
We duly received your . . .

Por su carta de _____ nos enteramos que la entrega ha sido retrasada debido a...
From your letter of _____ we learned that the delivery has been delayed due to . . .

Sírvanse enviar por vía terrestre lo siguiente:...
Please send us by rail the following: . . .

Acusamos recibo de su solicitud de...
We acknowledge receipt of your letter of inquiry of . . .

Tenemos el deber de comunicarle que por disposición del Sr. Presidente de la empresa...
It is our duty to inform you that by order of the president of the company . . .

En relación con su solicitud de empleo...
In reference to your application for a job . . .

Tengo el placer de anunciarles que...
I have the pleasure of announcing that . . .

En contestación a su carta de...
In reply to your letter of . . .

Les ruego me envíen, a vuelta de correo,...
Kindly send, by return mail, . . .

Recibí su atenta carta de...
I acknowledge receipt of your letter of . . .

Hemos hecho efectivo el cheque No....
We have cashed check No. . . .

Lamentamos informarles que al repasar la factura No. 63 encontramos...
We regret to inform you that on going over invoice No. 63 we find . . .

Por ésta solicito de ustedes que consideren...
I hereby request you to consider . . .

Debido a la demora en el envío solicito...
Due to the delay in sending the order I request . . .

El portador de la presente, Sr. _____, ...
The bearer of this letter, Mr. _____, . . .

El objeto de la presente es solicitar la cotización de...
We are writing to ask quotations of . . .

Tenemos el gusto de adjuntarles el formulario...
Herewith we enclose the questionnaire . . .

Recibimos la lista de precios...
We received the price list . . .

De acuerdo con su información...
According to your information . . .

De conformidad con su pedido de fecha...
In compliance with the request in your letter of . . .

Agradecidos por su pronto envío...
Thank you for your prompt shipment . . .

De acuerdo con las indicaciones recibidas...
In accordance with instructions received . . .

Tengan la bondad de enviarnos, tan pronto como les sea posible, el precio de...
Please send us, at your earliest convenience, the price of . . .

Sentimos no poder servir su pedido de...
We are very sorry that we cannot fill your order of . . .

Es recomendable no comenzar la introducción de una carta con el gerundio.

CORRECTO	INCORRECTO
Ponemos en su conocimiento...	Poniendo en su conocimiento...
En respuesta a su carta de...	Respondiendo a su carta de...
Me es grato contestar su carta de...	Contestando su grata carta de...
Hemos recibido los documentos de...	Habiendo recibido los documentos de...
Tenemos el placer de informarles que...	Teniendo el placer de informarles que...
Acuso recibo de su carta de...	Acusando recibo de su carta de...
Deseamos nos informen...	Deseando nos informen...

Cuerpo o texto. El cuerpo es la parte más importante de la carta y contiene la esencia del asunto que se quiere exponer. No debe tener, por lo general, más de tres o cuatro párrafos cortos, concisos y claros. Se escribe a un solo espacio, dejando dos líneas de por medio al iniciarse un nuevo párrafo. Según el estilo de presentación que se siga, el nuevo párrafo puede comenzar al mismo nivel que los anteriores o puede iniciarse después de una sangría o entrada de párrafo de cinco espacios.

Despedida o cierre. La despedida es el final de la carta. Su tono debe estar de acuerdo con el del resto de la carta y por tanto debe ser natural, sencillo y cordial. Se escribe dos líneas después del cuerpo o texto de la carta.

Atentamente,
Sincerely,

Cordialmente,
Cordially,

Sinceramente,
Sincerely,

De Uds. muy atentamente,
I remain very truly yours,

En espera de sus noticias, quedo de Ud. atentamente,
Looking forward to hearing from you, I remain sincerely yours,

En espera de su respuesta, quedamos muy atentamente,
Looking forward to your reply, we remain sincerely yours,

Les anticipamos las gracias por su cooperación y les saludamos cordialmente,
Thank you in advance for your cooperation. Cordially,

Con la mayor consideración,
With the greatest consideration,

Sin otro particular, saludamos a Uds. muy atentamente,
We remain very sincerely,

Agradecemos de antemano lo que puedan hacer por el Sr. _____ y les quedamos reconocidos por sus atenciones,
Thanking you in advance for any consideration you may show to Mr. _____, we remain yours truly,

Les reiteramos nuestra sincera estimación,
Repeating our sincere gratitude,

Sus atentos servidores,
Hoping to serve your wishes,

Confiados en su cooperación, nos es grato suscribirnos de Uds. como sus atentos servidores,
Trusting in your cooperation, we remain yours truly,

Agradecido por sus atenciones, me suscribo a sus estimables órdenes,
Thanking you for your courtesy, I remain sincerely yours,

En espera de su aceptación, quedamos de Uds. muy atentamente,
Awaiting your acceptance, we remain very sincerely yours,

Respetuosamente,
Respectfully yours,

En espera de su pronta respuesta, queda de Ud. atentamente,
Awaiting an early reply, I remain sincerely yours,

Aprovecho la ocasión para expresarle el testimonio de mi más alta consideración,
I take this opportunity to express my high esteem to you,

Con toda consideración,
With full consideration,

Queda suyo afectísimo,
I remain yours faithfully,

Será un gran placer servirlo. Cordialmente,
It will be a pleasure to serve you. Cordially yours,

Tendremos mucho gusto en ofrecerle nuestra máxima cooperación. Atentamente,
It will be a pleasure to cooperate with you to the fullest. Yours truly,

Confío en que nuestras buenas relaciones comerciales se mantengan por largo tiempo. Muy atentamente,
It is my earnest hope that our good business relations may long continue. Very sincerely yours,

Esperamos que nuestras relaciones comerciales continúen como de costumbre. Muy atentamente,
We hope that our negotiations may continue as usual. Sincerely yours,

Esperamos prontas noticias suyas.
Please let us hear from you.

Antefirma. La antefirma es anterior a la firma. Es el nombre a máquina de la empresa representada por la persona que firma la carta. La antefirma se escribe cuatro líneas después de la despedida.

Firma. La firma es siempre manuscrita y va rubricada por quien remite la carta. Dos líneas después de la antefirma se escribe el nombre de la persona que firma la carta y una línea más abajo, el *cargo* o título que ostenta.

```
        CASTELLA Y LECUONA, S.A.
           [signature]
        José Castellá Larrea
            Presidente
```

```
     Inmobiliaria Vallehermoso, S.L.
           [signature]
         Manuel Díaz Jiménez
              Tesorero
```

```
       Constructora Infante y Hnos.
           [signature]
         Antonio Infante López
              Secretario
```

Capítulo uno

Iniciales de identificación. Las iniciales van al margen izquierdo, en la parte inferior del texto, dos líneas después de la firma. Son las iniciales de la persona responsable del contenido de la carta y se escriben en mayúsculas, seguidas de las iniciales en minúsculas que corresponden a la persona que la pasa o escribe a máquina.

```
JCL/ala            MDJ/ymn            AIL/rlc
```

Anexos o adjuntos. Los anexos son los documentos que se adjuntan a la carta. Se escribe la palabra «*Anexo(s)*» o «*Adjunto(s)*» al margen izquierdo dos líneas después de las iniciales.

```
Anexos:   1 recibo No. 897
          1 factura No. 345B
```

```
Adjuntos:  1 catálogo
           3 anuncios
```

```
Anexo:  1 cheque de administración
```

```
Adjunto:  1 carta de recomendación
```

Postdata. La postdata (P.D.) se escribe abajo, al margen izquierdo. Debe ser muy breve y sólo se usa en casos extremos para comunicar algo muy urgente e importante que se olvidó u ocurrió posteriormente. Casi no se usa en las cartas comerciales.

    Si la carta que se envía debe ser del conocimiento de más de una persona o departamento, se usa la abreviatura «c.c.» (con copia) seguida del nombre de la persona o departamento que debe compartir la información. Se escribe al margen izquierdo y abajo.

```
        c.c. Sr. Jorge del Valle Junco
```

```
        c.c. Departamento Legal
```

Cuando la carta es muy larga y requiere más de una hoja, las hojas siguientes deben encabezarse con el nombre del destinatario de la carta y el número de página que les corresponde.

```
        Cía. Inmobiliaria Valle, S.A.    No. 2
```

```
        Sr. José Fernández Pérez         No. 2
```

PREGUNTAS

1. Enumere los requisitos principales del estilo comercial.
2. ¿Por qué es necesaria la cortesía en las cartas comerciales?
3. La ortografía y la sintaxis correctas son importantes en una carta comercial. ¿Por qué?
4. Enumere los elementos principales de una carta comercial.
5. ¿Por qué las cartas comerciales deben ser claras, concisas y sencillas?
6. ¿Cuántas líneas deben dejarse entre el destinatario y el tratamiento o saludo?
7. ¿Qué es el membrete? ¿Cuál es su propósito? ¿Qué cuidado hay que tener cuando se usa papel con membrete o sin membrete?
8. ¿Para qué se usa la referencia en una carta?
9. ¿Qué son los adjuntos o anexos? ¿y la postdata? Dé detalles.
10. ¿Qué debe hacerse cuando la carta es muy larga y se escribe en más de una hoja?
11. ¿Quién es el destinatario? ¿Cómo escribiría Ud. la dirección del destinatario en el sobre? Dé detalles.
12. ¿Cuándo el remitente usa la línea de atención?
13. ¿Cómo debe ser la introducción? ¿Se debe comenzar con el gerundio?
14. ¿Cuál es la parte más importante de la carta? ¿Por qué? ¿Cómo se escribe? Dé detalles.
15. Describa lo que son la firma y la antefirma.

CARTA MODELO NO. 1

INDUSTRIAS METALURGICAS, S.A. | **MEMBRETE**
Avenida Doce de Junio 516
San Salvador, El Salvador

28 de febrero de 198- | **FECHA**

Administración General de Correos
de San Salvador | **DESTINATARIO**
José Matías Delgado No. 894
Ciudad.

Atn.: Sr. Juan Rodríguez Amor | **LINEA DE ATENCION**

Ref.: Resguardo No. 899 | **REFERENCIA**

Señores: | **SALUDO**

    Por la presente ponemos en su conocimiento que el día 15 del actual enviamos por correo certificado, desde esa Oficina de Correos, un paquete a San José, Costa Rica y el consignatario nos informa que aún no lo ha recibido. | **INTRODUCCION**

    Les adjuntamos una copia del correspondiente resguardo de la certificación del referido paquete con el objeto de que nos informen al respecto.

    Tan pronto como recibamos su información actuaremos en consecuencia. | **TEXTO**

    Agradecemos por anticipado la atención que presten a este asunto y quedamos de ustedes | **CIERRE O DESPEDIDA**

Muy atentamente,

INDUSTRIAS METALURGICAS, S.A. | **ANTEFIRMA**

Carlos Díaz Pertierra | **FIRMA**
Carlos Díaz Pertierra
Gerente General

CDP/ala | **INICIALES DE IDENTIFICACION**

Anexo: Copia del resguardo No. 899 | **ADJUNTOS**

24
Al día en los negocios: Escribamos

Vocabulario

a la atención de, a cargo de *care of*
acusar recibo *to acknowledge receipt*
adjuntar *to enclose*
el **agradecimiento** *gratitude*
los **anexos**, los **adjuntos** *enclosures*
la **antefirma** *company of the writer of a letter, put before the signature*
el **apellido** *surname, family name*
el **asunto** *subject, matter, business*
el **cablegrama** *cablegram*
la **calle** *street*
el **cargo** *position; responsibility*
la **carta** *letter*
_____ **comercial** *business letter*
_____ **de presentación** *letter of personal introduction*
_____ **de solicitud** *letter of application, request, demand*
la **cesantía** *dismissal, resignation*
la **claridad** *clarity*
la **clave** *key (to a code)*
el/la **colega** *colleague*
el/la **comerciante** *trader, merchant*
el/la **compatriota** *compatriot*
con copia (c.c.) *with a copy to*
con mucho gusto *with great pleasure*
la **concisión** *conciseness*
confuso *obscure*
el **consignatario**/la **consignataria** *consignee*
el **consumidor**/la **consumidora** *consumer*
el **correo certificado** *registered mail*

la **correspondencia comercial** o **mercantil** *business correspondence*
la **cortesía** *courtesy*
cuerpo o **texto de la carta** *body of the letter*
de acuerdo con *in accordance with*
de conformidad con *by common consent*
la **despedida, cierre** *closing (in a letter)*
el **destinatario**/la **destinataria** *addressee*
el **distrito postal** *postal code, "ZIP" code*
el **domicilio** *domicile, home, residence*
la **empresa** *company, firm*
en contestación a *in answer to*
encabezar (c) *to head; to lead*
la **entrada de párrafo** *indent*
las **expresiones vulgares** *vulgar, common expressions*
el/la **fabricante** *manufacturer*
la **fecha** *date*
la **firma** *signature*
el **funcionario**/la **funcionaria** *functionary, public official*
impreso *printed*
el **impreso** *printed matter*
imprimir *to print*
las **iniciales de identificación** *initials*
la **línea** *written or printed line*
llanamente *simply, plainly, clearly*
el **margen** *margin*
_____ **lateral** *lateral margin*
la **mayúscula** *capital letter*
el **membrete** *letterhead*
el **memorándum** *memorandum*
el **mensaje** *message*
la **minúscula** *lowercase letter*
el **mundo de los negocios** *business world*
la **naturalidad** *naturalness*

el **nombramiento** *appointment, naming*
las **operaciones mercantiles** o **comerciales** *business operations*
la **ortografía** *spelling*
el **párrafo** *paragraph*
pasar o **escribir a máquina, mecanografiar** *to type*
el **portador**/la **portadora** *bearer, holder*
la **postdata, P.D.** *postscript, P.S.*
el **radiograma** *radiogram*
rebuscado *affected, unnatural*
la **referencia** *reference line*
el/la **remitente** *sender, remitter*
remitir *to send, to remit*
el **renglón**, la **línea** *written or printed line*
el **requisito** *requirement*
el **resguardo** *security, guarantee, voucher*
rubricar (qu) *to sign with a flourish*
el **saludo** *salutation, opening*
la **sangría**, la **entrada de párrafo** *indent*
la **sencillez** *simplicity*
los **servicios prestados** *services rendered*
la **sintaxis** *syntax*
el **sobre** *envelope*
la **sociedad anónima (S.A.)** *corporation (Inc.)*
la **solicitud** *petition, application, request*
la **tarjeta postal** *postcard*
el **telegrama** *telegram*
el **télex** *telex*
tenemos el gusto *we have the pleasure*
tramitar *to transact, carry out*
el **trámite** *transaction; proceeding (law)*

EJERCICIOS: PRACTICAR, VARIAR Y CREAR

A. Haga lo siguiente.

1. Haga dos modelos distintos de membrete.
2. Busque diez membretes diferentes (de compañías hispanas, si es posible).
3. Escriba la fecha de acuerdo con uno de los tipos de membrete a que se refiere el número 1.

B. Escriba el membrete y dirección de tres destinatarios de una carta: a) una persona particular; b) una compañía o empresa; c) el presidente de una compañía o empresa.

C. Escriba cuatro formas de saludo o tratamiento comúnmente usados en una carta comercial.

CH. Redacte cuatro frases introductorias para una carta comercial, modificando o cambiando las ya presentadas para crear formas nuevas.

D. Redacte cuatro expresiones de despedida para una carta comercial, modificando o cambiando las ya presentadas para crear formas nuevas.

E. Cada saludo de la columna de la izquierda corresponde a un destinatario de la columna de la derecha. Ponga el número junto a la letra que le corresponda.

1. Respetable señor:
2. Señor:
3. Honorable señor:
4. Estimado colega:
5. Compatriota:
6. Estimada cliente:
7. Querida amiga:
8. Excelentísimo señor:
9. Señores:

____ a. al presidente de un país
____ b. a los amigos más cercanos
____ c. a una persona originaria a del país de Ud.
____ ch. a una razón social o empresa
____ d. al embajador de un país
____ e. a una persona que tiene un cargo muy importante
____ f. a un compañero de profesión
____ g. a una cliente
____ h. a una persona con la que se tienen relaciones comerciales

F. Señale numéricamente el orden en que aparecen en una carta comercial las siguientes partes o elementos de la misma.

____ la firma
____ los anexos

_____ el destinatario
_____ la introducción
_____ el membrete
_____ las iniciales de identificación
_____ la fecha
_____ la antefirma
_____ la despedida
_____ el saludo
_____ la referencia
_____ la línea de atención
_____ el texto

G. Indique la respuesta correcta.

1. Los tres propósitos de una carta comercial son _____ .
   a. insinuar, impresionar y polemizar
   b. convencer, notificar e influir
   c. entender, sugerir y motivar
2. El saludo más apropiado para una carta comercial es _____ .
   a. Su Ilustrísima:
   b. Estimados señores:
   c. Respetable señor:
3. El estilo de una carta comercial debe ser _____ .
   a. rebuscado y culto
   b. oscuro y elegante
   c. natural y cortés
4. La forma de despedida más correcta para una carta comercial es _____ .
   a. De ustedes muy atentamente,
   b. De usted fraternalmente,
   c. Les abraza cordialmente,
5. La referencia se usa en una carta comercial para indicar _____ .
   a. que se adjunta un documento
   b. que el asunto contenido en la carta debe ser conocido por un funcionario o departamento determinado
   c. que el tema o asunto de la carta se relaciona con otra carta anterior
6. Los anexos o adjuntos se refieren a _____ .
   a. la persona que dictó la carta
   b. al envío de algunos documentos
   c. la persona a quien se le envía copia de la carta
7. Si una carta comercial se escribe en un papel con el membrete de la empresa o compañía, no se escribe _____ .
   a. la antefirma o el nombre de la empresa
   b. el lugar, sino solamente la fecha
   c. ni la fecha ni el lugar

PUNTOS ESENCIALES DE REDACCION

División de las palabras en sílabas

En la correspondencia comercial es muy importante saber dividir una palabra en sílabas al final de la línea. Recuerde que la sílaba se forma de la unión de una consonante con una vocal, aunque a veces una vocal forma por sí sola una sílaba. Las reglas más importantes para dividir una palabra en sílabas son las siguientes.

1. Si aparece una consonante entre dos vocales, la consonante se une a la segunda vocal.

    E-le-na   i-ba   te-ma

2. En el caso de dos consonantes entre dos vocales, la primera consonante se une a la vocal anterior y la segunda consonante forma sílaba con la vocal que le sigue.

    ac-ción   dic-ta-men   car-pe-ta   res-pal-dar

3. Cuando la **l** y la **r** van precedidas de las consonantes **b, c, d, f, g, p** o **t,** se unen a la vocal que les sigue y forman una sílaba.

    o-bli-ga-ción   co-brar   se-cre-ta-rio   de-cla-ra-ción
    dro-ga   drás-ti-co   de-fla-ción   fle-te
    gra-va-men   glo-bal   pre-cio   pla-ni-fi-car
    tra-mi-tar   A-tlán-ti-co

4. En el caso de tres consonantes entre dos vocales, forman sílaba las dos primeras consonantes con la vocal anterior y la tercera con la posterior.

    trans-por-te   pers-pi-ca-cia   obs-ta-cu-li-zar

    Si la tercera consonante es **l** o **r,** la primera consonante se une a la primera vocal y la segunda y tercera consonantes se unen a la vocal segunda.

    em-ple-ar   dis-tri-buir   em-pre-sa   com-pro-bar

5. Las letras dobles **ch, ll** y **rr** no se separan ya que forman sílaba con la vocal inmediata.

    re-cha-zar   ca-lle   pró-rro-ga

6. Las palabras compuestas se dividen, generalmente, atendiendo a sus componentes.

    sub-te-ma   con-te-ner   des-a-gra-da-ble

7. Dos vocales fuertes (**a, e, o**) forman dos sílabas y hay que dividirlas como tales.

    co-rre-o   a-cre-e-dor   re-em-pla-zar

8. La combinación de una vocal fuerte (**a, e, o**) y una débil (**i, u**) o de dos vocales débiles se llama *diptongo* y forma una sílaba. (La **i** al final de una palabra se convierte en **y**.)

    co-mer-c<u>io</u>   c<u>ue</u>n-ta   c<u>uo</u>-ta   <u>au</u>-di-tor
    v<u>oy</u>   h<u>oy</u>   c<u>iu</u>-da-da-no

Si la vocal débil está acentuada, no forma diptongo y por consiguiente hay dos sílabas.

    re-ú-no   re-ír   mer-can-cí-a

Las combinaciones posibles de diptongos son las siguientes:
   a. De una vocal fuerte y una débil
      ai: baile, fraile, sainete
      ei: reiterar, pleito
      oi: oigo, oidor
      au: auditor, clausura, caudal
      eu: deuda, reunión, deudores
      ou: bou
   b. De una vocal débil y una fuerte
      ia: renuncia, comerciante, viajante
      ie: cliente, propiedad, cierre
      io: comercio, oficio, negocio
      ua: aduana, mensual, usuario
      ue: puesto, cuenta, descuento
      uo: mutuo, contiguo, continuo
   c. Dos vocales débiles
      ui: arruinar, cuidado, ruido, genuino
      iu: ciudad, ciudadano

9. La combinación de dos vocales débiles y una fuerte en una sola sílaba forma un triptongo.

    buey   con-fiáis   lim-piéis

INFORMACION SUPLEMENTARIA

Los márgenes en las cartas comerciales

Un detalle muy importante en relación con «la estética» en la presentación de una carta son los márgenes, es decir, los espacios que deben dejarse a la izquierda, a la derecha, en la parte superior y en la inferior del papel donde se escribe la carta.

El texto de la carta debe escribirse de tal manera que queden los cuatro márgenes mencionados. Todos deben tener la misma medida para crear la impresión de simetría que observamos en la página de un libro.

Los márgenes de una carta comercial dependen del estilo de presentación que se use.* Los márgenes laterales deben ser de cuatro centímetros, por lo menos, si la carta es breve, y de dos y medio centímetros si es larga. Los espacios deben distribuirse de manera que la presentación de la carta sea elegante y produzca una grata impresión en quien la lee.

EJERCICIOS ADICIONALES

A. Divida las siguientes palabras en sílabas.

1. nómina
2. litro
3. indemnización
4. quiebra
5. solicitud
6. empleo
7. comerciante
8. exclusivo
9. anuncio
10. instrumento
11. fueron
12. agrícola
13. sección
14. después
15. incluido
16. reunión
17. crédito
18. catálogos
19. fiar
20. liquidación
21. flete
22. falsificó
23. acreedores
24. deudor
25. obstaculizar
26. negligencia
27. fortuita
28. ley
29. reemplazar
30. estadísticas
31. correspondencia
32. comercial
33. autoridad
34. calle
35. avenida
36. cuota
37. rechazar
38. fragmento
39. huida
40. utilidad
41. intercambio
42. cotización
43. pedido
44. subasta
45. prohibición
46. cuidado
47. señores
48. bancarrota
49. mutuo
50. cuenta
51. aduana
52. cambiéis

B. Conteste las siguientes preguntas.

1. ¿Qué son los márgenes? ¿Qué importancia tienen en la carta?
2. ¿Cuántos márgenes deben dejarse al escribir una carta comercial? ¿Con qué objeto?
3. De acuerdo con el tamaño de la carta, ¿qué medida deben tener los márgenes?

*Ver modelos de estilos de presentación en el Capítulo 2, páginas 32–34.

CAPITULO 2

Presentación y puntuación de la carta comercial

Estilos de presentación

Los estilos más usados en la correspondencia mercantil son los siguientes.

Bloque. En este estilo todas las líneas de la carta desde el nombre del destinatario hasta la despedida comienzan alineadas con el margen izquierdo. La fecha se puede escribir arriba a la derecha, dejando siete u ocho líneas después del membrete. Este es el estilo más simple y ahorra tiempo a quien lo usa (vea el modelo en la página 32).

Sangrado. Este estilo se distingue en que todas las líneas del cuerpo de la carta, al iniciarse un párrafo, van sangradas, es decir, que se han dejado cinco espacios como entrada de párrafo. La despedida, la antefirma, la firma y el cargo, generalmente, van al centro de la carta (vea el modelo en la página 33).

Mixto. Este estilo es una combinación de los dos anteriores (vea el modelo en la página 34).

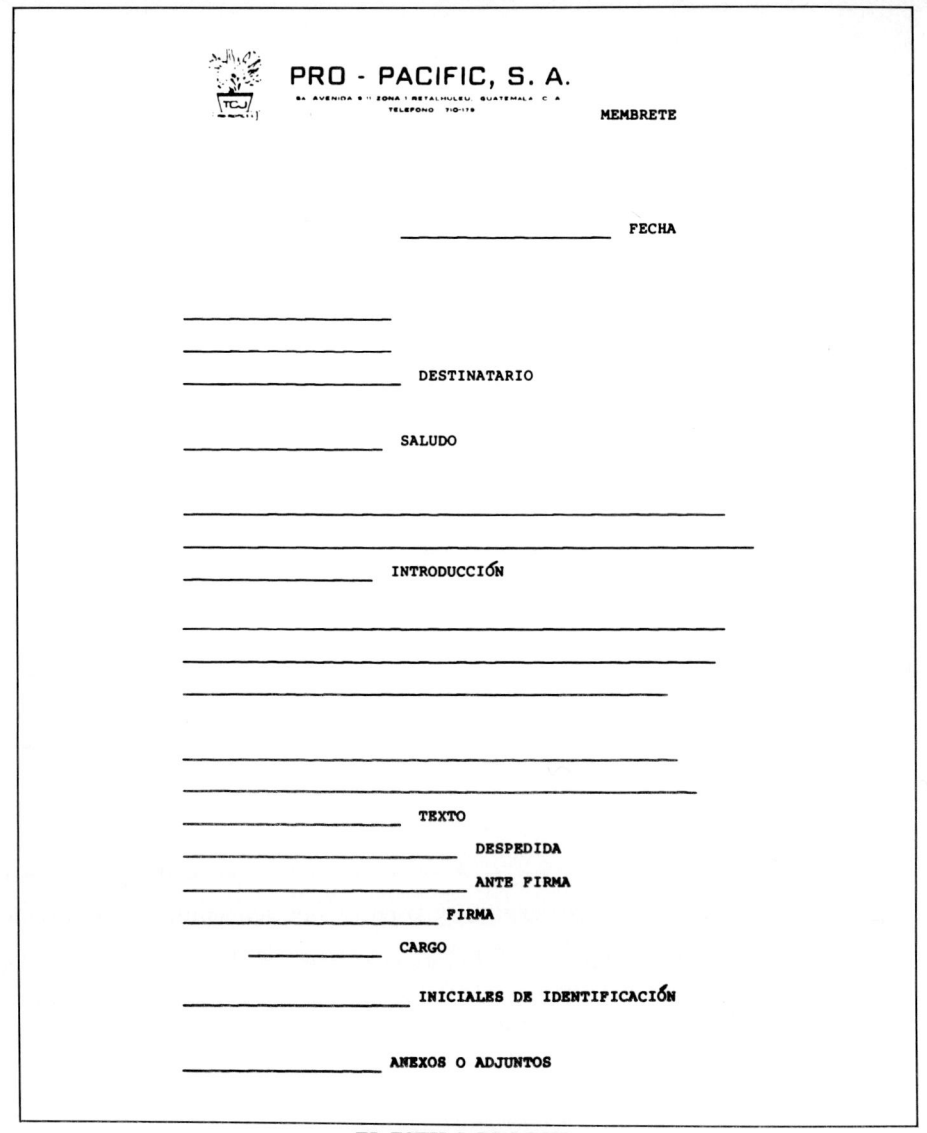

PRO - PACIFIC, S. A.
6a AVENIDA 6-11 ZONA 1 RETALHULEU, GUATEMALA C. A.
TELEFONO 710-178

_____ MEMBRETE

_____ FECHA

_____
_____
_____ DESTINATARIO

_____ SALUDO

_____
_____
_____ INTRODUCCIÓN

_____
_____
_____

_____
_____
_____ TEXTO
_____ DESPEDIDA
_____ ANTE FIRMA
_____ FIRMA
_____ CARGO
_____ INICIALES DE IDENTIFICACIÓN

_____ ANEXOS O ADJUNTOS

EL ESTILO BLOQUE

```
                    _____
                    _____
          _____MEMBRETE_____
                                        _____FECHA

     _____
     _____
          _____DESTINATARIO

          _____SALUDO

                    _____
                    _____
          _____INTRODUCCION

                    _____
                    _____
                    _____
                    _____
                    _____TEXTO
          _____DESPEDIDA

                              _____ANTEFIRMA
                              _____FIRMA
                              _____CARGO
     _____INICIALES DE IDENTIFICACION
     _____ANEXOS O ADJUNTOS
```

EL ESTILO SANGRADO

33
Capítulo dos

```
                        _____
                        _____
            _____MEMBRETE_____
                                        _____FECHA

    _____
    _____
    _____DESTINATARIO
                                            _____REF.
    _____SALUDO
                                                _____INTRODUCCION
    _____
    _____
    _____
    _____
    _____TEXTO
                                            _____DESPEDIDA
                                            _____ANTEFIRMA
                                            _____FIRMA
                                    _____CARGO
    _____INICIALES DE IDENTIFICACION
    _____ANEXOS O ADJUNTOS
```

EL ESTILO MIXTO

Puntuación

La *puntuación* de una carta comercial puede ser *abierta, cerrada* o *mixta*.

Puntuación abierta. Se dice que una carta tiene puntuación abierta cuando no se usan signos de puntuación ni en el saludo ni en la despedida. Es el estilo más moderno en la correspondencia.

```
                        EXIMGOLD, S. A.
                        PIO XII, 55 - MADRID-16

   TELEFONOS                                    CABLES: EXIMGOLD
   458 06 00                                    TELEX: 22728 - EGOLD-E
   457 55 50                                           27382 - EGOLD-E


                                       MADRID,
                                       _____


       Srta. Marta Elena Larrea García,
       Calle Alvear No. 1899,
       Córdoba 5800, Argentina,

       Distinguida señorita:

       _____
       _____
       _____

       _____
       _____
       _____

       _____
       _____

       Atentamente,

       _____
              _____
```

Puntuación cerrada. En este estilo, se usa la coma (,) para separar las partes de la dirección, el saludo se cierra con dos puntos (:) y la despedida con una coma (,).

Puntuación mixta. Es el estilo de puntuación más usado en la correspondencia comercial. Se usan dos puntos (:) al final del saludo y una coma (,) después de la despedida.

Papel y sobre

El papel debe ser blanco, en forma de pliego y debe tener una de las siguientes medidas: 8½″ × 11″ u 8½″ × 5½″. Los sobres deben ser blancos también, y deben medir: 6″ × 4″, 5″ × 5″ o 7½″ × 4½″. Al escribir la dirección en los sobres debe seguirse el mismo estilo utilizado en la carta que se envía. Por ejemplo, al escribir un sobre en el estilo bloque, debe hacerse como se ve en la página 38.

```
Srta. María Elena Lecuona Espejo
Avenida Juárez No. 677
México 1, D.F.
```

El franqueo correspondiente se ha de fijar en la esquina superior derecha del sobre.

```
                                              [sello:
                                               BUENOS
                                               2000 REPUBLICA ARGENTINA]

            Librería Universal, S.A.
            Calle Florida No. 987
            Buenos Aires, Argentina
```

Clasificación de las cartas comerciales

Según su contenido, las cartas comerciales pueden clasificarse de la siguiente manera. (En los capítulos siguientes se ofrecerá un modelo de cada carta).

CAPITULO	CARTA	LETTER
3	de solicitud de empleo	*of application for a job*
	de presentación	*of personal introduction*
	de recomendación	*of recommendation*
4	de acuse de recibo de solicitud de empleo	*acknowledging receipt of application for a job*
	de renuncia	*of resignation*
	de solicitud de aumento de sueldo	*asking for a raise*
	de solicitud de ascenso	*asking for promotion*
5	de solicitud de crédito	*applying for credit*
	de concesión de crédito	*granting credit*
	de denegación de crédito	*refusing credit*

6	de solicitud de cotización	*requesting quotation or price list*
	de cotización	*of quotation or price list*
	de pedido	*placing a commercial order*
	de solicitud de una póliza de seguros	*requesting insurance policy*
7	de acuse de recibo de un pedido	*acknowledging an order*
	de cancelación de un pedido	*canceling an order*
	de descontinuación de mercancías	*of notice of discontinuation of merchandise*
	de envío de un pedido	*sending an order*
	de envío de los documentos de importación y exportación	*sending export and import documents*
8	de pago	*of payment*
	de acuse de recibo de pago	*acknowledging receipt of payment*
	de petición de prórroga de pago	*requesting extension of time for payment*
	de cobro aislada	*of collection, single*
	de cobro en serie	*of collection, follow-up*
9	de solicitud de referencias comerciales	*requesting business references*
	de referencias comerciales favorables	*of favorable business references*
	de referencias comerciales desfavorables	*of unfavorable business references*
10	de reclamación	*of complaint or claim*
	de ajuste	*of adjustment*
11	circular de disolución de una empresa	*circular, of dissolution of a firm*
	circular de propaganda	*circular, of advertisement*
	circular de inauguración de una sucursal	*circular, announcing the opening of a branch*
	circular anunciando una rebaja	*circular, announcing a sale*
	circular de cambio de domicilio o nombre de una empresa	*circular, of change of a company's address or name*
12	de citación	*citation, summons*
	de notificación	*of notification*
	de poder	*of power-of-attorney*
	de ofrecimiento de consignación	*offering consignment*
	de consignación	*of consignment*
	de solicitud de catálogos	*requesting a catalog*

39
Capítulo dos

PREGUNTAS

1. ¿Cuáles son los estilos de presentación más usados en la correspondencia comercial? Explique cada uno de ellos.
2. De los tres estilos de presentación de una carta comercial, ¿cuál es el más simple? ¿Por qué?
3. ¿Cómo puede ser la puntuación de una carta de negocios?
4. ¿Cuál es el estilo de puntuación más moderno?
5. ¿Qué clase de papel y sobre debe usarse para escribir una carta mercantil?
6. ¿Cómo debe ser la puntuación usada en el sobre?
7. Describa el uso de la puntuación abierta, cerrada y mixta.
8. ¿Puede decir qué es un párrafo sangrado?
9. Enumere algunas de las distintas clases de cartas comerciales.

Vocabulario

a bordo *on board*
el/la **accionista** *stockholder, shareholder*
al contado *(for) cash, cash in hand*
alinear *to align, line up*
el **anuncio** *advertisement*
el **año en curso** *current year*
la **avería**, el **daño** *damage*
la **bolsa** *stock market*
la **cámara de comercio** *chamber of commerce*
el **cobro** *collection of money*
el **comprador**/la **compradora** *buyer*
el **conocimiento de embarque** *bill of lading*
el **contrato** *contract*
el **departamento legal** *legal department*

_____ **de relaciones exteriores** *department of foreign affairs*
descontinuar *to discontinue*
la **dirección** *address*
empacar (qu), embalar *to pack*
el **estilo bloque** *block style*
_____ **mixto** *mixed style*
_____ **de presentación** *presentation style*
_____ **de puntuación** *punctuation style*
_____ **sangrado** *indented style*
expedir (i, i) *to issue*
el **franqueo** *postage*
el **jefe de personal** *personnel director*
la **oficina central** *main office*
el **pedido** *order*
el **periodismo** *journalism*

el **pliego** *sheet (of paper)*
prestar *to lend*
el **prestigio** *prestige, reputation*
la **propiedad** *ownership*
la **publicidad** *publicity*
la **puntuación abierta** *open punctuation*
_____ **cerrada** *closed punctuation*
_____ **mixta** *mixed punctuation*
la **razón social**, la **firma** *firm, firm name*
la **redacción** *writing; editing*
las **relaciones públicas** *public relations*
repartir *to divide, distribute, allot*
la **reunión** *meeting*
la **sicología** *psychology*
el **tesorero**/la **tesorera** *treasurer*

EJERCICIOS: PRACTICAR, VARIAR Y CREAR

A. Indique la respuesta correcta.

1. Si todos los renglones o líneas de una carta comercial comienzan al mismo nivel en el margen izquierdo, el estilo de presentación de esta carta es ____.
   a. sangrado
   b. bloque
   c. mixto
2. Cuando se omiten los signos de puntuación en el saludo y en la despedida de una carta, la puntuación es ____.
   a. abierta
   b. cerrada
   c. mixta
3. El sobre en que se envía una carta comercial (no) deberá tener ____.
   a. un membrete distinto del de la carta
   b. el mismo membrete de la carta
   c. ningún membrete
4. El estilo que debe seguirse al poner la dirección en los sobres es ____.
   a. el mismo que se usa en la carta
   b. distinto del que se usa en la carta
   c. el estilo bloque
5. Cuando se separan por medio de la coma los elementos de la dirección, con dos puntos el saludo y con una coma la despedida, la puntuación de la carta es ____.
   a. mixta
   b. cerrada
   c. abierta

B. Señale numéricamente el orden en que aparecen en una carta comercial las siguientes palabras y frases.

   ____ Atentamente,
   ____ Cía. Naviera Alvarez Díaz, S.A.
   ____ Tenemos el placer de informarle que...
   ____ 10 de mayo de 1984
   ____ Estimado cliente:
   ____ María García Ibarra, Presidenta
   ____ Caracas

C. Busque en el diccionario el significado de las siguientes palabras y expresiones y después forme una oración completa con cada una de ellas.

   1. carta
   2. naipe
   3. carta blanca
   4. mapa
   5. carta abierta
   6. tomar cartas en el asunto
   7. jugar a cartas vistas
   8. carta credencial
   9. carta de crédito

Capítulo dos

CH. Dé el equivalente en inglés de cada una de las siguientes expresiones y después escriba una oración en español con cada una de ellas.

1. a bordo
2. a pesar de
3. a propósito
4. ante todo
5. a menudo
6. al contado
7. a veces
8. de pronto
9. de repente
10. de prisa
11. en medio
12. en tanto
13. por tanto
14. sin embargo

PUNTOS ESENCIALES DE REDACCION

Uso de las mayúsculas

Las letras mayúsculas que aparecen en palabras que demandan acento pueden acentuarse o no a voluntad. Ejemplos: Ésta es la que no se vendió. Esta es la que no se vendió. Se escribe con mayúsculas:

1. La palabra inicial de un escrito y la que sigue después de un punto:

    En Hispanoamérica el día 12 de octubre es un día festivo. En ese día se conmemora el «Día de la Raza». Los establecimientos comerciales permanecen cerrados en ese día.

2. La palabra que sigue a los dos puntos después de reproducir palabras textuales:

    El jefe le dijo a la secretaria: «La correspondencia debe estar siempre al día».

3. La palabra inicial de una carta después de la fórmula de cortesía:

    Estimado cliente: Hemos recibido su carta...

4. Después de los dos puntos (:) puede usarse indistintamente la letra mayúscula o minúscula:

    Por favor, informen cuál de los escritorios desean: el de madera o el de metal.
    Les adjuntamos: El certificado de embarque, la póliza de seguro, la factura y la declaración de aduana.

5. Los nombres propios de personas, instituciones, compañías y lugares:

    José Díaz López es el Presidente de la empresa Industrial Alba, S.A. Dicha empresa tiene sus oficinas centrales en Bogotá, Colombia.

6. La primera palabra del título de un libro, artículo, película o pieza teatral:

   «La muerte de un viajante» es el título en español de la obra teatral *«Death of a Salesman»*.
   La novela *Cien años de soledad* ha sido traducida a varios idiomas.

7. Cuando se trata del nombre de revistas o periódicos, llevan mayúscula solamente los nombres y adjetivos:

   El anuncio de solicitud de empleo apareció publicado en el periódico *La Nación*, no en la revista *Tópicos del Momento*.

8. Los nombres de los departamentos, divisiones y otras dependencias del gobierno de un país o de una empresa:

   El Departamento Legal es el encargado de tramitar las quejas de los consumidores.

9. Los calificativos que de un modo constante se unen a un nombre propio:

   Isabel de Castilla, Juana la Loca

10. Las formas de tratamiento, cuando se usan abreviadas:

    Sr., Ud., Uds., Sra., Srta., Dr., Dra.

11. También suelen escribirse con mayúscula los nombres que significan cargo o autoridad, excepto cuando están usados en sentido genérico:

    El Presidente de esta compañía, el Sr. Carlos Fernández Infante, presidirá las sesiones extraordinarias.
    Ser presidente de una compañía es un cargo de gran responsabilidad.

INFORMACION SUPLEMENTARIA

Por regla general, la mayoría de los nombres de países y ciudades se escriben sin el artículo definido: Guatemala, Chile, México, Venezuela, Costa Rica, etcétera. Sin embargo, hay otros que con frecuencia van precedidos del artículo definido,* como por ejemplo el Brasil, el Canadá, el Japón, el Perú, el Paraguay, el Uruguay, la Argentina, la Habana y la República Dominicana.

*En el caso de El Salvador y La Paz, el artículo determinado forma parte del nombre propio; por lo tanto, es inseparable del mismo.

Capítulo dos

A continuación se presenta una lista de los países hispanoamericanos, sus capitales y nombres que reciben sus habitantes.

PAIS	CAPITAL	HABITANTE
Argentina	Buenos Aires	argentino/a
Bolivia	La Paz (Sucre)*	boliviano/a
Colombia	Bogotá	colombiano/a
Costa Rica	San José	costarricense
Cuba	Habana	cubano/a
Chile	Santiago	chileno/a
Ecuador	Quito	ecuatoriano/a
El Salvador	San Salvador	salvadoreño/a
Guatemala	Guatemala	guatemalteco/a
Honduras	Tegucigalpa	hondureño/a
México	México	mexicano/a
Nicaragua	Managua	nicaragüense
Panamá	Panamá	panameño/a
Paraguay	Asunción	paraguayo/a
Perú	Lima	peruano/a
Puerto Rico	San Juan	puertorriqueño/a
República Dominicana	Santo Domingo	dominicano/a
Venezuela	Caracas	venezolano/a
Uruguay	Montevideo	uruguayo/a

Otros países del resto del mundo, sus capitales y los nombres que reciben sus habitantes son los siguientes:

PAIS	CAPITAL	HABITANTE
Alemania	Berlín	alemán/alemana
Austria	Viena	austríaco/a
Brasil	Brasilia	brasileño/a, brasilero/a
China	Pekín o Peiping	chino/a
España	Madrid	español/a
Estados Unidos	Washington	estadounidense, norteamericano/a
Francia	París	francés/francesa
Inglaterra	Londres	inglés/inglesa
Japón	Tokio	japonés/japonesa
Portugal	Lisboa	portugués/portuguesa
la Unión Soviética	Moscú	ruso/a

*Bolivia tiene dos capitales: La Paz, que es la sede del gobierno, y Sucre.

Al día en los negocios: Escribamos

EJERCICIOS ADICIONALES

A. Use letras mayúsculas cuando sea necesario.

1. por la presente tengo el gusto de comunicarle que el sr. presidente está ausente.
2. la cía. trasatlántica universal, s.a. tiene sus oficinas centrales en la avenida juárez no. 516 en méxico.
3. el libro más famoso de la literatura española es don quijote de la mancha y fue escrito por miguel de cervantes y saavedra.
4. la bolsa de madrid cerró sus operaciones el lunes a las 3:00 p.m. la próxima reunión tendrá lugar el primer martes del mes de julio del año en curso.
5. estimado señor manuel colás dávila:
6. el jefe del departamento de relaciones exteriores del ministerio de estado de la república dominicana es el señor juan rosario.
7. la sra. díaz considera que uds. son unos de los mayores compradores.
8. el departamento legal de la cía. sucesores de arellano y mendoza, s.a. tiene a su cargo la redacción de los contratos que debe firmar el señor presidente de esa empresa.
9. la cámara de comercio de quito, ecuador, expide los conocimientos de embarque a la cía. naviera álvarez.
10. el jefe de personal de sucesores de arellano y mendoza, s.a. les dijo a los empleados: «la mercancía debe ser empacada cuidadosamente, para evitarle averías y daños».
11. actualmente muchas compañías mantienen relaciones comerciales con china.
12. no es necesario que vuestra excelencia se moleste en firmar esos documentos hoy; v.e. puede hacerlo mañana.
13. llevamos tres horas esperando al señor tesorero.
14. el día 10 de marzo habrá reunión de accionistas.
15. estimado consumidor: tenemos en nuestro poder su carta de...

B. Cada palabra de la columna de la izquierda corresponde a una de la columna de la derecha. Ponga el número junto a la letra que le corresponde.

1. Buenos Aires
2. peruano
3. Nicaragua
4. Venezuela
5. San José
6. Honduras
7. ecuatorianas
8. Guatemala
9. Uruguay
10. panameño
11. Sucre
12. salvadoreño

_____ a. Perú
_____ b. guatemaltecas
_____ c. Ecuador
_____ ch. Panamá
_____ d. venezolana
_____ e. nicaragüenses
_____ f. Costa Rica
_____ g. Argentina
_____ h. Tegucigalpa
_____ i. uruguaya
_____ j. El Salvador
_____ k. Bolivia

SEGUNDA PARTE
Diferentes tipos de cartas comerciales

CAPITULO 3

Cartas de solicitud de empleo, de presentación y de recomendación

Cartas de solicitud de empleo

Las cartas de solicitud de empleo deben ser breves, convincentes y originales para que llamen la atención de la persona a quien van dirigidas. De su efectividad puede depender el futuro de la persona que la escribe.

El objetivo de una carta de solicitud de empleo es convencer al posible *empleador* de que el solicitante será una valiosa adquisición para su negocio y, en base de esto, obtener una *entrevista*.

Hay dos clases de cartas de solicitud de empleo: las que se escriben en respuesta a un anuncio publicado en la *prensa* y las que se envían a varias empresas sin saber si existe o no la plaza o *cargo vacante* deseado. En ambos casos, es usual adjuntar el «*currículum vitae*» a la solicitud de empleo.

Las cartas de solicitud de empleo deben reunir los requisitos siguientes:

1. Especificar el conducto o medio (la prensa, la radio, la televisión, una persona, etcétera) por el cual se sabe que existe la plaza o cargo vacante que se solicita.

2. Dar el nombre y *apellidos,* y la dirección del solicitante así como los *títulos académicos* que lo capacitan para dicho empleo. También debe indicar la experiencia que tiene para desempeñar dicho cargo y las referencias que puede ofrecer.
3. Indicar por qué busca trabajo y especialmente por qué desea trabajar en el lugar donde solicita el empleo.

Si la empresa no los solicita, se *omiten* aquellos datos que puedan *perjudicar* al solicitante, tales como su edad, estado civil, sexo, grupo étnico, etcétera. Tampoco es aconsejable hacer mención al sueldo que se aspira, a menos que específicamente se solicite ese dato.

La mayoría de las firmas o empresas comerciales tienen formularios *impresos* de solicitud de empleo que los *aspirantes* o solicitantes deben llenar. (Vea el modelo en las páginas 56–59.)

CARTA MODELO NO. 2   CARTA DE SOLICITUD DE EMPLEO

Bogotá, 17 de febrero de 198-

Cía. Petrolera Garavito, S.A.
Paseo de Bolívar No. 817
Bogotá.

Distinguidos señores:

De acuerdo con el anuncio publicado por ustedes en el diario *La Nación* correspondiente al día 14 del actual, me permito solicitar la plaza de Ingeniero Químico vacante en esa firma.

Desde luego, creo reunir las condiciones que se especifican en el citado anuncio y puedo ofrecerles las mejores referencias en cuanto a mi integridad, competencia y laboriosidad.

Soy venezolano, mayor de edad, soltero. Poseo el título de Ingeniero Químico-Industrial de la Universidad de Bogotá. Hablo español, inglés y francés. Los últimos cinco años he prestado servicios como Auxiliar del Ingeniero Jefe en la Cía. Petroven, S.A.

Confío en ser honrado con una contestación favorable, y mientras tanto, es un placer ponerme a sus apreciables órdenes.

Atentamente,

José Fernández García
José Fernández García
San Martín No. 692
Ciudad.

Anexo: Expediente personal

CURRICULUM VITAE O EXPEDIENTE PERSONAL

DATOS PERSONALES

NOMBRE: José Fernández García
DOMICILIO: Avenida José Antonio Rivera No. 786, Bogotá
TELEFONO: 89-567
LUGAR DE NACIMIENTO: Barranquilla, Colombia
EDAD: 31 años
ESTADO CIVIL: soltero

EDUCACION

TITULOS ACADEMICOS	INSTITUCION	FECHA
Ingeniero Civil	Yale University	1976-1979
Ingeniero Químico	Universidad Nacional de Colombia	1970-1975
Bachiller en Ciencias y Letras	Instituto de Bogotá	1965-1970

EXPERIENCIA

Auxiliar del Ingeniero Jefe de la Cía. Petroven, S.A.
(1979-presente)

REFERENCIAS

Ing. Esteban de la Torriente Alvarez, Ing. Jefe de la Cía.
Petroven S.A., Lagasca No. 15, Madrid, España

Sr. Carlos Alvarez González, Quinta Avenida No. 16, Barranquilla

Dr. Matías Díaz García, Calle 19 No. 608, Bogotá

CARTA MODELO NO. 3   CARTA DE SOLICITUD DE EMPLEO

Puerto Barrios, 15 de abril de 198-

Distribuidora Norte, S.A.
Quinta Avenida 13-15, Zona 1
Guatemala.

Estimados señores:

<u>Me es grato adjuntarles</u> una copia de mi curriculum vitae para el caso de que tengan <u>disponible</u> una plaza de Contador en el Departamento de Contabilidad de esa <u>empresa</u>.

Tengo especial interés en trabajar en esa <u>compañía</u>, y estoy en la mejor disposición de hablar personalmente con ustedes sobre <u>mis conocimientos</u> y experiencia. Puedo <u>proporcionarles directamente</u> información sobre mi trabajo anterior y <u>cuantas</u> referencias Uds. soliciten.

Sería para mí <u>altamente satisfactorio</u> incorporarme a su <u>firma</u>, y estoy seguro de <u>llenar los requisitos</u> que requiere el <u>cargo</u> de Contador.

<u>Gracias anticipadas</u> por su atención.

De Uds. muy atentamente,

Nicolás Romero Castro
Nicolás Romero Castro

Anexo: 1 copia curriculum vitae

EJERCICIOS: PRACTICAR, VARIAR Y CREAR

A. Cada palabra o frase de la columna de la izquierda corresponde a una de la columna de la derecha. Ponga el número junto a la letra que le corresponde. Antes de hacer este ejercicio, lea nuevamente la Carta Modelo No. 2.

1. de acuerdo
2. en el diario
3. me permito solicitar
4. plaza
5. vacante en esa firma
6. desde luego
7. las condiciones que se especifican
8. citado
9. ofrecerles
10. integridad
11. competencia
12. laboriosidad
13. he prestado servicios
14. confío en
15. contestación favorable
16. es un placer

_____ a. he trabajado
_____ b. por supuesto
_____ c. mencionado, referido
_____ ch. brindarles, presentarles
_____ d. en el periódico
_____ e. me tomo la libertad de aspirar a
_____ f. respuesta positiva
_____ g. según
_____ h. los requisitos que se indican
_____ i. espero
_____ j. puesto, cargo
_____ k. disponible en esa empresa
_____ l. actividad, eficiencia
_____ ll. aptitud, idoneidad
_____ m. honradez, probidad
_____ n. me complace

B. **Sinónimos.** Dé el número del sinónimo correspondiente a cada una de las palabras o frases de la columna de la derecha.

1. íntegro
2. competente
3. laborioso
4. cargo
5. citar
6. ofrecer
7. confiar
8. respuesta
9. referencias
10. solicitar

_____ a. puesto
_____ b. referir
_____ c. idóneo
_____ ch. trabajador
_____ d. prometer
_____ e. probo
_____ f. informe sobre una persona
_____ g. esperar con firmeza
_____ h. contestación
_____ i. pedir

C. Sustituya las palabras y expresiones subrayadas en las Cartas Modelos Nos. 2 y 3 por otras similares, sin alterar el sentido de las cartas. Escriba de nuevo las dos cartas de acuerdo con las sustituciones hechas, haciendo a la vez otros cambios gramaticales que crea necesarios.

CH. Redacte una carta de solicitud de empleo según la siguiente minuta.

Escriba a la Cía. Telefónica, S.A. de San Juan, Puerto Rico, solicitando el cargo de jefe del Departamento de Contabilidad. Diga su nombre, domicilio, títulos académicos o semiprofesionales que posee, experiencia, ectétera. Prometa enviar su currículum vitae.

D. Prepare su propio currículum vitae. Tome como modelo el que aparece en la página 52 de este capítulo.

E. Llene el modelo impreso que aparece en las siguientes páginas con datos verdaderos acerca de Ud. mismo. Solicite el puesto de dependiente en el Departamento de Caballeros.

MODELO DE SOLICITUD DE EMPLEO

El Corte Inglés

El hecho de rellenar esta solicitud no presupone compromiso laboral alguno para el solicitante ni para la Empresa. Todos los datos que haga constar serán considerados estrictamente confidenciales.

NO ESCRIBA NADA DENTRO DE LAS CASILLAS EN ROJO

PUESTO SOLICITADO

Número de Expediente

P.I.

A.F.

DATOS PERSONALES

1º Apellido	2º Apellido	Nombre

Edad	Fecha de nacimiento Día / Mes / Año	Estado Civil	Fecha matrimonio Día / Mes / Año	D.N.I.

Lugar de Nacimiento (Ciudad y provincia) | Nacionalidad:

Fecha finalización Servicio Militar Mes / Año | Graduación y Arma

Caso de estar exento del Servicio Militar, indique las causas

Dirección completa (Calle ó Plaza, Bloque, Número, Piso y Puerta)

Ciudad ó Pueblo | D. Postal | Provincia

Tiempo de Residencia | Núm. de Teléfono (Indique si es propio, pariente, vecino, etc.)

Domicilio anterior

DATOS FAMILIARES

PARENTESCO	NOMBRE Y APELLIDOS	EDAD	PROFESION DEL FAMILIAR Y EMPRESA DONDE TRABAJA
PADRE			
MADRE			
ESPOSO O ESPOSA			

RELACIONE A CONTINUACION TODOS SUS HIJOS Y HERMANOS

Domicilio paterno

¿TIENE VD. ALGUN FAMILIAR QUE TRABAJE EN INDUYCO, MOSTOLES INDUSTRIAL O EL CORTE INGLES?

Donde	Nombre completo	Parentesco

2.691

Al día en los negocios: Escribamos

2

ESTUDIOS Y FORMACION COMPLEMENTARIA

Estudios Oficiales (Primarios, Bachillerato, Formación Profesional, etc.)
(Indique, en caso de no poseer el título, el número de cursos realizados).

ESTUDIOS	AÑO COMIENZ.	AÑO TERMIN.	CURSOS REALIZ.	TITULACION Y ESPECIALIDAD	TITULO SI	TITULO NO

OTROS CURSOS

CONOCIMIENTOS ESPECIALES
(Indique con una X en el cuadro correspondiente, los que posea)

☐ MECANOGRAFIA   Pulsac. por min.   ☐ ESTENOTIPIA   Palabras por min.

¿Utiliza método ciego? .... ☐

☐ TAQUIGRAFIA   Palabras por min.   ☐ _____

CARNET DE CONDUCIR
Escriba la clase de carnet que posee: Ciclomotor, A2 Moto, B Coche, C Camión, D Autobus, E Trailler)

	F.O.

IDIOMAS

Señale el idioma conocido con una X en las casillas correspondientes a los diferentes grados que se atribuye.

IDIOMAS	HABLAR Muy Bien	HABLAR Bien	HABLAR Reg.	LEER Muy Bien	LEER Bien	LEER Reg.	ESCRIBIR Muy Bien	ESCRIBIR Bien	ESCRIBIR Reg.
INGLES									
FRANCES									

DATOS PROFESIONALES
EMPLEO ACTUAL (Si no trabaja, dejelo en blanco).

Nombre de la Empresa | Núm. de empleados aproximado

¿A qué se dedica la Empresa? | Indique su especialidad y sección ó departamento

Describa con detalle la tarea que realiza

Motivos por los que desea cambiar de Empresa | Horario | Fecha de Ingreso (Día, mes y año)

Sueldo inicial: | Sueldo actual: | Núm. de pagas extras | Comisión | F.B.

Domicilio de la Empresa | Nombre de su Jefe Inmediato

57
Capítulo tres

Relacione, por órden, del primero al último, todos los empleos que haya tenido hasta la fecha. NO HAGA CONSTAR EL ACTUAL.

1º EMPLEO

Nombre de la Empresa	Núm. empleados aproximado

¿A qué se dedica la Empresa?

Describa con detalle el trabajo que Vd. realizaba

Sueldo Líquido Inicial	Sueldo Líquido Final	Comisión	Fecha Ingreso (Mes / Año)	Fecha Baja (Mes / Año)	Tiempo Trabajado (Años / Meses)

Motivos por los que dejó la Empresa

Domicilio de la Empresa	Nombre de su jefe inmediato

2º EMPLEO

Nombre de la Empresa	Núm. empleados aproximado

¿A qué se dedica la Empresa?

Describa con detalle el trabajo que Vd. realizaba

Sueldo Líquido Inicial	Sueldo Líquido Final	Comisión	Fecha Ingreso (Mes / Año)	Fecha Baja (Mes / Año)	Tiempo Trabajado (Años / Meses)

Motivos por los que dejó la Empresa

Domicilio de la Empresa	Nombre de su jefe inmediato

3º EMPLEO

Nombre de la Empresa	Núm. empleados aproximado

¿A qué se dedica la Empresa?

Describa con detalle el trabajo que Vd. realizaba

Sueldo Líquido Inicial	Sueldo Líquido Final	Comisión	Fecha Ingreso (Mes / Año)	Fecha Baja (Mes / Año)	Tiempo Trabajado (Años / Meses)

Motivos por los que dejó la Empresa

Domicilio de la Empresa	Nombre de su jefe inmediato

4
DATOS COMPLEMENTARIOS

Estatura | Peso | Defectos físicos

Enfermedades padecidas

Intervenciones quirúrgicas

Accidentes

¿Qué otros ingresos tiene Vd. además de su sueldo?

¿Tiene vehículo propio? | Marca y modelo

Indique a qué sociedades, organizaciones, clubs (Profesionales, deportivos, culturales, religiosos, ...) pertenece ó ha pertenecido.

¿Cómo ha entrado en contacto con nosotros?

¿Qué trabajo de los realizados por Vd. le agradó más?

¿Cuál le agradó menos?

¿Qué puesto, además del solicitado, podría interesarle?

¿Ha sido detenido alguna vez? | ¿Por qué motivo?

¿Ha sido expulsado de algún Organismo, Centro, etc.? | ¿Por qué motivo?

¿Ha sido sancionado por su conducta laboral? | ¿Por qué motivo?

En qué plazo comenzaría a trabajar | Sueldo que solicita

¿Tiene inconveniente en trabajar fuera de esta ciudad? | Indique el motivo

Declaro que todas las respuestas dadas a este cuestionario son verdaderas y completas, quedo enterado de que cualquier omisión ó falsedad puede determinar la denegación ó suspensión de mi empleo. Asimismo, autorizo a El Corte Inglés, S.A. para corroborar los datos expuestos anteriormente. Me comprometo, en caso de ser admitido, a no desarrollar ninguna actividad laboral ajena a esta Empresa.

_____, _____ de _____ de 1.9 ____
FIRMA:

O.R.

59
Capítulo tres

Cartas de presentación

Las cartas de presentación deben ser breves, *apropiadas* o *pertinentes* y escritas con mucho *tacto*. Sirven para anunciar a los clientes la visita de representantes, agentes o viajantes de una empresa y para presentar unas personas a otras con propósitos comerciales.*

Esta clase de cartas puede ser enviada por correo o entregada directamente a la persona a quien se quiere presentar. En este último caso el sobre que la contiene debe ir abierto.

Este tipo de cartas debe contener lo siguiente.

1. El nombre y apellidos de la persona que se presenta
2. Las causas o razones que motivan la presentación y exposición del fin que se persigue con ello
3. Las gracias por las atenciones que se ofrezcan a la persona que se presenta

---

*Si la presentación es de carácter privado, la carta pertenece al grupo de cartas sociales y en este caso aparece en la **Tercera parte** de este libro.

CARTA MODELO NO. 4   CARTA DE PRESENTACION

ESPAÑOLA AGRICOLA, S.A.
Casilla No. 954
Santiago de Chile, Chile

17 de febrero de 198-

Cía. Industrial Pérez, S.A.
Isabel la Católica No. 989
Viña del Mar.

Estimados señores:

La portadora de la presente, Srta. Estela Infante Valdés, quien firma al pie para identificación, ha sido encargada por esta empresa para abrir en esa ciudad una sucursal.

Nos permitimos presentarles a la Srta. Infante como una persona competente, dinámica y quien cuenta además con el respaldo sin límites de esta firma. Les rogamos muy atentamente se sirvan concederle todas las facilidades para que pueda desempeñar su cometido con éxito.

Agradecemos anticipadamente lo que ustedes puedan hacer por la Srta. Infante Valdés y les quedamos reconocidos por sus atenciones.

Atentamente,

Española Agrícola, S.A.

José M. Menéndez/González
Gerente General

PARA IDENTIFICACION:

Estela Infante Valdés

JMG/ala

EJERCICIOS: PRACTICAR, VARIAR Y CREAR

A. Cada palabra o frase de la columna de la izquierda corresponde a una de la columna de la derecha. Ponga el número junto a la letra que le corresponde. Antes de hacer este ejercicio, lea nuevamente la Carta Modelo No. 4.

1. ha sido encargada
2. esta empresa
3. esa ciudad
4. competente
5. dinámica
6. respaldo sin límites de esta firma
7. les rogamos muy atentamente
8. se sirvan concederle
9. desempeñar su cometido con éxito
10. agradecemos anticipadamente
11. lo que puedan hacer por
12. reconocidos por

_____ a. le otorguen
_____ b. les rogamos encarecidamente
_____ c. ha sido comisionada
_____ ch. llevar a cabo su misión exitosamente
_____ d. esta firma
_____ e. esa localidad
_____ f. toda la confianza de esta empresa
_____ g. activa
_____ h. idónea
_____ i. agradecidos por
_____ j. agradecidos de antemano
_____ k. la cooperación que le presten

B. Señale numéricamente el orden en que aparecen en una carta de recomendación las siguientes palabras o frases.

_____ solicitamos le den toda clase de facilidades
_____ Compañía Petrolera Garavito, S.A.
_____ el señor Alberto Mancini Fleitas
_____ viajante de esta empresa
_____ Atentamente,
_____ el portador de ésta
_____ está encargado de promover la venta de nuestros productos de acero
_____ quedamos reconocidos por sus atenciones
_____ en esa población
_____ Estela Garavito Fernández, Presidenta

C. Sustituya las palabras y expresiones subrayadas en la Carta Modelo No. 4 por otras similares, sin alterar el sentido de la carta. Escriba de nuevo la carta de acuerdo con las sustituciones hechas, haciendo a la vez otros cambios gramaticales que crea necesarios.

CH. Redacte una carta de presentación según la siguiente minuta.

Dirija una carta a la sucursal de la compañía de la cual Vd. es Presidente, presentando a la Srta. Adriana Avendaño López, encargada de hacer la inspección o auditoría de dicha sucursal.

Cartas de recomendación

Las cartas de recomendación se utilizan para recomendar a una persona. Deben escribirse sin que su contenido revele, obviamente, una opinión crítica absolutamente negativa.

El estilo y tono de las cartas de recomendación debe ser muy comedido, sin que ello implique que no se diga la verdad sobre el recomendado. En el caso de que la persona que se recomienda no llene a plenitud los requisitos, por ejemplo, de capacidad, experiencia, responsabilidad, etcétera, debe esto expresarse de una forma cortés. Por ejemplo:

Su trabajo fue bastante satisfactorio...
His work was satisfactory enough...

Ella escribe a máquina bastante bien...
Her typing is rather good...

La Srta. Elena López Ortega ha tomado recientemente otro curso de taquigrafía y creo que esto significa un progreso con respecto a su trabajo.
Since Miss Estela López Ortega has recently taken a refresher course in shorthand, her work should now show an improvement.

Si la persona de quien se solicita una recomendación tiene un concepto totalmente negativo de quien la solicita, lo más aconsejable sería que se negara a ofrecer dicha recomendación.

Todos los empleados de una empresa tienen derecho de solicitar y obtener de sus superiores una carta de recomendación, a menos que se trate de un empleado muy ineficiente o irresponsable.

Las cartas de recomendación deben contener los datos siguientes.

1. Nombre y apellidos de la persona recomendada
2. Objeto de la recomendación
3. Recomendación de carácter general
4. Agradecimiento y despedida

CARTA MODELO NO. 5   CARTA DE RECOMENDACION

                Eximtrade, S.A.
                Paseo de la Castellana No. 159
                Madrid, España

                                      15 de junio de 198-

Sr. Jesús Sánchez Fuentes
Paseo de las Ramblas No. 134
Barcelona.

Estimado señor:

El portador de la presente, Sr. Rafael López Carrera, <u>ha prestado servicios</u> en nuestra firma por un <u>período consecutivo</u> de más de cinco años como secretario particular del Sr. Tesorero de esta empresa. Durante <u>todo ese tiempo</u> siempre fue <u>puntual</u> y <u>demostró buena conducta</u>, <u>eficiencia</u> y <u>honradez</u>.

El motivo por el cual el Sr. López Carrera abandona nuestra firma obedece al traslado de su familia a esa ciudad.

<u>Recomendamos plenamente</u> al Sr. López Carrera y estamos seguros de que su colaboración será muy valiosa para Vd.

<u>Agradecemos de antemano</u> lo que pueda hacer por el Sr. López Carrera.

De usted muy atentamente,

                Eximtrade, S.A.

                José Leocuona Castillo
                      Gerente

JLC/ymn

EJERCICIOS: PRACTICAR, VARIAR Y CREAR

A. **Sinónimos.** Dé el número del sinónimo correspondiente a cada una de las palabras o frases de la columna de la derecha.

1. portar
2. período
3. consecutivo
4. eficacia
5. recomendar
6. de antemano
7. colaboración
8. plenamente
9. valioso
10. puntual

_____ a. continuo
_____ b. con anticipación
_____ c. ayuda
_____ ch. ciclo de tiempo
_____ d. totalmente
_____ e. importante
_____ f. exacto, formal
_____ g. eficiencia
_____ h. hablar en favor
_____ i. llevar

B. Cada palabra o frase de la columna de la izquierda corresponde a una de la columna de la derecha. Ponga el número junto a la letra que le corresponde. Antes de hacer este ejercicio, lea nuevamente la Carta Modelo No. 5.

1. período consecutivo
2. todo ese tiempo
3. demostrar
4. puntual
5. buena conducta
6. eficiencia
7. honradez
8. recomendamos plenamente
9. agradecemos de antemano

_____ a. avalamos incondicionalmente
_____ b. comportamiento intachable
_____ c. lapso ininterrumpido
_____ ch. agradecemos con anterioridad
_____ d. todo ese período
_____ e. probidad
_____ f. exacto
_____ g. manifestar
_____ h. eficacia

C. Señale numéricamente el orden en que aparecen en una carta de recomendación las siguientes palabras y frases.

_____ estamos seguros de que...
_____ como una persona honorable,...
_____ la Srta. Lecuona Infante...
_____ el costo de cualquier campaña publicitaria que ustedes lancen bajo su dirección será menor...
_____ por la presente tenemos el placer...
_____ ha probado ser una colaboradora muy valiosa...
_____ de nuestra más absoluta confianza...
_____ recomendarles plenamente...
_____ organizada, muy eficiente y...
_____ cualquier agencia de publicidad se beneficiaría...
_____ a la Srta. Rita María Lecuona Infante...

(*Continúa*)

_____ durante el tiempo que ha trabajado en esta firma, más de diez años...
_____ les quedamos reconocidos por la oportunidad que brinden a la Srta. Lecuona Infante...
_____ con su imaginación e ideas creativas...
_____ si contratan los servicios de la Srta. Lecuona Infante...

CH. Sustituya las palabras y expresiones subrayadas en la Carta Modelo No. 5 por otras similares, sin alterar el sentido de la carta. Escriba de nuevo la carta de acuerdo con las sustituciones hechas, haciendo a la vez otros cambios gramaticales que crea necesarios.

D. Redacte una carta de recomendación según la siguiente minuta.

Escriba una carta de recomendación, como Director General de la empresa Alvarez y Hnos., al Sr. Alejandro Ibarra Amador, Presidente de la Cía. de Seguros La Unión y El Fénix Español, recomendando a la Srta. Lilia Ortega Fuentes para el cargo de agente de seguros.

PREGUNTAS

1. ¿Cómo deben ser las cartas de solicitud de empleo?
2. Enumere los requisitos de una carta de solicitud de empleo.
3. ¿Cuál es el principal objetivo de estas cartas?
4. ¿Es obligatorio escribir en una carta de solicitud de empleo datos que puedan perjudicar a la persona interesada?
5. En la carta de solicitud de empleo, ¿es conveniente que el aspirante haga referencia al sueldo que desea ganar? ¿Hay alguna excepción?
6. Enumere las partes de que consta un currículum vitae.
7. Si cree que hay preguntas innecesarias o gravosas en el modelo de solicitud de empleo, ¿cuáles eliminaría Ud.? ¿Por qué?
8. ¿Para qué se usan las cartas de presentación?
9. Si la carta de presentación se entrega personalmente, ¿cómo debe ir?
10. ¿Cómo debe ser el tono y el estilo de una carta de recomendación?
11. ¿Cuáles datos son indispensables en una carta de recomendación?
12. ¿En qué caso el empleador puede negarse a dar una carta de recomendación a un empleado?

Vocabulario

el **acero** *steel*
aclarar *to explain, clarify*
al pie de *at the foot of*
amparar *to shelter, protect; to help, assist*
(de) antemano *beforehand*
anticipar *to anticipate, act ahead (of)*
el **apellido** *last name*
apropiado, pertinente *relevant*
el/la **aspirante,** el/la **solicitante** *candidate, applicant*
la **auditoría** *office of an auditor*
la **bancarrota** *bankruptcy*
brindar *to offer, present*
el **cargo vacante** *opening, vacant position*
casilla *P.O. box; square*
certificado *qualified, competent; authorized*
citado *quoted*
la **clasificación** *sorting*
el **cometido** *task, duty, charge, trust*
la **competencia** *competence*
complacer (zc) *to please*
el **comportamiento** *behavior*
la **compraventa** *purchase and sale*
con anterioridad *previously, beforehand*
conceder *to give, bestow, grant*
confiar *to trust, have faith or confidence*
el **contador público**/la **contadora pública** *public accountant*
la **contestación favorable** *favorable reply*
correspondiente *corresponding, respective*
los **datos personales** *personal data*
desempeñar *to perform; to accomplish, carry out (an undertaking)*

la **distribución** *distribution*
el **divisor** *divisor*
la **docena** *dozen*
los **documentos de exportación** *export documents*
_____ **de importación** *import documents*
el **empleador**/la **empleadora** *employer*
el **empleo** *employment, occupation*
el **encargado**/la **encargada** *person in charge; agent, representative*
la **entrevista** *interview*
estar encargado *to be in charge (of)*
el **expediente personal** *résumé*
la **honradez,** la **probidad** *honesty, probity*
el **horario** *schedule*
los **idiomas** *languages*
la **idoneidad** *suitability, capability*
los **impresos** *printed matter*
el **ingreso** *entry; money received*
insignificante *insignificant*
intachable *irreproachable*
la **integridad** *integrity*
el **jefe**/la **jefa de ventas** *sales director*
la **laboriosidad** *laboriousness*
la **máquina calculadora** *calculator*
mayor de edad *of age, adult*
la **mecanografía** *typing*
_____ **método ciego** *touch typing*
las **medidas** *measures*
la **minuta** *summary, record; rough draft*
el **múltiplo** *multiple*
obviamente *obviously*
omitir *to omit*

otorgar (gu) *to consent, agree to*
los **países extranjeros** *foreign countries*
el **parentesco** *relationship*
el/la **perito** *expert*
perjudicar (qu) *to damage, hurt*
el **peso** *weight*
la **plaza,** el **puesto** *position, employment, job*
el **poder** *power of attorney*
la **prensa** *press, newspapers*
presentar *to present, introduce a person*
prestar servicios *to render, perform (a service), work*
promover (ue) *to promote*
puntual *punctual*
quedar reconocido *to be grateful, obliged*
rellenar, llenar *to fill in*
el/la **representante** *representative, agent*
respaldar, avalar *to endorse; to answer for, guarantee*
la **respuesta positiva** *positive response*
el **sistema métrico decimal** *decimal metric system*
el/la **solicitante,** el/la **aspirante** *applicant, solicitor*
la **solicitud de empleo** *job application*
el **sueldo** *salary*
_____ **líquido** *take-home pay*
el **tacto** *tact, skill*
la **taquigrafía** *shorthand*
el **título académico** *professional degree*
el/la **traficante** *trafficker, trader, dealer*
el **traslado** *transfer*
la **venta** *sale*
el/la **viajante (de comercio)** *commercial traveler*

67
Capítulo tres

PUNTOS ESENCIALES DE REDACCION

La acentuación

El acento es la fuerza de la pronunciación en todas las palabras de más de una sílaba. Las palabras tienen *acento prosódico* cuando la sílaba que se pronuncia con mayor fuerza no lleva el acento escrito sobre ella; por el contrario, se dice que tienen *acento ortográfico* las que sí llevan el acento escrito sobre la sílaba que se pronuncia con más fuerza.

Por su acento, las palabras se clasifican en tres clases. Son *agudas* cuando la fuerza de la pronunciación recae sobre la última sílaba; se escriben con acento ortográfico todas las que terminan en vocal o en las consonantes **n** o **s**. Ejemplos: resolvió, corazón, además. Son agudas pero no se acentúan las palabras que terminan en otras consonantes: color, corral, alcatraz.

Las palabras son *llanas* o *graves* cuando la fuerza de la pronunciación recae en la penúltima sílaba. Llevan acento ortográfico cuando *no* terminan en vocal o en las consonantes **n** o **s**. Ejemplos: Sánchez, árbol, carácter, débil. Son llanas pero no se acentúan las palabras que terminan en vocal o en **n** o **s**: hablo, archivo, banco, carta, lunes, hablan.

Las palabras son *esdrújulas* cuando la fuerza de la pronunciación recae sobre la antepenúltima sílaba. Siempre llevan acento ortográfico. Ejemplos: análisis, catálogo, nómina.

Cuando la fuerza de la pronunciación recae sobre la vocal débil de un diptongo, ésta se acentúa ortográficamente: caído, remitía, reúne, día.

Las palabras monosílabas, es decir de una sola sílaba, *nunca* llevan acento ortográfico excepto cuando tienen más de una función gramatical:

sí (*yes*)	si (*if*)
dé (command form of *to give*)	de (*of*)
sé (*I know*)	se (reflexive pronoun, *yourself*)
té (*tea*)	te (reflexive pronoun, *yourself* familiar; direct object pronoun, *you* familiar)
tú (personal pronoun, *you* familiar)	tu (possessive adjective, *your*)
mí (personal pronoun, *me*)	mi (possessive adjective, *my*)
más (adverb, *more*)	mas (conjunction, *but*)
él (personal pronoun, *he*)	el (definite article, *the*)
aún (adverb, *still*)	aun (conjunction, *even*)
sólo (adverb, *only*)	solo (adjective, *alone*)

Los pronombres demostrativos **éste, ése, aquél, ésta, ésa, aquélla** y sus plurales se acentúan.

¿Desea usted éstas o aquéllas?
Este comerciante es más rico que ése y que aquél.

Estas mismas palabras *no* se acentúan cuando funcionan en la oración como adjetivos demostrativos.

Revise este balance y coteje aquellas facturas. Éstas están correctas, pero aquél tiene algunos errores.

Los pronombres demostrativos neutros (**esto, eso, aquello**) nunca se acentúan.

Las palabras **que, quien, cual, donde, cuando, cuanto** y **como** se acentúan cuando son interrogativos o admirativos.

¿Qué opinas de esa empresa?
¡Qué importante es esa compañía!
¿Quién es el presidente?
¡Quién lo dijera!
¿Cuál es la fecha de la reunión?
¿Dónde está localizado el negocio?
¿Cuándo elegirán al presidente de la empresa?
¡Cuánto desea ser presidente de la empresa!
¿Cuánto cuesta la docena de sobres?
¿A cómo está el precio del petróleo?
¡Cómo subió el precio del petróleo!

INFORMACION SUPLEMENTARIA

Pesos y medidas

El Sistema Internacional de Unidades no es más que una versión modificada del antiguo sistema métrico que creó la Revolución Francesa para efectuar las mediciones necesarias en la ciencia, la industria y el comercio. Actualmente el 80 por ciento de los países del mundo, incluyendo casi todos los países de habla española, se valen del Sistema Internacional de Unidades. Los países que aún usan el sistema inglés o británico (pies, libras) también se disponen a adoptarlo. A continuación se presenta una lista de medidas de longitud, de capacidad y de peso seguidas de sus múltiplos, que indican el número de veces que una medida está contenida en otra y de sus divisores, o sea de sus divisiones, tal como se usan en dicho sistema.

MEDIDAS DE LONGITUD O LINEALES

UNIDAD	MULTIPLOS	DIVISORES
metro	miriámetro (10.000 metros)	decímetro
	kilómetro (1.000 metros)	centímetro
	hectómetro (100 metros)	milímetro
	decámetro (10 metros)	micrón (micromilímetro)

Capítulo tres

MEDIDAS DE CAPACIDAD

UNIDAD	MULTIPLOS	DIVISORES
litro	mirialitro (10.000 litros) kilolitro (1.000 litros) hectolitro (100 litros) decalitro (10 litros)	decilitro centilitro mililitro

MEDIDAS DE PESO O PONDERALES

UNIDAD	MULTIPLOS	DIVISORES
gramo	tonelada métrica (10 quintales métricos) miriagramo (10.000 gramos) kilogramo (1.000 gramos) hectogramo (100 gramos) decagramo (10 gramos)	decigramo centigramo miligramo

EJERCICIOS ADICIONALES

A. Coloque correctamente el acento ortográfico sobre las palabras que Ud. crea que lo necesitan.

1. ¿Aun no has visto la correspondencia de hoy?
2. Aun cuando no quieras hacer el trabajo, tendras que hacerlo.
3. ¿Donde? ¿Cuando? ¿Como? ¿Por que? Donde quiero, como quiero, cuando quiero y porque quiero estudio español comercial.
4. De usted cuanto antes las cartas a la mecanografa para que las pase a maquina.
5. Mañana tendre tres examenes, pero ninguno tan dificil como el examen de algebra.
6. Corrijale los errores a este informe.
7. Ayer distribui la correspondencia entre los empleados.
8. Despues de terminar la sesion ire a la camara de comercio.
9. La compañia esta en la mas desastrosa ruina.
10. Los peritos estudiaron el por que de la bancarrota porque les interesaba el asunto.
11. A este documento le falta la firma del secretario, pero aquel si esta firmado.
12. Este documento no esta firmado porque el secretario aun no ha llegado.
13. Tu experiencia como contador publico es grande, pero la mia es mayor.
14. Queremos asistir a la conferencia, mas no podremos.
15. Si el quisiera lo haria, pero se que no lo hara.
16. Compraron las maquinas calculadoras y tambien las maquinas de escribir electricas.

17. Jamas el autorizaria esa venta.
18. El jefe te da permiso para ir a tomar el te.
19. Esas cartas son para mi, no para ti.
20. Tu sabes mucho, pero tu jefe lo ignora.

B. Dé el equivalente en español de cada una de las siguientes palabras y expresiones y después escriba una oración, también en español, con cada una de ellas.

1. bearer
2. application for a job
3. assortment
4. sender
5. schedule
6. meeting
7. office hours
8. abbreviation
9. enclosures
10. addressee
11. closing (in a letter)
12. address
13. interview
14. resignation
15. to whom it may concern

C. Llene los espacios en blanco con la respuesta correcta.

1. En su informe el viajante dice que recorrió 400 kilómetros, lo cual equivale a ____ metros.
2. Los tanques que contienen el petróleo en la Cía. Amerex tienen una capacidad de 40.000 litros cada uno, o sea ____ mirialitros.
3. Tres divisores del metro son ____, ____ y ____, mientras que dos de sus múltiplos son ____ y ____.

CAPITULO 4

Cartas de acuse de recibo de solicitud de empleo, de renuncia, de solicitud de aumento y de ascenso

Cartas de acuse de recibo de solicitud de empleo

Al redactar esta clase de cartas, si la respuesta es afirmativa, debe citarse a la persona interesada para una entrevista personal, con el objeto de formarse una idea de su carácter, personalidad y apariencia física.

Este tipo de carta debe incluir los puntos siguientes.

1. Referencia a la solicitud de empleo
2. El nombre de la persona que hará la entrevista y el lugar, la fecha y la hora en que tendrá lugar la entrevista
3. Atenta despedida

Si la carta de acuse de recibo es negativa, con mucha cortesía deberá informarse al interesado que su solicitud será tenida en cuenta en la primera oportunidad que haya una plaza vacante en la empresa.

La despedida debe ser cordial, deseándole al aspirante éxito en sus futuras gestiones de solicitud de empleo.

CARTA MODELO NO. 6 — CARTA DE ACUSE DE RECIBO DE SOLICITUD DE EMPLEO

CONSTRUCTORA ALVAREZ DIAZ, S.A.
Avenida Cuzco No. 508
Lima, Perú

28 de febrero de 198-

Srta. María González García
Pizarro No. 14
Lima.

Ref.: Solicitud de empleo
del 20 del corriente

Distinguida señorita González:

Tengo el gusto de acusar recibo de su atenta carta de fecha 20 del actual, solicitando la plaza vacante de Secretaria Ejecutiva del Sr. Presidente de esta compañía.

Me es grato informarle que el Sr. Jorge Díaz Gutiérrez, Jefe de Personal, la entrevistará y tratará con Ud. todo lo relacionado con su solicitud. Para esto, deberá Ud. presentarse cualquier día laborable, de 2:00 p.m. a 5:00 p.m. en sus oficinas sitas en el tercer piso del edificio donde se encuentran las oficinas centrales de nuestra compañía.

Al mismo tiempo, le hago saber que deberá usted enviar, previamente, una certificación de sus estudios superiores y dos cartas de referencias.

En espera de sus gratas noticias, quedo de Ud. muy atentamente,

Constructora Alvarez Díaz, S.A.

Manuel Calas Dávila
Gerente General

MCD/ajp

EJERCICIOS: PRACTICAR, VARIAR Y CREAR

A. **Sinónimos.** Dé el número del sinónimo correspondiente a cada una de las palabras o frases de la columna de la derecha.

1. grato
2. planta
3. transcripción
4. día laborable
5. actual

_____ a. día de trabajo
_____ b. presente
_____ c. agradable
_____ ch. piso
_____ d. copia

B. Cada palabra o frase de la columna de la izquierda corresponde a una de la columna de la derecha. Ponga el número junto a la letra que le corresponde. Antes de hacer este ejercicio, lea nuevamente la Carta Modelo No. 6.

1. tengo el gusto de
2. atenta carta de fecha 20 del actual
3. compañía
4. le notifico
5. plaza
6. presentarse
7. sitas
8. se encuentran
9. nuestra compañía
10. tratará
11. lo relacionado con
12. al mismo tiempo
13. le hago saber
14. previamente
15. en espera de

_____ a. firma, razón social
_____ b. discutirá
_____ c. me place
_____ ch. lo concerniente a
_____ d. con anticipación
_____ e. también
_____ f. grata misiva del 20 del corriente
_____ g. puesto
_____ h. le comunico
_____ i. esta empresa
_____ j. están situadas
_____ k. acudir
_____ l. le informo
_____ ll. confiado en
_____ m. localizadas

C. Complete la carta de acuse de recibo de solicitud de empleo que se ve en la página 76, incluyendo todas las partes de una carta comercial.

75
Capítulo cuatro

_____

_____

Señor: _____
         _____
         _____

Ref.: _____

Distinguido señor _____:

Con verdadero placer acusamos _____ de la
_____ y nos place _____
aceptada.

Deberá pasar por _____ dentro de diez días
para _____ con el Jefe de Personal y tratar
todo lo _____ y demás beneficios que concede
esta _____ a sus _____.

Al tanto de sus noticias, _____

_____
_____
         Secretario

CH. Sustituya las palabras y expresiones subrayadas en la Carta Modelo No. 6 por otras similares, sin alterar el sentido de la carta. Escriba de nuevo la carta de acuerdo con las sustituciones hechas, haciendo a la vez otros cambios gramaticales que crea necesarios.

Cartas de renuncia

Por lo general, la renuncia a un *cargo* o puesto no *directivo* o ejecutivo se hace oralmente, es decir, se le comunica al jefe inmediato superior o al jefe de personal, con quince días de anticipación por lo menos. Cuando se trata de un cargo de cierta importancia la renuncia debe presentarse por escrito.

En las cartas de renuncia se deben incluir los datos siguientes.

1. La fecha definitiva en la que la renuncia se hará efectiva, es decir, en la que la persona dejará el cargo.
2. Los motivos de la renuncia: enfermedad, cambio de domicilio, otro empleo, descontento con alguna situación específica en el trabajo, etcétera.
3. En caso de que sea difícil para la empresa encontrar un *substituto,* hacer alguna sugerencia que ayude a resolver el problema.
4. Las gracias por la confianza y la deferencia de que se ha sido objeto más el ofrecimiento de cooperar en el futuro en lo que sea necesario.

Se debe además dejar la puerta abierta para que le ofrezcan otra posición mejor o mejores condiciones de trabajo en el presente o lo llamen en el futuro para ocupar otro puesto más de acuerdo con sus intereses.

CARTA MODELO NO. 7   CARTA DE RENUNCIA

Dr. MOISES HURTADO JORRIN
Florida No. 516
Buenos Aires, Argentina

4 de diciembre de 198-

Sr. Carlos M. Gutiérrez Cadalso
Presidente
Cía. Constructora Insula, S.A.
Avenida Libertador No. 40
Buenos Aires.

Distinguido señor:

Lamento informarle que muy a mi pesar, a partir del día 30 del actual me veo obligado a cesar en mi cargo de Jefe del Departamento Legal de la prestigiosa firma que Vd. dirige.

Motiva mi renuncia el hecho de haber sido designado Asesor Legal de otra firma que me ofrece la conveniencia de estar radicada en la ciudad de Madrid, lugar donde actualmente reside mi familia.

Confío que, durante lo que queda del mes, pueda Ud. encontrar la persona que ha de sustituirme y estoy dispuesto a brindarle toda mi ayuda y cooperación para que esta transición no entorpezca el funcionamiento del departamento hasta hoy a mi cargo.

Aprovecho esta oportunidad para manifestarle mi agradecimiento a usted y a todos los demás miembros de la Junta Directiva por la confianza que en mí depositaron.

De usted con la mayor consideración,

[firma]
Dr. Moisés Hurtado Jorrín

MHJ/ptv

EJERCICIOS: PRACTICAR, VARIAR Y CREAR

A. Cada palabra o frase de la columna de la izquierda corresponde a una de la columna de la derecha. Ponga el número junto a la letra que le corresponde. Antes de hacer este ejercicio, lea nuevamente la Carta Modelo No. 7.

1. lamento informarle
2. muy a mi pesar me veo obligado
3. cesar en mi cargo
4. prestigiosa firma
5. motiva mi renuncia
6. designado
7. firma
8. me ofrece la conveniencia de estar radicado
9. confío
10. encontrar
11. sustituirme
12. esta transición no entorpezca
13. manifestarle mi agradecimiento
14. esta oportunidad

_____ a. dar por terminados mis servicios
_____ b. que tiene la ventaja de estar localizado
_____ c. nombrado
_____ ch. hallar
_____ d. esta ocasión
_____ e. espero
_____ f. expresarle mi reconocimiento
_____ g. compañía
_____ h. la causa de mi decisión
_____ i. renombrada empresa
_____ j. contra mis deseos me veré precisado
_____ k. siento comunicarle
_____ l. reemplazarme
_____ ll. este cambio no interfiera con las funciones

B. Elija la palabra que no pertenece al grupo y explique por qué.

1. solicitar / empleo / renunciar / acusar / recibir
2. firma / empresa / reunión / compañía / razón social
3. empleado / cargo / plaza / puesto / empleo
4. cesar / terminar / empezar / acabar / concluir
5. prontamente / lentamente / urgentemente / rápidamente

C. Escriba una oración completa con las palabras de cada grupo. Haga los cambios que sean necesarios y añada las palabras que falten.

1. renunciar / mejor remunerado / buscar / tan pronto / más / cargo / otro / gustar
2. productos / solicitar / poder / comprar / catálogos / necesitar
3. Jefa de Personal / plaza vacante / día 20 del actual / personas / antes del / entrevistar / solicitar / deber / todas
4. estas oficinas / deber / Sr. Fernández / comunico / hablar con / acudir
5. presentar / resolver / cartas de recomendación / tan pronto / solicitud de empleo / el asunto

CH. Sustituya las palabras y expresiones subrayadas en la Carta Modelo No. 7 por otras similares, sin alterar el sentido de la carta. Escriba de nuevo la carta de acuerdo con las sustituciones hechas, haciendo a la vez otros cambios gramaticales que crea necesarios.

D. Redacte una carta de renuncia según la siguiente minuta.

Una empleada dirige una carta a uno de los miembros ejecutivos de la compañía donde trabaja renunciando por incompatibilidad entre ella y su jefe. Decida cuál es el cargo de la empleada y el del miembro ejecutivo a quien ella dirige su renuncia, así como las causas que la motivan.

Cartas de solicitud de aumento de sueldo y de ascenso

Cuando una persona lleva algún tiempo trabajando en un lugar de manera eficiente y con éxito, es lógico que piense en solicitar un aumento de sueldo o un ascenso a otro cargo superior al que tiene.

Las cartas de solicitud de aumento de sueldo o de ascenso no deben ser *agresivas* ni crear *antagonismo* entre el empleado y el empleador. Para ello, entre otras cosas, deben evitarse los comentarios irritantes, como lo sería la referencia a otro empleado, que con el mismo cargo, *devenga* un sueldo mayor. Por lo tanto, su tono debe ser *mesurado,* convincente y razonado.

Estas cartas deben escribirse enfocando lo positivo, *alegando,* por ejemplo, que el aumento o ascenso solicitado se *merece* por el trabajo extraordinario que se realiza y por el tiempo que se lleva prestando servicios de manera responsable y eficaz.

CARTA MODELO NO. 8   CARTA DE SOLICITUD DE AUMENTO DE SUELDO

Buenos Aires, 15 de mayo de 198-

Srta. Evangelina Rodríguez Díaz
Presidenta
Almacenes "El Sol", S.A.
Avenida del Prado 516
Ciudad.

Distinguida Srta. Rodríguez Díaz:

Después de saludarla atentamente, me permito <u>someter a su consideración</u> lo siguiente: como usted <u>sabe</u>, en los años que llevo <u>laborando</u> en esta <u>firma</u> <u>he dado pruebas</u> de dedicación, responsabilidad y eficiencia. Además en los últimos meses, debido al <u>incremento</u> en las ventas, mi trabajo ha aumentado <u>considerablemente</u>.

<u>En atención</u> a <u>los motivos expuestos</u>, me permito <u>solicitar</u> de Ud. que, <u>por su mediación</u>, se reconsidere <u>mi sueldo actual</u> y se me <u>otorgue</u> el aumento que creo que <u>en justicia me corresponde</u>.

<u>Gracias de antemano</u>, Srta. Rodríguez Díaz, por la <u>consideración</u> que se digne prestar a mi solicitud.

De Ud. muy atentamente,

[firma]
Juan Rodríguez Cruz
Jefe de Ventas
Almacenes "El Sol", S.A.

81
Capítulo cuatro

CARTA MODELO NO. 9   CARTA DE SOLICITUD DE ASCENSO

Tegucigalpa, 28 de abril de 198-

Sr. Antonio Infante Suárez
Presidente
Banco Comercial
Díaz Carrillo, 567
Tegucigalpa.

Distinguido señor:

Como es de su conocimiento, hace más de cuatro años que presto servicios en el Departamento de Préstamos del banco que Ud. tan dignamente preside. Durante el último año, el jefe de dicho departamento, por razones de enfermedad, ha estado ausente por varios meses y yo he asumido sus funciones trabajando horas extraordinarias a plena capacidad.

En las ocasiones referidas he disfrutado de mi trabajo y he adquirido un mayor conocimiento del departamento. Estoy seguro de haber realizado mi cometido a su entera satisfacción y a la del Sr. Manuel Rocha Valdés, Jefe del Departamento.

Por las razones citadas, solicito de Ud. respetuosamente me conceda un ascenso adecuado a mis nuevas responsabilidades.

Confío en que, después de estudiar y considerar mi solicitud con el celo que lo caracteriza, accederá a mi petición.

Agradezco por anticipado la atención que preste a este asunto.

De Ud. con la mayor consideración,

Rita M. Lecuona Castellá
Rita María Lecuona Castellá

EJERCICIOS: PRACTICAR, VARIAR Y CREAR

A. Elija la palabra que no pertenece al grupo y explique por qué.

1. acceder / conceder / denegar / otorgar / consentir
2. estimado / querido / distinguido / apreciado / sentido
3. cordialmente / sinceramente / considerablemente / atentamente / afectuosamente
4. presente / actuario / actual / moderno / contemporáneo
5. antelación / anterioridad / precedencia / ulterior / previo

B. **Sinónimos.** Dé el número del sinónimo correspondiente a cada una de las palabras o frases de la columna de la derecha.

1. ignorar
2. asumir
3. informarle
4. cometido
5. conceder
6. pertinente
7. acceder
8. estime
9. celo
10. anticipar

_____ a. otorgar
_____ b. encargo, obligación
_____ c. adelantar, preceder
_____ ch. notificarle, comunicarle
_____ d. considere, aprecie
_____ e. desconocer
_____ f. oportuno
_____ g. tomar cargo
_____ h. consentir
_____ i. diligencia

C. Señale numéricamente el orden en que aparecen en una carta de notificación de ascenso y aumento de sueldo las siguientes frases.

_____ su promoción...
_____ de esta corporación...
_____ Lima, 15 de abril de 1984
_____ Estimado señor Raul Márquez Gómez:
_____ y el consiguiente aumento de sueldo...
_____ que a partir del día primero del corriente mes...
_____ lo felicitamos por tan merecido ascenso...
_____ pasará a desempeñar el cargo de...
_____ se le ha concedido por...
_____ Auxiliar del Administrador General...
_____ Su sueldo mensual será de $_____
_____ su celo, capacidad y progreso en su trabajo...
_____ de acuerdo con su nueva categoría...
_____ De usted muy atentamente,
_____ y funciones...
_____ con gran placer le comunicamos...
_____ y esperamos que continúe progresando y cooperando con esta firma.

CH. Cada palabra o frase de la columna de la izquierda corresponde a una de la columna de la derecha. Ponga el número junto a la letra que le corresponde. Antes de hacer este ejercicio, lea nuevamente la Carta Modelo No. 8.

1. someter a su consideración
2. lo sabe
3. laborando
4. firma
5. he dado pruebas
6. incremento
7. considerablemente
8. en atención
9. los motivos expuestos
10. solicitar
11. por su mediación
12. mi sueldo actual
13. otorgue
14. en justicia me corresponde
15. gracias de antemano
16. consideración

____a. grandemente
____b. pedir
____c. justamente merezco
____ch. no ignora
____d. agradecido por anticipado
____e. atención
____f. mi presente retribución mensual
____g. por su intervención
____h. empresa
____i. someter a su juicio
____j. las razones citadas
____k. aumento
____l. trabajando
____ll. conceda
____m. he demostrado
____n. en consideración

D. Sustituya las palabras y expresiones subrayadas en las Cartas Modelos Nos. 8 y 9 por otras similares, sin alterar el sentido de las cartas. Escriba de nuevo las dos cartas de acuerdo con las sustituciones hechas, haciendo a la vez otros cambios gramaticales que crea necesarios.

E. Redacte una carta solicitando un ascenso según la siguiente minuta.

Hace cinco años que Ud. trabaja en la empresa Anacaona Industrial Textilera, S.A. desempeñando el cargo de Auxiliar del Contador Interventor. Ha terminado sus estudios graduados y ahora posee el título de Contador Público. Existe una plaza vacante de contador en la mencionada empresa, que a Ud. le gustaría desempeñar.

F. Redacte una carta solicitando un aumento de sueldo según la siguiente minuta.

La compañía donde Ud. trabaja le ha dado el cargo adicional de dar entrenamiento a tres nuevos empleados en el Departamento de Investigación del Mercado de la referida compañía. Esta nueva responsabilidad demanda de Ud. más horas de trabajo de las habituales. Estos son los motivos de que Ud. se vale para solicitar el aumento de sueldo.

PREGUNTAS

1. ¿Qué puntos deben desarrollarse en una carta de acuse de recibo de una solicitud de empleo?
2. Si la solicitud es denegada, ¿debe dársele alguna esperanza a la persona que solicitó el puesto?
3. ¿Qué puntos deben exponerse en una carta de renuncia?
4. ¿Con cuántos días de anticipación una persona debe informar su propósito de renunciar al puesto que ocupa?
5. ¿A quién se le informa sobre el propósito de renunciar?
6. ¿Quiénes pueden renunciar oralmente y qué personas deben renunciar por escrito?

Vocabulario

a mi pesar *to my regret*
acceder *to agree, consent*
el **acreedor**/la **acreedora** *creditor*
acudir *to present oneself, to attend*
el **acuse de recibo** *acknowledgment of receipt*
agresivo *aggressive*
alegar *to state*
el **antagonismo** *antagonism*
(con) anticipación *in anticipation*
la **apariencia personal** *personal appearance*
el **ascenso** *promotion*
asumir *to assume*
el **aumento de sueldo** *increase, raise in salary*
la **campaña publicitaria** *sales promotion campaign*
el **cargo**, el **puesto** *position, post*
el **cargo directivo** *directive, managing position*
el **cartel**, el **letrero** *poster*
el **catálogo** *catalog*
el **celo** *zeal*
certificar (qu) *to certify*
cesar *to cease, leave a post or employment*
el **cometido** *commission, charge, task, duty*

comparecer (zc) *to appear (in court)*
la **confianza** *confidence, trust*
la **conveniencia** *convenience*
el **Departamento de Publicidad** *Department of Public Relations*
el **descuento** *discount*
devengar (gu) *to earn, draw (as salary, interest)*
el **día laborable** *working day*
en espera (de) *waiting (for), awaiting*
en existencia *in stock*
la **enfermedad** *illness, sickness*
entorpecer (zc) *to hamper*
enviar, mandar *to send, remit*
el **equipo** *equipment*
erigir (j) *to erect, raise*
escoger (j) *to choose*
exponer *to expose; to explain*
la **gestión** *effort, action; negotiation*
hacer constar *to make clear, evident*
_____ **saber** *to make known; to inform, notify*
ignorar *to be ignorant of, not know*
la **incompatibilidad** *incompatibility*

interesado *interested, concerned*
la **investigación del mercado** *market research*
irritante *irritating*
la **junta de accionistas** *board of stockholders*
_____ **directiva** *board of trustees*
lamentar *to regret, be sorry for*
lanzar *to throw; to launch*
el **lema** *slogan*
la **licencia por asuntos personales** *leave of absence*
la **liquidación** *liquidation*
la **maquinaria** *machinery*
el **mercado mundial** *world market*
la **mercancía** *merchandise*
merecer (zc) *to deserve*
mesurado *controlled, restrained*
la **misiva** *missive*
la **muestra** *sample*
parecer (zc) *to seem, appear*
permanecer (zc) *to remain, endure*
la **planta**, el **piso** *floor*
la **plaza vacante** *job opening*
la **portada** *cover page*

85
Capítulo cuatro

prestigioso *renowned*
previamente *previously*
la **promoción** *promotion*
las **prontas noticias** *prompt news*
prosperar *to prosper*
radicar (qu) *to be located; to settle*
remunerar *to remunerate*
renunciar *to resign, renounce*
rescindir *to rescind, annul, cancel*
rogar (gu) *to beg, ask, request*
el **secretario ejecutivo**/la **secretaria ejecutiva** *executive secretary*
la **sesión extraordinaria** *extraordinary session*
sito, situado *situated, located*
someter *to expose, submit*
el **substituto** *replacement*
la **sucursal** *subsidiary, branch*
suplicar (qu), rogar (gu) *to implore, beg, ask, request*
sustituir *to substitute*
tener en cuenta *to take into account or consideration*
transigir *to compromise, settle on, give in, agree to*

PUNTOS ESENCIALES DE REDACCION

Los signos de puntuación son muy necesarios al escribir las cartas comerciales, pues sin ellos resultaría dudoso y oscuro el significado de las oraciones. Además, estos signos ayudan a la persona que lee a seguir el pensamiento de la que escribe. A continuación aparecen los signos de puntuación más usados en la correspondencia comercial y unas breves reglas sobre el uso de cada uno de ellos.

punto (.)	*period*
coma (,)	*comma*
punto y coma (;)	*semicolon*
dos puntos (:)	*colon*
paréntesis ( )	*parenthesis, parentheses*
comillas (" " o « »)	*quotation marks*

Usos del punto

1. Se usa el *punto* al final de una oración que expresa un pensamiento completo.

    El comerciante se declaró en quiebra.

    En la escritura se llama *punto y seguido* (*o punto seguido*) cuando el texto de la nueva oración se escribe en la misma línea a continuación de la oración anterior con la cual guarda relación íntima.

    El comerciante se declaró en quiebra. El motivo de la quiebra fue la falta de fondos para pagarles a sus acreedores.

    El *punto y aparte* (o *punto aparte*) se usa cuando termina un párrafo, y el texto continúa en otra línea, expresando, además, un nuevo pensamiento.

    El comerciante se declaró en quiebra. El motivo de la quiebra fue la falta de fondos para pagarles a sus acreedores.

El Sr. Juez que tramitará la citada declaración de quiebra deberá nombrar a una persona que lo represente para hacer el inventario de los bienes del quebrado.

2. Se usa el punto después de una abreviatura.

Cía. (Compañía)

3. Se usa detrás de las unidades de mil y de millón cuando estas cantidades van escritas en cifras.

40.750 (cuarenta mil setecientos cincuenta)
50.648.327 (cincuenta millones seiscientos cuarenta y ocho mil trescientos veintisiete)

Usos de la coma

1. Cuando el nombre se usa como vocativo, es decir, cuando se llama o invoca a alguien directamente. La coma puede ir antes, después, o antes y después del vocativo.

   Dr. Calás, hable Ud. con su secretario.
   Hable Ud., Dr. Calás, con su secretario.
   Hable Ud. con su secretario, Dr. Calás.

2. Para separar elementos relacionados entre sí en una enumeración, excepto los dos últimos si éstos van unidos por las conjunciones **y, o** y **ni**.

   La oficina necesita escritorios, sillas, sillas giratorias, armarios y otros muebles.

   Nótese que en inglés puede omitirse o no la coma antes de la conjunción que precede la última palabra en esta clase de construcción.

   The office needs desks, chairs, swivel chairs, cabinets, and other pieces of furniture.

3. Si se intercala una oración, frase o palabra incidental.

   La Junta de Accionistas, en sesión extraordinaria, acordó rescindir el contrato.

4. Antes y después de las expresiones **sin embargo, esto es** y **en fin**.

   Habló mucho, sin embargo, no sabía lo que decía.
   La liquidación se efectuará con el acuerdo de los acreedores, esto es, con la aprobación de la junta.
   Los comentarios fueron muy dispares, en fin, no se pusieron de acuerdo.

5. Antes de las conjunciones adversativas **pero, mas, aunque, antes, salvo,** y **excepto** cuando los períodos que siguen no son muy largos.

> El permiso llegó, pero no está firmado.
> Me gustan estos archivos, mas no son funcionales.
> Lo aprobó, aunque no tenía autoridad para hacerlo.
> El secretario no intentó redactar la carta, antes rehusó hacerlo.
> Todos los empleados obtuvieron un aumento, salvo raras excepciones.
> Se les enviaron todas las mercancías, excepto las del pedido número 34.

6. Para separar el lugar de la fecha en una carta.

> Caracas, 27 de junio de 1984

Usos del punto y coma

1. Delante de las conjunciones adversativas **mas, pero, pero con todo** y **aunque,** cuando los períodos que siguen son muy largos.

> Los trabajadores acordaron el paro; pero el sindicato, que no está de acuerdo con la medida, se negó a apoyarlos.

2. Para separar oraciones largas que están unidas al pensamiento principal.

> El Departamento Legal estudiará los expedientes; la Sección de Personal informará a la Administración y ésta acordará la acción que haya de tomarse.

Usos de los dos puntos

1. Después del saludo en una carta.

> Estimado señor:

2. Para introducir una cita directa.

> El presidente dijo: «Mañana no habrá trabajo.»

3. Antes de hacer una enumeración.

> Le enviaremos lo siguiente: zapatos, bolsos, medias y guantes.

4. Después de palabras y expresiones como **certifico, hago constar, comparezco y digo** y **hago saber.**

> Certifico: que la Srta. Estela Rodríguez ha prestado servicios en este departamento durante cinco años.

5. Para separar las horas de los minutos.

> La reunión se efectuará a las 9:30 a.m.

Uso del paréntesis

El paréntesis se usa para encerrar una idea aclaratoria y subordinada a la idea principal.

Indique la fecha en que se estableció la empresa (si hace menos de tres años, dé datos sobre la experiencia previa de sus miembros).

Usos de las comillas

1. Para hacer una cita directa.

   En su carta, el Jefe de Personal decía así: «Este año no se otorgarán licencias por asuntos personales.»

2. Para destacar alguna palabra o frase en un párrafo.

   El comerciante que no sigue el lema de que «el que no se anuncia, no vende» no prosperará mucho en los negocios.

3. Cuando se usa una palabra extranjera.*

   El vocablo «todavía» se traduce al inglés por *«yet»*.

INFORMACION SUPLEMENTARIA

Abreviaturas comerciales útiles

Resulta imposible establecer reglas o preceptos fijos para las abreviaturas, pues existe gran libertad para convenir en cuántas sean necesarias y oportunas en libros tales como diccionarios, catálogos, bibliografías, etcétera. En la vida moderna, debido a la rapidez y a la urgencia de encerrar en un espacio reducido muchas noticias, se multiplica el número de abreviaturas. Además, los especialistas y técnicos de cada ciencia o profesión crean constantemente abreviaturas de empleo amplio entre ellos.

Las abreviaturas se usan con frecuencia en la correspondencia comercial; por ese motivo se incluyen y relacionan en las páginas 90–91 algunas de las más comunes.**

---

*Cuando se escriben palabras en un idioma extranjero, también pueden éstas escribirse en bastardilla (*italics*).

En la **Lección preliminar aparecen otras abreviaturas útiles.

89
Capítulo cuatro

@	arroba (*about 25 pounds*)
a/c., a. cta.	a cuenta (*on account, in partial payment*)
adj.	adjunto (*attached, enclosure*)
Admin.	administración (*administration, management*)
afmo(s)., afma(s).	afectísimo(s), afectísima(s) (*very affectionately*)
atto., atta., attos., attas.	atento, atenta, atentos, atentas (*polite, courteous*)
Avda., Ave.	avenida (*avenue*)
B/L	Conocimiento de embarque (*bill of lading*)
cent., cents.	centavo, centavos (*cent, cents*)
cénts.	céntimos (*cents*)
C.F.	costo y flete (*cost and freight, C.F.*)
C.S.F.	costo, seguro y flete (*cost, insurance, and freight, C.I.F.*)
c/u.	cada uno (*each one*)
ch/	cheque (*check*)
D.	debe (*debit*)
doc.	docena (*dozen*)
dupdo.	duplicado (*duplicate*)
d/v	días vista (*days after sight*)
$, dls.	dólares (*dollars*)
$	pesos (*pesos*)
etc.	etcétera (*et cetera*)
F.A.S.	libre de gastos al lado del barco (*free alongside ship*)
F.C.	ferrocarril (*railroad*)
Fdo.	firmado (por) (*signed [by]*)
f.o.b.	libre de gastos a bordo (*free on board*)
G/, g/	giro (*draft*)
g.p., g/p.	giro postal (*money order*)
gtos.	gastos (*expenses*)
ib.	Ibidem
id.	Idem
ints.	interés (*interest*)
L/	letra de cambio, letra (*bill of exchange, bill, draft*)
lbs.	libras (*pounds*)
liq.	líquido (*cash, net, liquidity*)
m/acep., n/acep., s/acep.	mi, nuestra, su aceptación (*my, our, your acceptance*)
m/cgo., n/cgo., s/cgo.	mi, nuestro, su cargo (*my, our, your debit*)
m.e.	moneda extranjera (*foreign exchange*)
mer., mers.	mercancía, mercancías (*merchandise*)
m.n., m. nac.	moneda nacional (*currency*)

m/cta., n/cta., s/cta.	mi, nuestra, su cuenta (*my, our, your account*)
m/e., n/e., s/e.	mi, nuestra, su entrega (*my, our, your delivery*)
m/fra., n/fra., s/fra.	mi, nuestra, su factura (*my, our, your invoice*)
m/g., n/g., s/g.	mi, nuestro, su giro (*my, our, your draft*)
m/L., n/L., s/L.	mi, nuestra, su letra (*my, our, your bill of exchange, draft*)
m/o., n/o., s/o.	mi, nuestra, su orden (*my, our, your order*)
m/p., n/p., s/p.	mi, nuestro, su pagaré (*my, our, your promissory note*)
m/r., n/r., s/r.	mi, nuestra, su remesa (*my, our, your remittance*)
m/ref., n/ref., s/ref.	mi, nuestra, su referencia (*my, our, your reference*)
o/	orden (*order*)
O/p	orden de pago (*draft*)
O/P	oficina principal (*main office*)
O/telegr.	orden telegráfica (*telegraphic order*)
P/	pagaré (*promissory note*)
P.A.	por autorización (*by authorization*)
p.a.	por ausencia, por acuerdo (*by proxy, by agreement*)
p.c.e.	pago contra entrega (*cash on delivery, C.O.D.*)
P.D. o P.S.	posdata o post scriptum (*postscript, P.S.*)
Pl.	plaza (*square*)
pl.	plazo (*term, time*)
P.N.	peso neto (*net weight*)
P.O., p/o.	por orden (*by order*)
p.p.	por poder (*by proxy, per procuration*)
P.p.	porte pagado (*freight prepaid*)
pto.	puerto (*port*)
q.	quintal (*quintal, one hundred pounds*)
qq.	quintales (*more than one quintal*)
R/, r/	remesa (*remittance*)
S.A. de R.L.	sociedad anónima de responsabilidad limitada (*corporation of limited responsibility*)
S. en C.	sociedad en comandita (*joint company*)
V/, Vta.	a la vuelta (*on returning; turn over the page; carried over*)
V° B°	Visto Bueno (*corrected, approved, O.K.*)
vol.	volumen (*volume*)
x	por (*by, times*)

Capítulo cuatro

EJERCICIOS ADICIONALES

A. Coloque correctamente los signos de puntuación que Ud. considere necesarios.

1. Bajo pliego separado hallarán Vds la lista de precios de los vestidos sayas blusas camisas así como el de todos los accesorios solicitados
2. Nos es grato comunicarles que por vía marítima les enviamos los televisores así como también los transformadores zócalos bombillas y demás material eléctrico
3. Señor González tenga la bondad de entrevistar a la Srta. García
4. Distinguido señor Gutiérrez
5. Mañana le enviaremos al Ing Lecuona los datos solicitados
6. Cía - Sr Admor - Uds - Ing - L A B
7. Hágame el favor señor Alvarez de entrevistar a la señorita María Díaz
8. Desea trabajar con nuestra compañía mas no tiene la experiencia requerida
9. Al enviar la mercancía sírvase tener en cuenta lo siguiente no poner más de 24 botellas en cada caja de cartón la precinta debe ser de metal el marbete debe colocarse a la izquierda y todo debe empacarse cuidadosamente
10. Debe comunicarme lo antes posible el resultado de la cotización de la bolsa necesito esta información hoy
11. La primera parte de la sesión era importante la segunda intrascendente la tercera francamente aburrida
12. Hágame el favor de entrevistar a la Srta García señor Infante
13. Al entrar en mi oficina me dijo El precio del oro tuvo un alza considerable anoche
14. Certifico que en la junta general de acreedores se aprobó el balance general
15. La puntuación correcta aclara el pensamiento la incorrecta lo confunde
16. Qué desastre más grande

B. Dé la abreviatura de cada una de las siguientes palabras y expresiones.

1. ejemplo
2. por poder
3. página
4. sociedad anónima
5. sociedad limitada
6. próximo pasado
7. su giro
8. su factura
9. compañía
10. nuestra aceptación
11. pago contra entrega
12. duplicado
13. factura
14. libre de gastos a bordo
15. puerto
16. libras
17. pesos
18. descuento
19. crédito
20. días fecha
21. cada uno
22. porte pagado
23. quintales
24. señora

C. Dé el equivalente en español de cada una de las siguientes frases y después escriba una oración, también en español, con cada una de ellas.
1. We are writing to tell you . . .
2. We wish to state . . .
3. Due to the fact that . . .
4. I have the pleasure to announce . . .
5. According to our records . . .
6. It makes us feel glad to . . .
7. It will always be our aim to . . .
8. We are pleased to have the opportunity of adding your name to our list of accounts.

CAPITULO 5

La correspondencia bancaria

Cartas de solicitud de crédito

Las cartas en las que se solicita un crédito deben ser claras y ajustadas a la verdad. En la mayoría de los bancos existen modelos impresos, que solamente hay que llenar, para solicitar un crédito o préstamo.

El crédito equivale a la reputación, a la fama de solvencia moral y económica que tiene una persona o una empresa. A crédito podemos adquirir algo que pagaremos más tarde, en la forma y plazo convenidos. Se concede crédito a una persona que tiene reputación de ser «buena paga», «buen cumplidor», y que además ofrece garantía para respaldar la deuda que contrae.

El *acreedor* es el que da el crédito, y el *deudor* el que contrae la deuda y debe pagarla. Los requisitos más importantes de este tipo de cartas son los siguientes.

1. Especificar la cantidad de dinero que se solicita
2. Declarar el propósito a que se destina
3. Ofrecer garantías personales o las de un tercero que responda por quien solicita el crédito o préstamo

La correspondencia que abarca todas las operaciones relacionadas con los créditos es muy importante en el mundo de los negocios de hoy, pues casi todas las transacciones comerciales actualmente se hacen a crédito. Esta correspondencia comprende las cartas de solicitud de crédito, de acuse de recibo de solicitud de crédito, de solicitud de información sobre el crédito de una persona o entidad, de dar información sobre el crédito de una persona, de concesión de crédito y de denegación de crédito.

Estas cartas sobre crédito pueden presentar los siguientes problemas: 1) obtener la información correcta y adecuada; 2) ofrecer la información correcta sobre el crédito de la persona sin alejar al cliente; 3) denegar la solicitud de crédito sin indisponer al solicitante; y 4) conceder el crédito de forma que se utilice para lo que se pidió y no en otra cosa distinta.

El crédito se concede solamente después de recibir información satisfactoria sobre la *solvencia* económica y moral de quien solicita el crédito. En las cartas en que se otorga un crédito debe dejarse constancia clara de la garantía personal que ofrece el solicitante; en las que se niega, debe exponerse, con cortesía, el motivo que impide la concesión de dicho crédito, aunque se reconoce la solvencia de quien lo solicita. Debe indicarse también la posibilidad de acceder a dicha solicitud en el futuro, si cambian las circunstancias por las cuales se denegó el crédito.

Toda información sobre el crédito de una persona o empresa debe ser estrictamente confidencial, y las cartas que se escriban al respecto deben tener motivos justificados.

CARTA MODELO NO. 10   CARTA DE SOLICITUD DE CREDITO

CIA. NAVIERA OCCIDENTAL, S.L.
San Martín No. 458, Buenos Aires
Teléfonos 532-4351   TELEX 22728 NAOCC-5
          534-4583

15 de agosto de 198-

Banco Comercial
Florida No. 17
Buenos Aires.

Señores:

Por la presente solicitamos de Uds. un crédito de 50.000,00 pesos argentinos para los últimos días del mes de septiembre del año en curso, con el objeto de hacer obras de reparación en nuestras oficinas.

Estamos dispuestos a ofrecer como garantía de nuestro préstamo acciones de la Cía. Naviera Occidental, S.L. por valor de $100.000,00.

Les rogamos nos informen si no tienen inconveniente en efectuar esta operación y cuáles serían las condiciones impuestas por Uds.

Al tanto de sus noticias, los saluda atentamente,

Cía. Naviera Occidental, S.L.

José Rodríguez Amor
José Rodríguez Amor
Presidente

JRA/agq

CARTA MODELO NO. 11   CARTA DE SOLICITUD DE CREDITO

Buenos Aires, 5 de enero de 198-

Banco Comercial
Florida No. 17
Buenos Aires.

Estimados señores:

<u>Tengo el placer de adjuntarles</u> el formulario impreso que ese banco <u>utiliza</u> para la solicitud de préstamos, debidamente llenado y firmado.

En caso de que mi solicitud sea aprobada, <u>les ruego me informen</u> el día y la hora en que debo pasar por sus oficinas para <u>ultimar</u> todo lo relacionado con la misma.

En espera de sus noticias, quedo de ustedes atentamente,

Marta Fernández Hurtado
Marta Fernández Hurtado
Calle Quinta No. 834
Buenos Aires

Anexo: 1 formulario

EJERCICIOS: PRACTICAR, VARIAR Y CREAR

A. Escriba una oración completa con las palabras de cada grupo. Haga los cambios que sean necesarios y añada las palabras que falten.

1. tener / económica y moral / deber / reputación / buen crédito
2. prestar / la que / acreedor / tener / persona que / dinero / deudor / pagar
3. Banco Intercontinental / Cía. Gomerez, S.A. / éste / concederse / no presentar / pedir / tener / préstamo / necesaria / garantía / no se lo
4. modelos impresos / facilitar / bancos / tener / solicitudes de crédito / operaciones de préstamos
5. acreedor / préstamo / fecha de vencimiento / ser necesario / importe total / antes de / plazo de pago / pagar / último

B. Señale numéricamente el orden en que aparecen en una carta de solicitud de crédito los siguientes datos.

_____ El negocio tiene una hipoteca de 10.000,00 bolívares.
_____ El Sr. Alberto Ramírez Rodríguez pide un préstamo de 30.000,00 bolívares.
_____ Escribe al banco.
_____ Ofrece como garantía su propio negocio.
_____ El Sr. Ramírez Rodríguez necesita dinero para adquirir nueva maquinaria para su negocio.
_____ Pregunta si es necesario que él presente una garantía adicional.
_____ Solicita que le contesten a la mayor brevedad.
_____ Da las gracias.

C. Cada palabra o frase de la columna de la izquierda corresponde a una de la columna de la derecha. Ponga el número junto a la letra que le corresponde. Antes de hacer este ejercicio, lea nuevamente las Cartas Modelos Nos. 10 y 11.

1. un crédito de
2. los últimos días del mes
3. estamos dispuestos a ofrecer
4. valor de
5. efectuar
6. operación
7. condiciones impuestas por Uds.
8. al tanto de
9. tengo el placer de adjuntarles
10. utiliza
11. les ruego me informen
12. ultimar

_____ a. en espera de
_____ b. transacción
_____ c. importe de
_____ ch. finalizar, acabar
_____ d. requisitos exigidos por Uds.
_____ e. tengo el gusto de incluirles
_____ f. realizar, llevar a cabo
_____ g. ofrecemos
_____ h. emplea
_____ i. a fines de mes
_____ j. un préstamo por
_____ k. les agradecería me comunicaran

CH. Sustituya las palabras y expresiones subrayadas en las Cartas Modelos 10 y 11 por otras similares, sin alterar el sentido de las cartas. Escriba de nuevo las dos cartas de acuerdo con las sustituciones hechas, haciendo a la vez otros cambios que crea necesarios.

D. Redacte una carta de solicitud de crédito según la siguiente minuta.

Solicite un préstamo bancario por la cantidad de 25.000,00 pesos colombianos para construir un edificio. Ofrezca como garantía su casa situada en la capital de Colombia, Bogotá, valorada en $40.000,00. Ofrezca como garantía adicional bonos de la República de Colombia por la suma de $10.000,00. Llene todos los requisitos de este tipo de cartas.

CARTA MODELO NO. 12   CARTA DE CONCESION DE CREDITO

BANCO COMERCIAL
Florida No. 17
Buenos Aires, Argentina

2 de septiembre de 198-

Sr. José Rodríguez Amor
Presidente
Cía. Naviera Occidental, S.L.
San Martín No. 458
Buenos Aires.

Ref.: Solicitud de crédito por $50.000,00

Estimado señor:

En respuesta a su carta de fecha 15 del p.pdo. mes, por la que Ud. solicita, a nombre de la Cía. Naviera Occidental, S.L., un crédito por $50.000,00 para obras en el edificio donde radican las oficinas centrales de esa Cía., tengo el placer de informarle que tal crédito le ha sido concedido.

Le ruego se sirva pasar por nuestras oficinas cualquier día de la semana, de lunes a viernes, en horas laborables (de 9:00 A.M. a 3:00 P.M.) para discutir las condiciones de dicho crédito y demás particulares relacionados con el mismo.

En espera de su visita, quedamos de Ud. muy atentamente,

BANCO COMERCIAL

Antonio Infante Suárez
Antonio Infante Suárez
Gerente General

AIS/alc

101
Capítulo cinco

EJERCICIOS: PRACTICAR, VARIAR Y CREAR

A. **Sinónimos.** Dé el número del sinónimo correspondiente a cada una de las palabras o frases de la columna de la derecha.

1. formulario
2. crédito
3. cantidad
4. oficinas centrales
5. concedido
6. plazo
7. deudor

_____ a. otorgado
_____ b. casa matriz
_____ c. préstamo
_____ ch. debiente
_____ d. suma
_____ e. modelo
_____ f. término

B. Elija la palabra que no pertenece al grupo y explique por qué.

1. solicitud / solicitante / solícito / solicitar / solicitado
2. cantidad / suma / sumario / importe / cuantía
3. préstamo / prestancia / prestamista / prestatario / prestación
4. creencia / acreedor / acreencia / acrecer / acreedora
5. banco / banquero / banca / bancario / bancarrota
6. deudo / deudor / deuda / debidor / debiente

C. Resuma el primer párrafo de la Carta Modelo No. 12. Diga qué es lo que pide la Cía. Naviera Occidental, S.L. y con qué fin lo pide.

CH. Sustituya las palabras y expresiones subrayadas en la Carta Modelo No. 12 por otras similares, sin alterar el sentido de la carta. Escriba de nuevo la carta de acuerdo con las sustituciones hechas, haciendo a la vez otros cambios gramaticales que crea necesarios.

D. Redacte una carta de concesión de crédito según la siguiente minuta.

Como Gerente General del Banco Comercial de Nicaragua, escriba una carta a una compañía petrolera aprobando el crédito de $200.000,00 que la tal compañía solicitó. Indique la fecha, el lugar y la hora para discutir todo lo relacionado con el crédito mencionado. Llene todos los requisitos de este tipo de cartas.

CARTA MODELO NO. 13   CARTA DE DENEGACION DE CREDITO

BANCO COMERCIAL
Florida No. 17
Buenos Aires, Argentina

4 de agosto de 198-

Sr. Jorge Menéndez Díaz
Avenida Central No. 510
Córdoba.

Estimado señor Menéndez Díaz:

Nos permitimos poner en su conocimiento que este banco ha suspendido la concesión de créditos por una cantidad mayor de $15.000,00.

A pesar de que reconocemos su solvencia económica y buen crédito, tal regulación, lamentablemente, no nos permite aprobar el crédito solicitado por Ud. Confiamos poder servirle en otra oportunidad.

Sin otro particular, quedamos de Ud. muy atentamente,

BANCO COMERCIAL

Marta Ortega Cabrera
Marta Ortega Cabrera
Gerente

MOC/apz

103
Capítulo cinco

EJERCICIOS: PRACTICAR, VARIAR Y CREAR

A. Cada palabra o frase de la columna de la izquierda corresponde a una de la columna de la derecha. Ponga el número junto a la letra que le corresponde. Antes de hacer este ejercicio lea nuevamente la Carta Modelo No. 13.

1. nos permitimos poner en su conocimiento
2. concesión de créditos
3. a pesar de que reconocemos su
4. tal regulación, lamentablemente
5. no nos permite aprobar
6. confiamos
7. oportunidad
8. sin otro particular
9. solvencia económica

_____ a. el otorgamiento de préstamos
_____ b. ocasión
_____ c. esperamos
_____ ch. no obstante de que estamos seguros de
_____ d. sin más por ahora
_____ e. capacidad financiera
_____ f. nos impide otorgarle
_____ g. desafortunadamente tal disposición
_____ h. le comunicamos

B. Sustituya las palabras y expresiones subrayadas en la carta modelo No. 13 por otras similares, sin alterar el sentido de la carta. Escriba de nuevo la carta de acuerdo con las sustituciones hechas, haciendo a la vez otros cambios gramaticales que crea necesarios.

C. Redacte una carta de denegación de crédito según la siguiente minuta.

Como Vicepresidente de un banco de San José, Costa Rica, escriba a un joven de diecisiete años que solicitó un préstamo de $8.000,00 para la compra de un automóvil. Ud. deniega dicho préstamo por tratarse de un estudiante que no tiene aún la edad requerida para asumir responsabilidad civil. Este joven había ofrecido como garantía el sueldo de $80,00 semanales que gana trabajando en el negocio de su padre. Llene todos los requisitos de este tipo de cartas.

PREGUNTAS

1. ¿Qué quiere decir que una persona es «buena paga» o «buen cumplidor»?
2. ¿Quién es el acreedor?
3. ¿Qué relación existe entre el acreedor y el deudor?
4. ¿Cuáles son los principales requisitos de una carta de solicitud de crédito?
5. ¿Por qué son importantes las cartas sobre crédito?
6. ¿Cuándo se concede un crédito?
7. ¿Cómo deben ser las cartas de denegación de crédito?
8. ¿Se puede divulgar la información sobre el crédito de una persona o empresa, o por el contrario, debe ser estrictamente confidencial?

Vocabulario

a cuenta *on account, in partial payments*
a favor *in favor of, payable to*
acabar, finalizar (c) *to finish, complete, end*
acceder *to agree, consent*
la **aceptación** *acceptance*
el **acreedor**/la **acreedora** *creditor*
adjunto *attached, enclosed*
la **administración** *administration, management*
afectísimo *very affectionately*
aforar *to gauge, measure, appraise*
alejar, indisponer, enajenar *to alienate*
el **año en curso** *current year*
aprobar (ue) *to approve*
asumir *to assume; to raise*
la **atención** *attention;* pl. *affairs*
atentamente *attentively*
atento *polite, courteous*
la **avenida** *avenue*
la **balanza económica** *balance of trade*
(por) barco *by ship*
la **cantidad** *amount*
la **carta de concesión de crédito** *letter granting credit*
_____ **de denegación de crédito** *letter denying credit*
_____ **de solicitud de crédito** *letter of application for credit*
la **casa matriz** *principal, main business establishment*
los **céntimos,** los **centavos** *cents*
la **comisión** *commission*
la **compañía** *company, partnership*
_____ **naviera** *shipping company*

la **concesión de crédito** *concession, grant of credit*
las **condiciones** *stipulations, specifications*
construir (y) *to build*
contar con *to depend on, rely on*
(al) corriente *current, up to date*
el **crédito** *credit*
la **cuenta** *account, bill, statement*
cumplidor *true to one's word, reliable*
el **cheque** *check*
el **debe** *debit, debtor side in an account*
dejar constancia *to leave record, written evidence*
la **denegación de crédito** *denial, refusal of credit*
denegar (ie) (gu) *to deny, refuse*
el **departamento** *department*
la **deuda**/la **deudora,** el/la **debiente** *debtor*
el **duplicado** *duplicate*
estar al tanto de *to be aware of; to be or keep informed about*
la **garantía** *guarantee*
los **gastos** *expenses*
la **gerencia** *management*
el/la **gerente** *manager*
el **giro,** la **orden de pago** *draft*
las **horas laborables** *working hours*
impedir (i, i) *to prevent, impede, hinder*
imponer *to impose or levy*
el **importe** *price, cost; value; amount*
el **interés** *interest*
la **letra (de cambio)** *bill (of exchange), draft*
el **modelo impreso** *printed copy*

la **moneda extranjera** *foreign exchange*
_____ **nacional** *currency*
la **oficina** *office*
_____ **principal** *main office*
la **orden telegráfica** *telegraphic order*
pagadero *payable (to)*
la **plaza** *square*
el **plazo** *term, time*
poner en conocimiento *to inform, notify*
por autorización *by authorization*
por ciento *percent*
por orden *by order*
el **porte pagado** *prepaid freight*
el **préstamo** *loan*
el **próximo pasado mes** *last month*
las **referencias** *references (character)*
la **remesa** *remittance*
responder (por un crédito) *to be responsible (for a credit)*
la **responsabilidad civil** *civil responsibility*
siguiente *following*
sin gastos *without charges*
la **sociedad** *society, corporation, association, partnership, copartnership*
la **sociedad anónima** *corporation, stock company*
_____ **anónima de responsabilidad limitada** *corporation of limited responsibility*
_____ **en comandita** *joint company*
_____ **limitada** *limited partnership*
la **solicitud de crédito** *application or request for credit*
la **solvencia** *solvency*
suficiente *sufficient, enough*

105
Capítulo cinco

la suma *sum, amount, total*
suspender *to suspend; to stop*

la transacción *transaction; negotiation*
ultimar *to end, finish, close*

unidad monetaria *monetary unit*
(por) valor de *in the amount of*

PUNTOS ESENCIALES DE REDACCION

Técnicas sicológicas

En la redacción de la correspondencia comercial moderna, hay ciertas técnicas sicológicas que hay que tener presente por su efectividad.

1. Es preciso tener en mente el hecho de que cada persona está básicamente interesada en sí misma y en sus propios puntos de vista. Por ello, al escribir una carta comercial tenga presente el punto de vista del destinatario. Al hacerlo así, consecuentemente, Ud. usará con más frecuencia **su, sus, suyo, Ud. y Uds.** que **yo, nosotros, nuestro,** etcétera.

   Comunicamos a Ud. que su solicitud de crédito ha sido aprobada debido a su buen crédito y a la solvencia económica que Ud. tiene. Tan pronto como Ud. lo solicite, le enviaremos el saldo de su cuenta para facilitarle sus pagos futuros.

2. Produzca una impresión agradable. Una carta de negocios debe reflejar la personalidad de quien la redacta y su buena voluntad. Para ello es aconsejable usar frases con tono amistoso.

   Es un placer informarle...
   Nos complace grandemente enviarles...

3. Siempre que sea posible, evite las palabras que tengan connotación negativa como, por ejemplo: desagradable, erróneamente, negligencia, descuido, etcétera.

   La mercancía se envió erróneamente en otro barco y no llegará cuando le prometimos...
   La mercancía saldrá tan pronto como sea posible en el próximo barco. Puede contar con ella...

4. Recuerde que el tamaño de una carta no se mide por líneas o páginas. Una carta de dos páginas, por la calidad de su contenido y por su buena redacción, puede parecer muy corta al lector mientras que otra de sólo diez líneas puede darle la impresión de ser demasiado larga.

INFORMACION SUPLEMENTARIA

Monedas de varios países

A continuación se presenta una lista de las unidades monetarias de los países hispanoamericanos y de las de aquellos países con los cuales efectúan la mayor parte de sus transacciones comerciales.

PAIS	UNIDAD MONETARIA
Argentina	el peso argentino
Bolivia	el peso boliviano
Brasil	el cruzeiro
Colombia	el peso colombiano
Costa Rica	el colón
Cuba	el peso cubano
Chile	el peso chileno
Ecuador	el sucre
Guatemala	el quetzal
Honduras	el lempira
México	el peso mexicano
Nicaragua	el córdoba
Panamá	el balboa
Paraguay	el guaraní
Perú	el sol
Puerto Rico	el dólar estadounidense
República Dominicana	el peso dominicano
El Salvador	el colón
Venezuela	el bolívar
Uruguay	el peso uruguayo

PAIS	UNIDAD MONETARIA
Canadá	el dólar canadiense
Estados Unidos	el dólar estadounidense
Alemania	el marco
España	la peseta
Francia	el franco
Holanda	el gulden
Inglaterra	la libra esterlina
Irlanda	la libra irlandesa
Italia	la lira
Portugal	el escudo
China	el yuan
Irán	el rial
Japón	el yen
Rusia	el rublo

EJERCICIOS ADICIONALES

A. De acuerdo con lo expuesto en *Puntos esenciales de redacción* redacte de nuevo las siguientes frases.

1. Le comunicamos que no podemos servir su pedido de mercancías en este momento, ni sabemos cuándo podamos servirlo.
2. Le denegamos el crédito solicitado debido a su insolvencia económica.
3. Yo no puedo informarle el precio solicitado, pues tengo otros clientes más importantes que servir.
4. Le adjunto mi solicitud de crédito. Infórmeme lo más pronto posible, si mi petición es aceptada, pues me urge...
5. No podemos enviarle el catálogo que solicitó, porque no es cliente nuestro.
6. Es lamentable que por negligencia de su personal, hayamos recibido tan tarde el pago de su pedido. Este error nos ha ocasionado pérdidas considerables.
7. Recibimos la solicitud de empleo, pero no tenemos ninguna plaza disponible ni la tendremos en el futuro.
8. Espero que nos contesten rápidamente...
9. Solicitamos urgentemente informes referentes al Sr. Alejandro Osorio Ibarra, quien nos ha pedido un crédito de...
10. Con referencia a los informes que nos pide, deseamos que nos visite en nuestras horas de oficina para que discutamos los planes de seguro que tenemos...

B. Dé el número de la unidad monetaria correspondiente a cada país de la columna de la derecha.

1. el sucre		_____ a.	Chile
2. el lempira		_____ b.	Perú
3. el peso		_____ c.	El Salvador
4. el córdoba		_____ ch.	México
5. el colón		_____ d.	Venezuela
6. el bolívar		_____ e.	Honduras
7. el quetzal		_____ f.	Ecuador
8. el sol		_____ g.	Nicaragua
9. el balboa		_____ h.	Costa Rica
10. la peseta		_____ i.	Guatemala
11. el guaraní		_____ j.	España
12. el dólar		_____ k.	Panamá
13. la lira		_____ l.	Portugal
14. el escudo		_____ ll.	Francia
15. el franco		_____ m.	Italia
		_____ n.	Paraguay
		_____ ñ.	Puerto Rico
		_____ o.	Colombia

C. Dé el equivalente en inglés de cada una de las siguientes palabras y expresiones y después escriba una oración en español con cada una de ellas.

1. al tanto de sus noticias
2. formulario
3. solicitud de crédito
4. les rogamos nos informen
5. acreedor
6. concesión de crédito
7. en espera de su respuesta
8. denegación de crédito
9. solvencia económica
10. nos interesa disponer de un crédito de _____

CH. Dé el equivalente en español de cada una de las siguientes frases y después escriba una oración, también en español, con cada una de ellas.

1. in the near future
2. we beg to advise
3. we take pleasure
4. as the case may be
5. as a matter of fact
6. at an early date

CAPITULO 6

La correspondencia sobre compra-venta

Esta clase de correspondencia puede referirse tanto a la compra y venta de toda clase de mercancías y productos como a la de *pólizas de seguro* para su transporte desde el lugar de adquisición hasta el de entrega.

Cartas de solicitud de cotización

Los requisitos de estas cartas son los siguientes.

1. Describir, con claridad, la marca comercial del producto, artículo, etcétera, que se desea
2. Precisar la cantidad y la calidad
3. Estipular la fecha en que se desea recibir el pedido, en caso de que éste se haga
4. Indicar la forma de pago
5. Especificar la vía de transporte que deberá utilizarse para el envío
6. Incluir una despedida

En cuanto al envío de la mercaderías, éste puede ser a *porte pagado,* en cuyo caso los gastos de transporte corren por cuenta y cargo del vendedor; o a *porte debido,* lo cual significa que dichos gastos de transporte serán abonados por el comprador.

Si la empresa de quien se solicita la cotización tiene catálogos, debe hacerse referencia al número de la clasificación del producto y a la página en que aparece.

CARTA MODELO NO. 14   CARTA DE SOLICITUD DE COTIZACION

BANCO AGRICOLA E INDUSTRIAL
Paseo de las Colonias No. 784
Buenos Aires, Argentina

28 de febrero de 198-

Papelería América, S.A.
Florida No. 3458
Córdoba.

Señores:

<u>Rogamos</u> a ustedes que, <u>tan pronto como les sea posible</u>, nos <u>envíen</u> cotización (C.S.F., Córdoba) de lo siguiente:

CANTIDAD:	DESCRIPCION:
1.000 cajas	papel de copia blanco, 8-1/2" x 11"
500 cajas	sobres blancos, 5-1/2" x 3-1/2"
500 cajas	presillas pequeñas

<u>Dichos materiales deberán ser enviados</u> por ferrocarril, 15 días después de la fecha del pedido.

El pago será <u>efectuado</u> mediante cheque de administración de este banco, a los 30 días de la fecha de la factura.

En espera de una pronta cotización, les saluda atentamente,

BANCO AGRICOLA E INDUSTRIAL

Alberto López del Castillo
Alberto López del Castillo
Jefe del Departamento de Compras

ANC/mrd

EJERCICIOS: PRACTICAR, VARIAR Y CREAR

A. Dé el equivalente en español de cada una de las siguientes palabras y expresiones y después escriba una oración, también en español, con cada una de ellas.

1. cost, insurance and freight (C.I.F.)
2. railroad
3. prepaid freight
4. unpaid freight
5. quotation
6. terms of payment
7. order
8. unit price
9. letter of quotation
10. letter requesting price list
11. carrying charge, freight
12. carrier
13. on board
14. packing expense
15. shipment

B. **Sinónimos.** Dé el sinónimo de las siguientes palabras y expresiones y luego escriba una oración con cada una de ellas.

1. demora
2. vigente
3. bulto
4. extender
5. enviar
6. recibir
7. fama
8. cargar
9. a crédito
10. envío

C. Complete la carta de solicitud de cotización de la página 114, incluyendo todas las partes de una carta comercial.

_____, 3 de abril de 19

Editorial Princesa, S.A.
_____
Barcelona, España

_____:

Me es grato solicitar de Vds. _____ que se
_____ seguidamente:

CANTIDAD	TITULO	AUTOR
20 ejemplares	Manual de gramática española	Rafael Seco
_____	_____	_____
_____	_____	_____

_____, si conceden un 10 por ciento de _____
sobre el precio _____, si el pago se hace dentro de 30 días,
así como la fecha de _____ y la _____ de envío.

Les aclaramos que el pago se hará por _____.

Confiados en _____ esta cotización lo más
_____ posible, nos reiteramos,

_____,

_____

CH. Sustituya las palabras y expresiones subrayadas en la Carta Modelo No. 14 por otras similares, sin alterar el sentido de la carta. Escriba de nuevo la carta de acuerdo con las sustituciones hechas, haciendo a la vez otros cambios gramaticales que crea necesarios.

D. Redacte una carta de solicitud de cotización según la siguiente minuta.

Como Gerente General de la Editorial Princesa, S.A. (cuya dirección es Ronda General Mitre, 306, Barcelona, España) escriba a la empresa Sistemas A.F. (localizada en Antonio López, 243, Madrid, España) solicitando cotización de lo siguiente: diez escritorios, Referencia MB1S, cuatro armarios con puertas con correderas de cristal, Referencia MV1S, y tres ficheros, Referencia MOS4. Llene todos los requisitos de este tipo de cartas.

Cartas de cotización

Estas cartas se escriben en respuesta a una solicitud de cotización de precios de cualquier producto o mercancía. En ellas deben tenerse en cuenta los requisitos siguientes.

1. Hacer referencia a la carta en que se ha solicitado la cotización.
2. Especificar hasta qué fecha la cotización que se hace estará vigente, es decir, será válida.
3. Detallar la descripción, cantidad, precio por unidad y precio total cotizado de cada artículo solicitado. Debe aclararse si el precio cotizado incluye los gastos de seguro y *flete*.
4. Aclarar si se aceptan las condiciones de pago y la forma y medio de envío propuestas por el solicitante de la cotización, o sea, el posible comprador.
5. Dar las gracias por haber solicitado la cotización.

CARTA MODELO NO. 15   CARTA DE COTIZACION

PAPELERIA AMERICA, S.A.
Florida No. 3458
Córdoba, Argentina

4 de marzo de 198-

Banco Agrícola e Industrial
Paseo de las Colonias No. 784
Buenos Aires.

Ref.: Solicitud de cotización No. 789 del 28-2-8-

Estimados señores:

Según lo solicitado por Uds., tenemos el gusto de cotizarles el material que detallamos en seguida.

Les aclaramos que esta cotización estará vigente hasta el día 31 de julio del año en curso y que los precios cotizados son C.S.F., Buenos Aires.

CANTIDAD:	DESCRIPCION:	PRECIO POR UNIDAD:	TOTAL:
1.000 cajas	papel de copia blanco, 8-1/2" x 11"	$2,00	$2.000,00
500 cajas	sobres blancos, 5-1/2" x 3-1/2"	1,00	500,00
500 cajas	presillas, tamaño pequeño	1,50	750,00
			$3.250,00

Aceptamos los términos y condiciones fijados por Uds. en cuanto al envío y forma de pago.

En espera de su pedido y agradecidos por su confianza, quedamos de Uds. atentamente,

PAPELERIA AMERICA, S.A.

Manuel Moreno Díaz
Gerente

MMD/jhi

EJERCICIOS: PRACTICAR, VARIAR Y CREAR

A. Escriba una oración completa con las palabras de cada grupo. Haga los cambios que sean necesarios y añada las palabras que falten.

1. nota de pedido / medias / señoras / caballeros / pantalones / adjuntar / camisas / importe total / 400,00 dólares
2. acusar recibo / hacer / 30 del presente / rogar / nos / pedido / mes
3. despachar / almacén / plazo / mercancía / ser / compañía / en / no mayor / 10 días
4. pedido / 30 días / pagar / factura / después / fecha / nosotros / aceptar
5. cheque / importe total / factura / Banco Mercantil / Nicaragua / enviar / ascender / córdobas / 5.000,00

B. Elija la palabra que no pertenece al grupo y explique por qué.

1. cotización / cotizable / cotizado / cotizar / cotejar
2. pedido / pedestre / pedimento / pedidor / pedir
3. facultad / facturación / factura / facturar
4. portear / porte / portero / porteador
5. embalaje / embalado / embaje / embalar

C. Señale numéricamente el orden en que aparecen en una carta de solicitud de cotización las siguientes frases y expresiones.

_____ en espera de una pronta cotización...
_____ la lista de precios...
_____ en existencia...
_____ a vuelta de correo...
_____ les ruego me informen, si tienen...
_____ y cuáles son las condiciones que Uds....
_____ de las máquinas de escribir eléctricas...
_____ Muy atentamente,
_____ Muy señores míos:
_____ calculadoras...
_____ les agradecería me enviaran...
_____ conceden a los detallistas...
_____ Me reitero de Uds....
_____ MCD/ymn
_____ Secretario
_____ Dr. Manuel Calás Dávila

CH. Sustituya las palabras y expresiones subrayadas en la Carta Modelo No. 15 por otras similares, sin alterar el sentido de la carta. Escriba de nuevo la carta de acuerdo con las sustituciones hechas, haciendo a la vez otros cambios que crea necesarios.

D. Redacte una carta de cotización según la siguiente minuta.

Como Jefe del Departamento de Ventas de la empresa Productos Alimenticios Fernández y Hnos., S.A. de Buenos Aires, Argentina, escriba una carta cotizando precios de diez productos alimenticios distintos, por un valor total de $10.000,00 pesos, a Bodegas Moreas, S.L. en Montevideo, Uruguay. Los precios deben ser cotizados C.S.F., Montevideo, Uruguay. Llene todos los requisitos de este tipo de cartas.

Cartas de pedido

Es necesario aclarar que los vocablos *orden* y *pedido* tienen distintos significados. *Orden* es un mandato para hacer algo y *pedido* es una nota detallada de los productos o artículos que se piden a un fabricante o a un almacenista. Es anglicismo del lenguaje comercial usar la palabra *orden* en vez de *pedido*.

Las cartas de pedido son *cartas de rutina* o *de trámite,* y para evitar errores o la omisión de algún detalle, muchas empresas comerciales tienen modelos impresos de *cartas fórmula,* especie de *formularios* con todos los detalles de un pedido para ser llenados con los datos necesarios por la persona interesada.

Una carta de pedido debe detallar con claridad los particulares siguientes.

1. Marca del producto o artículo que se pide, ya sean géneros, maquinaria, etcétera
2. Cantidad, tamaño, clase, color, estilo y cualquier otra especificación de cada uno de los artículos que se piden
3. Precio por unidad y precio total de los artículos que se piden
4. Forma de pago
5. Condiciones de embalaje
6. Vía o medio de transporte
7. Plazo o fecha de entrega
8. Clase de seguro

CARTA MODELO NO. 16   CARTA DE PEDIDO

IONA COLLEGE
New Rochelle, N.Y. 10801

4 de marzo de 198-

Espasa Calpe, S.A.
Gran Vía No. 29
Madrid 13, España

Muy señores nuestros:

Nos es grato acusar recibo de su carta del 28 del p.pdo mes, y les agradecemos el envío de su lista de precios.

Ruégoles se sirvan remitirnos con la mayor brevedad posible, vía aérea, las siguientes obras:

CANTIDAD:	TITULO:		AUTOR:
50 ejemplares	Pedro Páramo, ed. 1970		Juan Rulfo
25 "	Yerma, ed. 1979		Federico García Lorca
40 "	Correspondencia comercial, ed. 1980		Editex

Sírvanse cargar a nuestra cuenta el importe de este pedido así como los gastos de seguro y flete.

Suplicámosles que recubran interiormente las cajas para evitar cualquier deterioro.

Esperamos el pronto envío del presente pedido, y mientras tanto quedamos de ustedes muy atentamente,

IONA COLLEGE

Patrick Larkin
Patrick Larkin
Director de la Biblioteca

PL/mb

119
Capítulo seis

CARTA MODELO NO. 17 CARTA DE PEDIDO

Cía. Fernández y Hnos.
Correo 13, Quito
Ecuador

10 de abril de 198-

Almacenes Soler
Casilla 3040
Guayaquil.

Señores:

<u>Tenemos el gusto de incluirles</u> nota del pedido No. 580 para ser <u>despachada urgentemente</u> por ferrocarril, a los precios <u>señalados</u> en su cotización del <u>20 de marzo del año en curso</u>.

Les ruego carguen el importe del pedido y demás gastos a nuestra cuenta.

En espera del pronto cumplimiento del mismo y anticipándoles las gracias, me suscribo de ustedes atentamente,

Cía. Fernández y Hnos.

José Fernández Castro
José Fernández Castro
Gerente

JFC/apd

Anexo: 1 nota de pedido

EJERCICIOS: PRACTICAR, VARIAR Y CREAR

A. **Sinónimos.** Dé el número del sinónimo correspondiente a cada una de las palabras de la columna de la derecha.

  1. despachar
  2. mercancías
  3. confianza
  4. incluirles
  5. urgentemente
  6. detallada
  7. envío
  8. señalados
  9. amabilidad
  10. grata

  _____ a. rápidamente
  _____ b. minuciosa
  _____ c. mandar, enviar
  _____ ch. especializados
  _____ d. cortesía
  _____ e. agradable
  _____ f. mercaderías
  _____ g. adjuntarles
  _____ h. seguridad
  _____ i. remesa

B. Sustituya las palabras subrayadas en las Cartas Modelos Nos. 16 y 17 por otras similares, sin alterar el sentido de las cartas. Escriba de nuevo las cartas de acuerdo con las sustituciones hechas, haciendo a la vez otros cambios gramaticales que crea necesarios.

C. Redacte una carta de pedido según la siguiente minuta.

Escriba una carta haciendo un pedido de juguetes a España por valor de 250.000,00 pesetas. Estipule que el envío debe hacerse dentro de tres semanas por vía marítima y que el pago se hará por carta de crédito. Las condiciones de embalaje: cajas de cartón reforzadas para evitar el deterioro de la mercadería. Llene todos los requisitos de este tipo de cartas.

CH. Llene el modelo impreso de la factura de la página 122. Recuerde que la factura es una cuenta detallada de las mercancías que se venden o compran. Este documento es extendido por el vendedor a nombre del comprador y en él se especifica la cantidad, la calidad, el precio de las mercancías y demás condiciones de la operación de compra-venta.

PROCARSA S.R.L.
Productos Cárnicos Sudamericanos

DIRECCION CABLEGRAFICA **PROCAR - BAIRES**
CABLE ADDRESS
TELEX 012 2783 AR ARIES

CORRIENTES 1386   6TO. PISO OF 609
TELEFONOS 45-7654 · 49-1832

BUENOS AIRES, _____

COMPRADORES _____
BUYERS

POR INTERMEDIO DE _____
THROUGH

VAPOR _____   **PUERTO EMBARQUE** _____   **DESTINO** _____
STEAMER   PORT OF SHIPMENT   DESTINATION

FACTURA Nº _____   **FECHA EMBARQUE** _____   **CREDITO Nº** _____
INVOICE Nº   SHIPMENT DATE   CREDIT Nº

TOTAL BULTOS _____   **TOTAL NETO** _____   **TOTAL BRUTO** _____
TOTAL BUNDLES   TOTAL NET   TOTAL GROS

BANCO EXTERIOR _____   **BANCO LOCAL** _____
FOREIGN BANK   LOCAL BANK

ESPECIFICACION SPECIFICATION	KG. NETOS KG. NET	PRECIO POR T. N. PRICE PER TON NET	VALOR EN FOB. VALUE IN FOB.

PROCARSA S.R.L.

122
Al día en los negocios: Escribamos

Cartas de solicitud de seguros

Como su nombre lo indica, esta correspondencia se refiere específicamente a la operación de compra y venta de un *seguro*. El vendedor o el comprador del cargamento de mercaderías que se transporta de un lugar a otro se dirige a una *compañía de seguros* solicitando una *póliza de seguros* que cubra el embarque de dicha mercancía contra todos los *riesgos o siniestros,* desde el lugar de su adquisición hasta el de su destino. El *asegurado* debe pagar a la compañía *aseguradora* el importe de la *prima* correspondiente.

Los requisitos esenciales de una carta de solicitud de un seguro son los siguientes:

1. Declarar el valor de las mercancías que se aseguran
2. Enumerar la cantidad y número de los bultos o paquetes marcados y numerados
3. Dar el nombre del *puerto de embarque* y el *de desembarque*
4. Especificar el nombre del vapor en el que se envía el cargamento que se asegura
5. Estipular las condiciones del seguro, es decir, los riesgos que cubre la póliza

CARTA MODELO NO. 18   CARTA DE SOLICITUD DE SEGUROS

                  ATENEA, S.A.
            PRODUCTOS INFANTILES SURAMERICANOS
            Avenida Albear No. 3540
            Buenos Aires, Argentina

                                                  25 de febrero de 198-

La Unión y El Fénix Español
Compañía de Seguros Reunidos, S.A.
Paseo de la Castellana, 37
Madrid - 1, España

Estimados señores:

    Les agradeceríamos se sirvieran asegurar contra todo riesgo marítimo los siguientes efectos:

        Tres cajas de juguetes, marcadas con los números 10, 11 y 12

por valor de 1.300.000,00 pesetas, procedentes de Barcelona y embarcadas a nuestra consignación a bordo del vapor "Cervantes" que zarpará del puerto de Barcelona con destino al puerto de Buenos Aires, el día 15 del entrante mes de marzo del año en curso.

Les rogamos carguen a nuestra cuenta el importe de la prima de este seguro.

Confiados en que atenderán nuestra solicitud con el celo que los caracteriza y seguros de que protegerán debidamente nuestros intereses, quedamos de Uds. muy atentamente,

    ATENEA, S.A.

    José García Granados
    José García Granados
        Gerente

JGG/ala

Anexo: 1 copia del conocimiento de embarque

EJERCICIOS: PRACTICAR, VARIAR Y CREAR

A. Escriba una oración en español con cada una de las siguientes palabras y expresiones. Después dé el equivalente de las mismas oraciones en inglés.

1. por intermedio de
2. conocimiento de embarque
3. póliza de seguro
4. riesgo marítimo
5. asegurado
6. consignación
7. puerto de embarque
8. prima
9. consignatario
10. asegurador

B. Indique la respuesta correcta.

1. El asegurado es la persona que ____ .
   a. asegura
   b. se asegura
   c. vende seguros
2. La póliza de seguro es ____ .
   a. un endoso
   b. un siniestro
   c. un contrato
3. Una reclamación es la demanda de indemnización que hace ____ contra una compañía de seguros.
   a. el asegurado
   b. el agente de seguros
   c. el seguro
4. La prima es ____ .
   a. un riesgo económico
   b. una cuota que paga el asegurado
   c. una cuota que paga el asegurador
5. El consignatario es el ____ .
   a. expedidor
   b. emisario
   c. destinatario

C. En la página 126, cada palabra o frase de la columna de la izquierda corresponde a una de la columna de la derecha. Ponga el número junto a la letra que le corresponde. Antes de hacer este ejercicio, lea nuevamente la Carta Modelo No. 18.

1. les agradeceríamos
2. se sirvieran
3. valor de
4. a bordo del
5. zarpará
6. con destino al
7. del entrante mes
8. en curso
9. les rogamos
10. el importe
11. este seguro
12. confiados
13. atenderán
14. con el celo
15. seguros
16. debidamente
17. anexos

_____ a. del próximo mes
_____ b. como es debido
_____ c. esta póliza
_____ ch. el precio
_____ d. apreciaríamos
_____ e. la cantidad de
_____ f. se sirvan
_____ g. en la seguridad de
_____ h. presente
_____ i. adjuntos
_____ j. con la diligencia
_____ k. hacia el
_____ l. les pedimos
_____ ll. seguros
_____ m. tratarán
_____ n. saldrá
_____ ñ. en el

CH. Sustituya las palabras y expresiones subrayadas en la Carta Modelo No. 18 por otras similares, sin alterar el sentido de la carta. Escriba de nuevo la carta de acuerdo con las sustituciones hechas, haciendo a la vez otros cambios gramaticales que crea necesarios.

D. Redacte una carta de solicitud de un seguro según la siguiente minuta.

Escriba a la Compañía de Seguros Argentinos, S.A., solicitando un seguro cuya póliza cubra los riesgos de daños y robo de mercadería que Ud. tiene en existencia en sus almacenes. Llene todos los requisitos de este tipo de cartas.

PREGUNTAS

1. ¿Cuáles son los requisitos de una carta de solicitud de cotización?
2. ¿Qué significa que el envío es a *porte pagado*?
3. Cuando el envío es a *porte debido*, ¿quién paga los gastos de transporte?
4. ¿Cuál es la diferencia entre las palabras *orden* y *pedido*?
5. ¿Qué es un pedido?
6. ¿Cuáles son los requisitos de una carta de pedido?
7. ¿Qué es una factura? ¿Quién extiende este documento? ¿Qué datos contiene?
8. ¿Qué quiere decir que el precio se cotiza C.S.F.?
9. ¿Cómo se expresan en inglés las siglas C.S.F.?
10. ¿Son las cartas de pedido cartas de trámite? ¿Por qué?
11. ¿Qué es una póliza de seguro?
12. ¿Por qué se aseguran las mercancías? ¿Contra qué se aseguran?

Vocabulario

a bordo *on board*
a crédito *on credit*
a vuelta de correo *by return mail*
el **abogado**/la **abogada** *lawyer*
abonar *to credit with*
el **adelanto**, el **anticipo** *advance payment*
adjudicar (qu) *to adjudicate, settle*
agradecer (zc) *to be thankful for*
al por mayor *wholesale*
al por menor *retail*
el **almacén** *warehouse, storage house*
el/la **almacenista** *warehouser*
alzar (c) *to raise*
la **amabilidad** *affability, kindness*
el **archivador** *file, archive*
el **armario con puertas de corredera de cristal** *cabinet with sliding glass doors*
arriesgar (gu) *to risk*
ascender (ie) *to be promoted*
el **asegurado**/la **asegurada** *insured*
el **asegurador**/la **aseguradora** *insurer*
autorizar (c) *to authorize*
el **Banco Agrícola e Industrial** *Agricultural and Industrial Bank*
el **bulto** *bulk*
la **caja** *box*
_____ **de seguridad** *safe deposit box*
la **calidad** *quality*
el **cargamento** *shipment*
cargar (gu) *to load*
la **carta de cotización** *letter of quotation*
_____ **de crédito** *letter of credit*
_____ **de pedido** *letter of request*
_____ **de rutina o trámite** *routine business letter*
_____ **de solicitud de cotización** *letter requesting price list*
_____ **fórmula, formulario** *form letter*
la **casa vendedora** *selling company*
la **compañía de seguros** *insurance company*
con destino *destined for*
con la mayor brevedad posible *as soon as you can*
las **condiciones de envío** *terms of shipment*
_____ **de pago** *terms of payment*
la **confianza** *confidence, trust*
el **conocimiento de embarque** *bill of lading*
la **consignación** *consignment*
el **consignatario**/la **consignataria** *consigner*
convocar (qu) *to convene, convoke*
el **costo, seguro y flete (C.S.F.)** *cost, insurance, and freight (C.I.F.)*
la **cotización** *quotation; price; current price list*
cotizar (c) *to quote (prices)*
el **cumplimiento** *completion, fulfillment; performance*
el **cheque de administración** *cashier's check*
los **daños y perjuicios** *damages*
despachar *to dispatch; to expedite; to ship*
_____ **urgentemente** *to dispatch urgently*
detallar *to detail, specify*
el/la **detallista** *retailer*
(lo) dicho *(the) aforesaid, aforementioned*
los **documentos de embarque** *shipping documents*
los **efectos** *articles of merchandise*
efectuar *to carry out*
el **embalaje** *packing, baling*
embarcar (qu) *to put on board; to ship*
el **embarque**, el **cargamento** *shipment*
en espera (de) *waiting (for)*
en existencia *in stock*
en (de) venta *on sale*
enseguida *immediately*
entrante *next, coming (week, month)*
entregar (gu) *to deliver*
el **envío** *remittance or consignment of goods, shipment*
extender (ie) *to extend, prolong*
el **ferrocarril** *railroad*
el **fichero** *card index*
el **flete** *freight, cargo*
los **gastos de embalaje** *packing expenses*
_____ **de transporte** *carrying charges, freight*
los **géneros** *goods, merchandise*
el **importe** *amount, price, value*
incluir (y) *to include, enclose*
el **juguete** *toy*
la **marca comercial** *brand, trademark*
el **medio de transporte** *means of transportation*
la **mercadería** *goods, merchandise*
minucioso *precise, thorough*
los **muebles de oficina** *office furniture*
la **nota de pedido** *statement of order*
la **orden** *order*
la **página** *page*
el **pago a la entrega**, el **pago contra entrega** *cash on delivery (C.O.D.)*
el **papel de copia** *xerox paper*

127
Capítulo seis

la **papelería** *stationery shop*
el **pedido** *detailed order for products*
el **perjuicio** *damage*
el **plazo de entrega** *delivery date*
la **póliza de seguros** *insurance policy*
  por cobrar *unpaid*
  por intermedio de *through, with the help of*
  por recibir *pending receipt*
el **porte debido** *unpaid or collect freight*
  _____ **pagado** *prepaid freight*
el **precio por unidad** *unit price*
la **presilla** *paper clip*
el **presupuesto** *budget; estimate*
la **prima** *premium*

los **productos alimenticios** *food products*
el **puerto de desembarque**, el **puerto de destino** *port of destination or delivery*
_____ **de embarque** *port of shipment*
recibir *to receive*
la **reputación**, el **crédito**, el **buen nombre** *reputation*
el **riesgo** *risk*
seguidamente *immediately, right after that*
el **seguro de vida** *life insurance*
señalar *to point out*
el **siniestro** *shipwreck, disaster, loss at sea*
el/la **solicitante** *requester*
la **solicitud de cotización** *request for quotation*

suscribir *to subscribe to, agree to*
el **tamaño** *size*
la **tarifa**, la **lista de precios** *price list*
los **términos de contrato** *terms of contract*
_____ **de pago** *terms of payment*
el **total bruto** *gross total*
el **transportador**/la **transportadora**, el **cargador**/la **cargadora** *carrier*
el **transporte** *transportation*
trazar (c) *to design, devise, plan*
el **vendedor**/la **vendedora** *seller, sales person*
vigente *in force, standing (of a law)*
zarpar *to sail*

PUNTOS ESENCIALES DE REDACCION

Preposiciones que suelen usarse incorrectamente

La preposición es una parte invariable de la oración que sirve para enlazar una palabra con su complemento. El uso de las preposiciones en español suele presentar graves problemas en redacción, en parte porque su uso no corresponde con el de las preposiciones en inglés. A continuación se presentan algunos usos de las preposiciones que, por lo general, se prestan a equivocaciones.

PREPOSICION	INDICA	EJEMPLO
a	movimiento	Vamos a la Agencia de Seguros Centroamericana.
	lugar y tiempo	a bordo del barco; a fin de mes
	la forma o manera en que se hace algo	hecha a mano; escrito a máquina

Se usa también antes de expresiones de precio, velocidad, porcentaje y otras medidas.

Estos artículos se cotizan a $28,00 la unidad.
El camión que transportaba la mercadería iba a 100 kms. por hora.
El deudor recibió el préstamo al 9 por ciento de interés.

Cuando el complemento directo de una oración es una persona o una cosa o animal personificados, se usa la **a** personal.

El jefe controla a sus empleados muy bien.
La secretaria ama a su perro como si fuera su mejor amigo.

PREPOSICION	INDICA	EJEMPLO
de	posesión o pertenencia	La Cía. Industrial Metalúrgica, S.A. es de la familia Alvarez Díaz.
	materia	El escritorio es de madera.
	asunto	el libro de *Español comercial*
	cualidad	hombre de negocios de gran inteligencia
	origen o procedencia	El industrial es de Cuba.
en	tiempo	La agencia de publicidad se abre en el otoño.
	medio	La remesa se envió en tren.
	precio	Los productos se vendieron en 10.000 lempiras.
	lugar	La casa matriz se encuentra en Barranquilla.
para	dirección	Salen para Nicaragua pronto. El pedido salió para Colombia.
	tiempo	Le darán el crédito para la próxima semana.
	objeto o fin	La junta de directores se reunió para llegar a un acuerdo respecto a la última solicitud de crédito. Voy a la oficina de correos para certificar esta carta.
	destinación	Las ganancias son para los socios.

por	lugar	Pasó por la oficina ayer.
	medio	El anuncio se trasmitió por radio.
	causa	Lo hizo por el bien de los empleados.
	cambio	Cambiaremos esta póliza de seguro por otra que cubra más riesgos.
	cantidad	El precio por docena es más económico.
	lapso de tiempo	Estas cotizaciones son válidas por tres meses.
	en busca de algo	Viene por el pago de la factura.
	velocidad	El límite de velocidad en la zona comercial es de veinticinco kms. por hora.

Tanto **por** como **para** pueden usarse, indistintamente, en una misma oración, pero el significado de ésta varía según la preposición que se use. Tal diferencia entre **por** y **para** puede verse en los siguientes ejemplos:

Las mercaderías fueron enviadas para Bolivia. (con destino a Bolivia)
Las mercaderías fueron enviadas por Bolivia. (a través de Bolivia)
La secretaria hace el trabajo por su jefe. (en lugar de su jefe)
La secretaria hace el trabajo para su jefe. (con destino a su jefe)
El comerciante recibió el cheque para las mercancías. (destinado a la adquisición de las mercancías)
El comerciante recibió el cheque por las mercancías. (por el valor de las mercancías)

INFORMACION SUPLEMENTARIA

*Los numerales fraccionarios o partitivos**

Estos números sirven para indicar en cuántas partes se divide un todo. Para representarlos numéricamente se usan los números cardinales, que sirven de nominadores, separados por una raya de los ordinales, que sirven de denominadores.

3/4 tres cuartos
1/5 un quinto
4/6 cuatro sextos

*Los números cardinales, ordinales y romanos aparecen en la **Lección preliminar.**

Al referirse a 1/2 y a 1/3, se dice *la mitad* y *un tercio*.

La mitad del cargamento de las mercancías llegó averiado.
Un tercio de las acciones de esa compañía de seguros pertenece a los trabajadores.

Medio, usado como adjetivo, también quiere decir *mitad*. Generalmente, va antes del nombre y debe concordar con éste en género.

Esta mañana pidieron el envío de media tonelada de trigo.

Los números fraccionarios también pueden expresarse con el sustantivo **parte,** en cuyo caso adoptan el género femenino de dicho sustantivo.

1/3 una tercera parte
3/4 tres cuartas partes
1/6 una sexta parte

Esta forma es la más usada, especialmente cuando al número fraccionario le sigue el nombre de la cosa dividida, o ésta se sobreentiende.

Dos terceras partes de los clientes han solicitado un descuento.
Dos terceras partes han solicitado un descuento.

Los numerales multiplicativos o múltiplos

Estos números indican la cantidad o número de veces exactas que un número contiene a otro. Estos numerales terminan en **-ble** o **-ple,*** por ejemplo: **doble, simple, triple.** Los números cardinales acompañados de **veces** son más usados que los numerales terminados en **-ble** o **-ple** cuando se trata de expresar la misma idea.

doble	dos veces
triple	tres veces
cuádruple	cuatro veces
quíntuple	cinco veces
séxtuple	seis veces
séptuple	siete veces
óctuple	ocho veces

*Son de uso poco frecuente los multiplicativos terminados en **-plo** (**triplo, cuádruplo**). Su uso es exclusivamente literario.

EJERCICIOS ADICIONALES

A. Llene los espacios en blanco con preposiciones según convenga.

1. Buscamos _____ la persona más capacitada para el negocio.
2. Le escribió _____ cliente ayer.
3. Debemos _____ comprar la mercancía hoy.
4. La secretaria solicitó _____ jefe un aumento de sueldo.
5. Venderemos la casa _____ 100.000,00 dólares.
6. Le darán el crédito dentro _____ tres días.
7. Le suspenderán el crédito _____ un mes.
8. El está convencido _____ que así se hará.
9. La oficina está abierta _____ día y _____ noche.
10. Convinieron _____ que así lo harían.
11. Son efectos _____ cobrar.
12. _____ general, las condiciones de la compra fueron buenas.
13. No hay inconveniente _____ concederle el 10 por ciento de descuento.
14. El total _____ pagar es de 555.000 bolívares.
15. Es hora _____ abrir la oficina.

B. Llene los espacios en blanco con **por** o **para** según convenga.

1. Estas cartas son _____ enviar _____ correo.
2. Aceptaron la oferta _____ miedo a perder la venta de la casa.
3. La compañía aumentará la producción _____ el año que viene.
4. _____ el mes próximo estará terminado el trabajo.
5. Los paquetes salieron _____ el Perú ayer _____ la tarde.
6. Necesita todos los documentos _____ retirar la carga del puerto.
7. Los cajones de tomate fueron destruidos _____ el incendio.
8. La compañía de transporte cobró 4.000,00 córdobas _____ el embarque de las mercancías.
9. Estos bultos de mercadería son _____ ser almacenados.
10. _____ ser la primera vez que redacta un contrato de compra-venta lo hizo muy bien.
11. Las cotizaciones enviadas son válidas _____ tres meses.
12. La mercancía fue enviada _____ el vendedor hace un mes.
13. La póliza de seguro se hará _____ el total del cargamento.

14. Le adjuntamos toda la información necesaria _____ el envío del pedido.
15. La campaña publicitaria se hará _____ televisión.

C. Dé el equivalente en español de cada una de las siguientes palabras y expresiones y después escriba una oración, también en español, con cada una de ellas.

1. because of
2. overtime
3. prepaid
4. to stop payment
5. looking forward to hearing from you
6. letter of order
7. good will
8. herewith I enclose
9. we acknowledge receipt of
10. underpaid
11. we allow 20 percent discount
12. advance payment
13. please charge this order to our account
14. we are happy to enclose a detailed price list
15. terms of payment

CH. Indique la respuesta correcta (o más común).

1. Invirtió (la mitad/medio) de su fortuna en una compañía de seguros.
2. Fue una operación comercial (triplo/triple).
3. (Tres cuartos/Las tres cuartas partes) de los estudiantes saben escribir bien cartas comerciales.
4. (La décima parte/Un décimo) de las mercancías llegó averiada.
5. Las ventas son el (doble/duplo) de las del mes pasado.
6. El número veintiuno es un (múltiplo/múltiple) de siete.
7. (Un octavo/La octava parte) de su capital está representada por bienes raíces.
8. La extensión de la propiedad de la Cía. Gomerez, S.A. es (tres veces/triplo) mayor de lo que pensaba.
9. (Dos quintos/Las dos quintas partes) de los comerciantes japoneses hablan español muy bien.
10. Las pérdidas de esa empresa llegan a (1/3/una tercera parte) de millón.

CAPITULO 7

La correspondencia sobre importación y exportación

Cartas de acuse de recibo de un pedido

En algunas firmas comerciales, especialmente en las que no se sirven los pedidos inmediatamente, es habitual acusar recibo de los mismos. Unas veces se llena este requisito enviando una tarjeta postal o devolviendo una copia del pedido.

Estas comunicaciones deben escribirse sin demora y en ellas la empresa vendedora debe informar al comprador los particulares siguientes.

1. Hacer referencia al número y fecha del pedido
2. Indicar la causa, si es que no puede enviarse la mercancía solicitada
3. Especificar claramente cualquier cambio que tenga que hacerse
4. Señalar la forma de envío que se empleará
5. Especificar la forma de pago, si ésta no aparece en la cotización
6. Dar las gracias por el pedido hecho

Las cartas de acuse de recibo de un pedido son, como se deja dicho, cartas de trámite, pero si el pedido se cancela o no puede servirse porque la mercancía solicitada ha sido descontinuada, se debe escribir ofreciendo explicaciones y en estos casos hay que usar argumentos convincentes. Por eso estas cartas requieren más cuidado en su redacción para evitar perder al cliente al no poder servirle en la forma y medida que él solicita.*

*Algunos autores de libros comerciales agrupan estas cartas bajo la clasificación de cartas de esfuerzo argumentativo para diferenciarlas de las cartas de trámite.

CARTA MODELO NO. 19 — CARTA DE ACUSE DE RECIBO DE UN PEDIDO

CIA. COMERCIAL LARREA, S.A.
San Valentín 38
Bogotá, Colombia

15 de marzo de 198-

Industria Corchera, S.L.
Calle 15 No. 141
Barranquilla.

Ref.: Pedido 5147, 3 de marzo de 198-

Estimados señores:

Agradecemos el pedido hecho por ustedes en la fecha de referencia, pero debido a la gran cantidad de pedidos pendientes, acumulados como consecuencia de la huelga de los obreros, lamentamos tener que informarles que no nos es posible servirlo en la fecha solicitada por ustedes.

Sentimos vernos obligados, por causas ajenas a nuestra buena voluntad, a cancelar el citado pedido.

Esperamos que una vez solventadas estas dificultades podamos atenderles como ustedes se merecen.

Aprovechamos la ocasión para agradecerles su interés en nuestros productos y saludarles muy atentamente,

CIA. COMERCIAL LARREA, S.A.

Juan Rodríguez Amor
Gerente

JRA/era

Cartas de cancelación de un pedido y de descontinuación de mercancías

El estilo de estas cartas debe ser muy convincente. Se deben exponer con cortesía, claridad y precisión las razones por las cuales no se puede servir el pedido. Si se trata de la cancelación de un pedido por descontinuación de alguna mercancía o porque no hay en existencia al momento, se debe dar información al comprador sobre otro producto o artículo que pueda sustituir al que él solicitó en su pedido.

CARTA MODELO NO. 20 **CARTA DE CANCELACION DE UN PEDIDO**

SUCESORES DE R. HURTADO, S. en C.
San Martín No. 898
Bogotá, Colombia

20 de mayo de 198-

Sres. Alvarez Rodríguez y Cía.
Olivares No. 895
Cartagena.

Muy señores nuestros:

El día 15 del corriente, el Sr. Gregorio Hurtado, por mediación de su representante en esta plaza, el Sr. Luis Cancio García, autorizó el pedido No. 156 de 100 gruesas de frascos de cristal de 2 1/2 onzas de capacidad cada uno.

Debido a un error de inventario, nos vemos obligados a cancelar dicho pedido, pues tenemos demasiados frascos en existencia y por el momento, no necesitamos más.

Esperamos que comprenderán nuestra situación y se servirán cancelar el mencionado pedido, pues les hemos notificado con suficiente tiempo para no ocasionarles ningún contratiempo.

Quedamos de Uds. agradecidos y obligados.

Muy atentamente,

SUCESORES DE R. HURTADO, S. en C.

Gregorio Hurtado Jácome
Presidente

GHJ/ymn

CARTA MODELO NO. 21   CARTA DE DESCONTINUACION DE MERCANCIAS

CIA. LATINOAMERICANA, S.A.
Distribuidora de Artículos de Cuero
Avenida Apoquindo No. 6789
Santiago, Chile

8 de junio de 198-

Zapatería La Principal, S.A.
Avenida 18 de Septiembre
Valparaíso.

Estimados clientes y amigos:

Nos permitimos comunicarles que la fabricación de los zapatos de señora Modelo AL 65, que han solicitado, ha sido descontinuada. Por tal motivo, muy a nuestro pesar, sentimos no poder servirles en esta oportunidad.

Siempre con el deseo de servirles les adjuntamos el presente catálogo y si encuentran en él algunos modelos que les interesen con mucho gusto se los enviaremos.

Agradecemos su pedido y esperamos poder servirles en otra oportunidad como Uds. se lo merecen. Quedamos de Uds. muy atentamente,

CIA. LATINOAMERICANA, S.A.

Federico Aguirre López
Federico Aguirre López
    Gerente General

FAL/age

Anexo: 1 catálogo

EJERCICIOS: PRACTICAR, VARIAR Y CREAR

A. Cada palabra o frase de la columna de la izquierda corresponde a una de la columna de la derecha. Ponga el número junto a la letra que le corresponde. Antes de hacer este ejercicio, lea nuevamente la Carta Modelo No. 19.

1. agradecemos el pedido
2. por Uds.
3. en la fecha de referencia
4. lamentamos
5. informarles
6. no nos es posible servir
7. solicitada por Uds.
8. solventadas

_____ a. el día 3 del actual
_____ b. solucionadas
_____ c. por su compañía
_____ ch. nos vemos imposibilitados de despachar
_____ d. gracias por el pedido
_____ e. sentimos
_____ f. notificarles
_____ g. pedida por su empresa

B. Dé el equivalente en inglés de las siguientes frases y después escriba una oración en español con cada una de ellas.

1. por la presente
2. plazo de entrega
3. al contado
4. por medio de eso
5. pago al contado

C. Indique la respuesta correcta.

1. Les ruego que me envíen _____ lo antes posible.
   a. la orden
   b. el pedido
   c. el mandato
2. Las cartas de acuse de recibo de un pedido se usan para _____.
   a. denunciar
   b. delatar
   c. comunicar
3. Las mercancías no fueron enviadas en la fecha solicitada por _____.
   a. causas imprevistas
   b. causas voluntarias
   c. causas normales
4. El comprador debe pagar el importe total del pedido de mercancías _____.
   a. cuando pueda hacerlo
   b. cuando quiera hacerlo
   c. en la fecha fijada
5. En una carta de solicitud de cotización pedimos información sobre _____ de los productos.
   a. el dueño
   b. el precio
   c. el lugar de fabricación

CH. Sustituya las palabras y expresiones subrayadas en la Carta Modelo No. 19 por otras similares, sin alterar el sentido de la carta. Escriba de nuevo la carta de acuerdo con las sustituciones hechas, haciendo a la vez otros cambios gramaticales que crea necesarios.

D. Redacte una carta de acuse de recibo de un pedido según la siguiente minuta.

Acuse recibo de un pedido e informe, a la vez, que su compañía no tiene en existencia algunos de los productos solicitados, pero que pueden ofrecerles otros de superior calidad y a los mismos precios.

E. Redacte una carta de cancelación de un pedido según la siguiente minuta.

Escriba una carta tomando como modelo la Carta No. 20. Puede sustituir las palabras y frases subrayadas por otras similares o de su propia creación.

F. Redacte una carta de descontinuación de mercancías según la siguiente minuta.

Escriba una carta en nombre de una compañía, informándole a otra empresa que no puede servirle el pedido de libros ordenado por ésta (elija Ud. los títulos y autores) porque las ediciones que solicita han sido descontinuadas. Aclare que pueden enviarles otras ediciones más modernas. Pregúnteles si están o no interesados en el cambio. Para hacer este ejercicio, lea de nuevo la Carta Modelo No. 21. Puede cambiar las palabras y expresiones subrayadas por otras similares o de su creación. Llene todos los requisitos de esta clase de cartas.

Cartas de envío de mercancías

Cuando se anuncia el envío de un pedido se hace constar el medio de comunicación empleado por el comprador: carta, telegrama, cablegrama, etcétera y la fecha del pedido. Principalmente se precisan los siguientes particulares.

1. Número del pedido
2. Clase de expedición
3. Precio total del envío
4. Forma y fecha de pago
5. Documentación que lo acompaña

El transporte terrestre se realiza por caminos y carreteras en camiones, rastras y ferrocarril. Las compañías de ferrocarril y de los otros medios de transporte terrestre usan además la llamada *carta de porte,* formulario impreso en el que aparece el nombre y domicilio del remitente y del destinatario de la mercancía, además del número, cantidad, peso, marcas y clase de los bultos que se transportan. Dicha carta de porte debe ser entregada por el remitente a la compañía de transporte correspondiente y ésta le da un recibo, comúnmente llamado guía terrestre o conocimiento de embarque terrestre, para retirar la mercadería.

Las mercancías se envían y entregan según una de las siguientes cláusulas.

F.A.B., Franco a bordo: (*free on board, F.O.B.*) La mercancía se pone libre de gastos de transporte, en la estación del ferrocarril de la plaza donde se cotiza.

F.A.S., Entregada al costado del barco: (*free along side, F.A.S.*) La mercancía se pone al costado del vapor, en el puerto de salida, libre de los gastos de transporte.

C.F., Costo y flete: (*cost and freight, C.F.*) La mercancía se pone en el puerto de destino, libre de todo gasto excepto el de seguro.

C.S.F., Costo, seguro y flete: (*Cost, insurance, and freight, C.I.F.*) La mercancía se pone en el puerto de destino, libre de todo gasto.

CARTA MODELO NO. 22   CARTA DE ENVIO DE MERCANCIAS

CERRAJERIA DEL SUR, S.L.
Correa 180   Quito
Ecuador

20 de abril de 198-

TALLER ROMERO Y HNOS.
San Martín 156
Guayaquil.

Ref.: Pedido 167

Estimados señores:

Por <u>la presente</u> tenemos <u>el gusto de comunicarles</u> que hoy hemos <u>facturado</u> su pedido de <u>fecha 2 del actual</u>.

<u>Le adjuntamos</u> el talón de ferrocarril No. 677 y nuestra factura No. 587, <u>cuyo importe total</u> de $2.150,00 deberá ser <u>abonado mediante</u> L/. a 30 días fecha.

<u>Agradecidos por su pedido quedamos de ustedes</u> atentamente,

CERRAJERIA DEL SUR, S.L.

Luis Sánchez García
Gerente

LSG/mmc

Anexos: 1 factura
         1 talón f.c.

143
Capítulo siete

CARTA MODELO NO. 23   CARTA DE ENVIO

Industrias Salas y Hnos.
Sierra Madre 455
Lomas de Chapultepec
México, D.F.

5 de mayo de 198-

Materiales Plásticos, S.L.
Avenida Amazonas No. 3450
Quito, Ecuador

Ref.: Pedido No. 30580, 15 de abril de 198-

Señores:

Nos place comunicarles que con fecha de hoy hemos enviado en el vapor "Juárez" el pedido hecho por Uds., en la fecha de la referencia, de acuerdo con la factura No. 439 que se adjunta.

También incluimos los documentos de embarque y la póliza de seguro.

El total de dicho envío, que asciende a $15.550,00, lo hemos cargado a su cuenta.

Agradecidos, una vez más, por sus importantes pedidos y esperando que nos sigan honrando con su confianza, nos reiteramos de Uds. cordialmente,

Industrias Salas y Hnos.

Manuel Echevarría Díaz
Manuel Echevarría Díaz
Gerente

MED/ala

Anexos: 5 documentos de embarque
         1 factura No. 439
         1 póliza de seguro

144
Al día en los negocios: Escribamos

CARTA MODELO NO. 24   CARTA DE ENVIO DE DOCUMENTOS

PROCARSA S.R.L.
Productos Cárnicos Sudamericanos

DIRECCION CABLEGRAFICA **PROCAR BAIRES**
CABLE ADDRESS
TELEX 012 2783 AR ARIES

CORRIENTES 1386 6to PISO OF 609
TELEFONOS 45-7654 - 49-1832

BUENOS AIRES   13 de Noviembre de 198-

Señores
EXIMGOLD, S.A.
Jose Lázaro Galdiano 4-3
Madrid 16 - España

Estimados señores:

    De acuerdo a lo solicitado por Uds. en su carta de crédito, les adjuntamos los documentos correspondientes a nuestro embarque de fecha 13 del corriente efectuado en el vapor "Darro", con destino a Vigo.

—1/3 conocimientos de embarque
—certificado de origen (original)
—certificado sanitario (original)
—3 facturas comerciales

    Sin otro particular, saludamos a Uds. muy atentamente.

CERTIFICAMOS QUE LA PRESENTE ES COPIA FIEL DEL ORIGINAL ENVIADO JUNTO CON LOS DOCUMENTOS ARRIBA MENCIONADOS.

                                        PROCARSA S.R.L.
                              Productos Cárnicos Sudamericanos

Los documentos necesarios para el envío de mercancías de un país a otro son los siguientes.

Certificado de origen. El certificado de origen es un documento en el cual el fabricante o industrial certifica que las mercancías relacionadas en la factura comercial son de su industria y originarias del país o países que en dicho documento se declara.

CERTIFICADO DE ORIGEN
CERTIFICATE OF ORIGIN
CERTIFICAT D'ORIGINE

N.º

Remitente / Consignor / Expéditeur: EXIMGOLD, S. A. Pº de la Castellana, 159 - Madrid-16

Destinatario / Consignee / Destinataire: PROMOTORA DE Cº EXTERIOR (PROCOEX)-Edificio Benalcazar 1.000, Oficina 1108; Avda.10 de Agosto y Rio Frio, Quito (ECUADOR).

Expedición prevista por / Sending foreseen by / Expédition prévue par: Barcelona

N.º de orden	Bultos / Packages / Colis		Designación de las mercancías / Description of goods / Désignation des marchandises	Peso / Weight / Poids	
Order Nr. / N.º d'ordre	Cantidad y clases / Number and kind / Nombre et nature	Marcas y números / Marks and numbers / Marques et numéros		Bruto / Gross / Brut	Neto / Net / Net
1-84	PROCOEX QUITO (ECUADOR)		Juguetes mecánicos: con mecanismos de fricción y/o eléctricos y sin mecanismos (didácticos)	1.862 Kgs	1.678 Kgs
			La Firma remitente declara ante esta Cámara lo siguiente:		

OTRAS INDICACIONES / Another indications / Autres indications: Fra. EXIMGOLD, S. A. Nº 80095

La CAMARA OFICIAL DE COMERCIO E INDUSTRIA DE MADRID certifica que las mercancías designadas son originarias de
The Official Chamber of COMMERCE AND INDUSTRY OF MADRID certify that the above-mentioned goods are originated from
La Chambre Officielle de COMMERCE ET INDUSTRIE DE MADRID certifie que les marchandises désignées ci-dessus sont originaires de

ESPAÑA
SPAIN
ESPAGNE

Firma autorizada y sello de la Cámara
Authorized sign and seal of the Chamber
Signature autorisée et sceau de la Chambre

Fecha / Date / Date: Ocho de Octubre de 1980

Factura comercial. La factura comercial es un documento que contiene la descripción exacta y detallada de las mercancías que se venden, el *valor por unidad* y el valor total de las mismas. Las facturas comerciales hacia el extranjero tienen que ser firmadas por un ejecutivo de la compañía vendedora, debidamente autorizado, y deben detallar las *marcas* y números de cada caja, bulto o paquete.

EXIMGOLD, S. A.

PIO XII, 55 - MADRID-16
Paseo de la Castellana, 159
MADRID - 16

TELEFONOS
458 06 00
457 55 50

CABLES: EXIMGOLD
TELEX: 22728 - EGOLD-E
27382 - EGOLD-E

PROMOTORA DE COMERCIO EXTERIOR (PROCOEX)
Edificio Benalcazar 1.000 - Oficina 110S
Avda. 10 de Agosto y Ríofrío
Quito, Ecuador.

FACTURA NO. 80.0   Madrid, 10 de octubre de 198-

UNIDADES	DESCRIPCION DE LA MERCADERIA		TOTAL $US
100	Moto Turismo (pilas)		
288	Coche Rallys Talbot (fricción)		
96	Coche "Police" Talbot (pilas)		
48	Tren a Pilas (máquina + 2 vagones)		
78	Tren a Pilas (máquina + 3 vagones)		
96	Camión carga desmontable (didáctico)		
96	Camión carga, coche turismo desmontables (didácticos)		
96	Camión carga, buldozer, hormigonera y apisonadora desmontables (didácticos)		
144	Animales Zoo (fricción)		
144	Coche turismo desmontable (didáctico)		
144	Tren desmontable (didáctico)		
144	Camión carga desmontable (didáctico)		
	Coste total posición FOB Barcelona (Dólares USA)	$US 15.420.-	
	Flete Barcelona-Guayaquil (Dólares USA)	$US 5.330.-	
	TOTAL VALOR C.F. GUAYAQUIL JUGUETES CON MECANISMOS ELECTRICOS Y DE FRICCION . . .		20.750.-
	TOTAL FACTURA COMERCIAL:		38.087.-

C.F. GUAYAQUIL

Importa la presente factura comercial la citada cantidad de dólares USA treinta y ocho mil ochenta y siete en posición Costo y Flete Guayaquil (Ecuador)

FORMA DE PAGO: Crédito documentario irrevocable y confirmado, pagadero a los ciento ochenta días fecha de embarque mercancía.

Sociedad Anónima Inscrita en el Registro Mercantil de Madrid, tomo 2.060 general, 1442 de la Sección 3.ª del Libro de Sociedades, folio 63, hoja 11,681 inscripción 10.ª

Conocimiento de embarque. El conocimiento de embarque es un contrato numerado entre el *embarcador*, el *cargador* y la compañía de transporte sobre el *flete*, transporte y entrega de la mercancía desde el lugar de su origen hasta el de su destino. Generalmente, el conocimiento de embarque es una *hoja impresa* por las *compañías navieras*.

Declaración de aduana. La declaración de aduana es un modelo oficial en el que se especifica la cantidad que hay que pagar por concepto de importación de las mercancías. La declaración de aduana o arancelaria debe aparecer en la factura consular.

ESPAÑA ESPAGNE	DECLARACION DE ADUANAS DÉCLARATION EN DOUANE	C 2/CP 3
(1) Nombre y dirección del expedidor. Nom et adresse de l'expéditeur	(2) Eventualmente número de referencia del expedidor Eventuellement numéro de référence de l'expéditeur	
(3) Nombre y dirección completa del destinatario, comprendido el país de destino. Nom et adresse complète du destinataire, y comprisle pays de destination	(4) Hacer una cruz (X) si se trata. Faire une croix (X) s'il s'agit de un regalo / d'un cadeau de una muestra de mercancías / d'échantillons de marchandises	
	(5) El infrascrito certifica la exactitud de los informes dados en la presente declaración. Le soussigné certifie l'exactitude des renseignements donnés dans la présente déclaration.	
	(6) Lugar y fecha. Lieu et date	
(7) Observaciones. Observations	(8) Firma. Signature	
	(9) País de origen de las mercancías Pays d'origine des marchandises	(10) País de destino. Pays de destination
		(11) Peso bruto total. Poids brut total kg g
(12) Número de envíos Nombre d'envois (13) Designación detallada del contenido Désignation détaillée du contenu	(14) N.º tarifario N.º tarifaire	(15) Peso neto Poids net kg g (16) Valor Valeur

(ANTES DE LLENAR ESTA DECLARACION, LEANSE ATENTAMENTE LAS INSTRUCCIONES DEL REVERSO / AVANT DE REMPLIR CETTE DÉCLARATION, LIRE ATTENTIVEMENT LES INSTRUCTIONS AU VERSO)

Factura consular. La factura consular es un documento oficial que expide el cónsul del país hacia el cual se embarcan las mercancías en el que constan todos los datos relacionados con la mercancía que se importa. La persona que hace el embarque deberá pagar los derechos correspondientes a la *visa* de la factura, es decir, los *derechos consulares*.

TREASURY DEPARTMENT
Attach Additional Sheets Here
Read Carefully Instructions for Preparation of Invoice
(THIS FORM DOES **NOT** REQUIRE CERTIFICATION BY A UNITED STATES CONSULAR OFFICER)
Form Approved.
Budget Bureau No. 48-R342.3.

SPECIAL CUSTOMS INVOICE
BUREAU OF CUSTOMS
(Original only required for customs purposes)

I. THIS SECTION TO BE FILLED IN FOR EVERY SHIPMENT

1. How were goods obtained by importer? By purchase or agreement to purchase [X] By some means other than a purchase [ ]

DO NOT INCLUDE PURCHASE AND NONPURCHASE GOODS IN SAME INVOICE. USE SEPARATE INVOICE FOR EACH

2. Place (city and country) and date obtained by importer: **Nagoya city before Dec. 15, 1976**
3. Name of exporting carrier: **"SEA-LAND COMMERCE"**
4. Date of shipment: **January 13, 1977**

II. TO BE FILLED IN IF GOODS WERE PURCHASED OR AGREED TO BE PURCHASED

1. Name and address of seller: **As per attached sheet**
2. Name and address of purchaser: **National Trading Inc., Miami Beach, Fla.**
3. Date order accepted: **As per attached sheet.**

III. TO BE FILLED IN IF GOODS WERE *NOT* PURCHASED

1. Name and address of person from whom goods were obtained
2. Name and address of consignee
3. Name and address of person for whose account goods are shipped

IV. THIS SECTION TO BE FILLED IN FOR EVERY SHIPMENT

(1) Marks and Numbers on Shipping Packages	(2) Manufacturer's or Seller's Numbers or Symbols	(3) Quantity and Full Description of Goods	(4) Invoice Unit Price or Value	(5) Invoice Totals and Show Separately Packing Costs, All Other Costs, Charges, and Expenses	(6) Current Unit Price for Home Consumption in Home Currency	(7) Current Unit Price for Export to United States
◇ 172 Item No. SAN JUAN No. 216-227 & V/Marks & Nos.		28 cartons General Merchandise details as per attached Commercial Invoice. Total Ex-Factory ......$ 995.11 Buying Commission ......$ 74.14 Shipping charge ......$ 63.95 Total FOB Nagoya $1,133.20				

(8) Country of origin: **Japan**
(9) If rate of exchange is fixed or agreed, give rate
(10) If discount is freely offered, give terms, amount, and whether trade or cash

V. THIS SECTION TO BE FILLED IN FOR EVERY SHIPMENT

1. IF GOODS WERE PURCHASED, have you stated in section IV, column 4, the purchase price of each item in the currency in which the goods were bought? [X] Yes [ ] No.
2. IF THE GOODS WERE NOT PURCHASED, have you stated in section IV, column 4, the price that you would have received or would be willing to receive now if the goods were sold in the ordinary course of trade for exportation to the United States? [ ] Yes [ ] No.
3. What currency was used in this invoice transaction? **U.S. Currency**
4. Whether the goods were purchased or obtained by the United States importer in some other manner, have you stated in section IV, column 6:
    (A)(1) The price at which you are now selling the goods or offering them for sale for home consumption, including all applicable taxes? [ ] Yes [ ] No.
    (2) Is this price freely offered to anyone who wishes to buy the goods for home consumption? [X] Yes [ ] No.
    (B)(1) Have you stated in section IV, column 7, the price at which you are now selling the goods or offering them for sale for export to the United States and whether this price is f.o.b., c.i.f., c.&f., or whatever the fact may be? [ ] Yes [ ] No.
    (2) Is this price freely offered to anyone who wishes to buy the goods for export to the United States? [ ] Yes [X] No.
5. Have you listed all charges and stated whether each amount has been included in or excluded from the invoice amount? [X] Yes [ ] No. Is the inland freight included in the invoice price or value? [X] Yes [ ] No. Is the price or value of the goods the same at the factory as at the point of delivery? [ ] Yes [X] No. If the answer is No, have any sales been made at an ex-factory price? [X] Yes [ ] No.
6. Are any rebates, drawbacks, bounties, or other grants allowed upon the exportation of the goods? [ ] Yes [ ] No. If so, have all been separately itemized? [ ] Yes [ ] No.
7. If such or similar goods are being sold or offered for sale in the home market for home consumption, what taxes are applicable and are they included in the price shown in section IV, column 6?

Rate .... Kind **None**

CUSTOMS FORM JUL 64 **5515**

149
Capítulo siete

Póliza de seguros. La póliza de seguros es un contrato en el que se hacen constar las condiciones bajo las cuales una compañía de seguros se obliga, mediante el pago de una prima, a indemnizar a otra persona o empresa por virtud de las pérdidas sufridas por un accidente u otras causas.

LA UNION Y EL FENIX ESPAÑOL
Compañía de Seguros Reunidos, S. A
Paseo de la Castellana, 37 - Madrid - 1

NG/EC
SUBDIRECCION: MADRID (D)　　　　　　　N.º de Póliza　48.839.-

ASEGURADO: EXIMGOLD, S.A. - - - - - - - - -　Capital asegurado: Ptas. 2.900.000,00
- -　Prima　0,25　%　　Ptas.　7.250,00
Domicilio Pº de la Castellana, 159 - MADRID
- 16. -
Medio de transporte 2 camiones. - - - - - - -　Riesgos extraordinarios　-　362,00
　　　　　　　　　　　　　　　　　　　　　　Impuestos repercutibles　-　185,00.
Viaje MOSTOLES (Madrid) e IBI (Alicante)　　Recargo adicional　-　1.269,00
a BARCELONA, 15 días de estancia en
puerto y carga hasta sobre bordo buque.
Efecto del seguro: Desde comienzo del viaje.--　Total　-　9.066.00

La prima de este seguro es pagadera por recibo separado y la Póliza no surte efecto sin este pago previo

Con arreglo a las condiciones generales impresas de la póliza, en cuanto no sean modificadas por las particulares que se expresan, LA UNION Y EL FENIX ESPAÑOL, Compañía de Seguros Reunidos, Sociedad Anónima, con domicilio en Madrid, asegura por cuenta y riesgo de quien pertenezca, los efectos siguientes:

Mercancía.- Juguetes en cajas.-

　　　　　　　　　　VALOR MERCANCIA PROCEDENTE MOSTOLES: Ptas. 1.300.000,00
　　　　　　　　　　"　　"　　"　IBI　:　"　1.600.000,00
　　　　　　　　　　　VALOR TOTAL ASEGURADO　:　PTAS. 2.900.000,00

CONDICIONES PARTICULARES.-

1.- La mercancía asegurada queda garantizada contra los riesgos comprendidos en las Condiciones Generales impresas de esta póliza. - - - - - - - - - - - - - - - - - -

2.- Asímismo se garantizan los riesgos de ROBO, ROTURAS, EXTRAVIO DE BULTOS ENTEROS CAIDA DE BULTOS AL MAR DURANTE LAS OPERACIONES DE CARGA A BUQUE Y HUELGAS, se-- gún el contenido de las cláusulas anexas. - - - - - - - - - - - - - - - - - -

3.- También se cubren los daños sufridos por la mercancía asegurada en las operacio- nes de carga y/o descarga, así como los de MANCHAS, MOJADURAS Y OXIDACION.- - -

4.- Los riesgos cubiertos empiezan en el momento de salir la mercancía de los alma- cenes de origen y terminan en el instante de quedar depositada sobre bordo bu-- que, en el puerto de Barcelona, pudiendo permanecer en dicho puerto por un pe- ríodo de QUINCE DIAS inmediatamente anteriores a su carga a buque. - - - - - -

5.- La liquidación de siniestros con cargo a esta póliza y que sean indemnizables - por la misma, se efectuará sin deducción de franquicia alguna. - - - - - - - -

6.- Quedan nulas y sin valor ni efecto alguno, las Condiciones Generales impresas - de la presente póliza, que contradigan o amplíen a las adicionales mecanoescri- tas que anteceden. -

Hecho por triplicado - -en Madrid - - - - - - a ocho - - - - de Octubre - -
de mil novecientos ochenta. - - - - - -
　　　　　　　EL ASEGURADO.　　　　　　　　　　LA UNION Y EL FENIX ESPAÑOL
　　　　　　　　　　　　　　　　　　　　　　　　　　　　APODERADO

NOTA IMPORTANTE.-En caso de siniestro, dirigirse a 1 Comisariado Español Marítimo - Junqueras, 16 pl. 10 A - BARCELONA. - - - -, sin cuya intervención no será reconocida ninguna reclamación del asegurado.

EJERCICIOS: PRACTICAR, VARIAR Y CREAR

A. Complete la siguiente carta de envío de mercancías incluyendo todas las partes de una carta comercial.

_____
_____
_____

                                      _____

_____
_____
_____

                        Ref.: Pedido No. 567-43

Señores:

Por la presente tenemos el placer de informarles que con fecha _____ _____ les hemos enviado su _____ por vía marítima en _____.

Al mismo tiempo les hacemos saber que les _____ la _____ por la cantidad de _____.

El total de esta remesa lo hemos cargado a su estimable cuenta.

En espera de sus nuevos _____, quedamos de ustedes _____,

_____
            Gerente

Anexo: _____

B. Escriba una oración en español con cada una de las siguientes palabras y expresiones. Después dé el equivalente de las mismas oraciones en inglés.

1. certificado de origen
2. pedido
3. declaración arancelaria
4. conocimiento de embarque
5. factura
6. póliza de seguro
7. factura consular
8. franco a bordo
9. costo, seguro y flete
10. licencia de exportación

C. Cada palabra o frase de la columna de la izquierda corresponde a una de la columna de la derecha. Ponga el número junto a la letra que le corresponde. Antes de hacer este ejercicio, lea nuevamente las Cartas Modelos Nos. 22 y 23.

1. la presente
2. el gusto de comunicarles
3. facturado
4. fecha 2 del actual
5. le adjuntamos
6. cuyo importe total
7. abonado mediante
8. agradecidos por su pedido
9. quedamos de Uds.
10. nos place comunicarles
11. con fecha de hoy hemos enviado
12. el total de dicho envío, que asciende a
13. nos sigan honrando
14. nos reiteramos

_____ a. hoy hemos despachado
_____ b. pagado por medio de
_____ c. por la cantidad de
_____ ch. esta carta
_____ d. nos repetimos
_____ e. dándoles las gracias por su pedido
_____ f. el placer de informarles
_____ g. el importe de las mercaderías enviadas tiene un valor de
_____ h. incluimos
_____ i. es un placer notificarles
_____ j. despachado
_____ k. sigan honrándonos
_____ l. los saludamos cordialmente,
_____ ll. 2 del presente

CH. Sustituya las palabras y expresiones subrayadas en las Cartas Modelos Nos. 22 y 23 por otras similares, sin alterar el sentido de la carta. Escriba de nuevo las dos cartas de acuerdo con las sustituciones hechas, haciendo a la vez otros cambios gramaticales que crea necesarios.

D. Redacte una carta de envío de mercancías según la siguiente minuta.

Escriba a nombre de Almacén de Calzado La Campana, S.A. (localizado en Juan Carlos Gómez 5157, Montevideo, Uruguay) a la empresa La Universal, S.L. (situada en la calle Ravelo 96, Santo Domingo, República Dominicana) en relación con el envío de un lote de calzado y otros artículos de cuero que su compañía compró por valor de $40.000,00, según el pedido No. 3455. Llene todos los requisitos de este tipo de cartas.

E. Redacte una carta de envío de documentos tomando como ejemplo la Carta Modelo No. 24. Puede sustituir las palabras y frases subrayadas por otras similares o de su propia creación.

PREGUNTAS

1. ¿Cuáles son los requisitos de una carta de acuse de recibo de un pedido?
2. ¿De qué otra manera se puede acusar recibo de un pedido?
3. ¿Por qué se dice que las cartas de acuse de recibo de un pedido son cartas de trámite?
4. Las cartas de cancelación de un pedido y de descontinuación de mercancías, ¿son cartas de trámite?
5. ¿Cómo debe ser el estilo de las cartas en que se cancela un pedido? ¿Qué clase de argumentos requieren? ¿Por qué?
6. ¿Qué documentos se requieren para el envío de mercancías o productos al extranjero?
7. ¿Qué es una carta de porte?
8. ¿Qué cláusulas regulan el envío y entrega de las mercancías?
9. ¿Quién expide el certificado de origen?
10. ¿Qué derechos hay que pagar por la importación de mercancías? ¿Quién los paga?
11. ¿Qué es un conocimiento de embarque?
12. ¿Para qué sirve la póliza de seguros?
13. Llene el modelo de declaración arancelaria que aparece en la página 148 con los datos necesarios.

Vocabulario

el acuse de recibo acknowledgment of receipt
adjuntar to enclose, to attach (in a letter)
el agente vendedor/la agente vendedora sales agent
agradecer (zc) to thank for; to be grateful for
al contado cash
anular to annul, make void
el argumento convincente convincing reasoning
el asegurado/la asegurada insured, policy holder
el balance balance sheet; balance
el camión truck
el cargador/la cargadora shipper, freighter
cargar (gu) a (la) cuenta, poner en (la) cuenta to charge
la carta de porte way bill, railway bill

_____ **de trámite** routine business letter, letter transacting business
causas ajenas a nuestra voluntad causes beyond our control
_____ **imprevistas** unforeseen, unexpected causes
la cerrajería locksmith's trade or shop
el certificado de origen certificate of origin
citado anteriormente previously mentioned
el comisario/la comisaria commissary, manager
la compañía de ferrocarril railroad company
_____ **naviera** shipping company
_____ **vendedora** selling company
el conocimiento de embarque bill of lading

consignado a consigned to
contradecir to contradict
el contratiempo inconvenience
la copia fiel true copy
el corredor/la corredora de aduanas customhouse broker
el correo certificado registered mail
cotejar to compare, confront
debidamente autorizado duly authorized
la declaración declaration, statement
_____ **de aduana o arancelaria** customs declaration
la demora delay
el depositario/la depositaria depository, trustee, receiver
los derechos consulares consular duties or fees
descargar (gu) to unload
despachar to dispatch, to send off (a letter)

ejecutivo *executive*
el embarcador/la embarcadora *shipper*
en existencia *in stock*
especificar (qu) *to specify; to itemize*
estar sujeto, estar moral o legalmente obligado *to be bound, obligated*
la exactitud *exactness, accuracy; punctuality*
el exceso de producción *overproduction*
la expedición *dispatch*
(al) extranjero *abroad, (to) foreign countries*
el extravío *misplacement*
la factura comercial *commercial invoice*
_____ consular *consular invoice*
facturar *to invoice, bill*
la fecha de embarque *date of shipment*
el fletador/la fletadora *freighter, charterer*
el flete *freight; freight charges*
la forma de envío *manner, way of shipment*
_____ de pago *way of payment*
la franquicia *exemption from taxes*
la guía terrestre *bill of lading*
hacer referencia *to mention*

la hoja impresa *printed sheet*
la huelga *strike*
indemnizar (c) *to indemnify*
la industria corchera *cork industry*
el infrascrito *undersigned, hereinafter mentioned*
el inventario *inventory*
irrevocable *irrevocable*
lamentar *to lament*
la licencia de exportación *export license*
el lote *lot, share, part*
la mancha *stain, spot*
el mandato *command, injunction, order*
la marca *brand*
mecanoescrito *typed*
la mojadura *moistening, wetting*
el obrero/la obrera *worker, laborer, employee*
la oferta *offer; supply*
la oficina de correos *post office*
la oxidación *oxidation*
el pago al contado *cash payment*
el pedido *order*
_____ pendiente *pending order*
la póliza *policy*
_____ de seguros *insurance policy*
por la presente (carta) *by means of this (letter)*

por medio de, por mediación de *through, by means of*
la prima *premium*
los productos cárnicos *meat products*
la rastra *large truck*
el recibo *receipt*
reconocido *obliged, grateful*
reiterar *to reiterate*
retirar *to withdraw, call in*
seguir (i, i) (g) honrando *to continue honoring*
el seguro contra incendios *fire insurance*
sentir (ie, i) *to regret, be sorry for*
servir (i, i) *to serve*
el siniestro *shipwreck, disaster, loss at sea*
la sociedad de responsabilidad limitada (S.R.L.) *limited partnership*
solventar *to settle (accounts); to solve*
el talón *check, draft, note of payment*
el taller *workshop; factory; mill*
el transporte terrestre *land transportation*
triplicado *triplicate*
el valor por unidad *unit price*
la vía marítima *by sea*
la visa *visa*

PUNTOS ESENCIALES DE REDACCION

Las conjunciones

Las conjunciones, al igual que las preposiciones, son nexos oracionales, es decir, que se usan tanto para enlazar palabras de igual naturaleza en una oración como para enlazar oraciones dentro de un párrafo.

El uso de algunas conjunciones se presta a confusión en la redacción, como es el caso de las conjunciones **y**, **e**, **o**, **u**, **ni**, **mas**, **pero**, **sino** y **sino que**. Al redactar, es preciso tener presente las siguientes reglas respecto a su uso.

1. Se usa **e** en lugar de la conjunción **y** cuando la palabra que sigue a ésta empieza por **i** o **hi**.

    Es una mecanógrafa puntual e inteligente.
    El negocio pertenece a Simón Balmaceda e hijos.

    Sin embargo, este cambio no se hace si la palabra que sigue a **y** empieza por el diptongo **hie**.

    El barco llevaba un cargamento de cemento y hierro.

2. Se usa **u** en lugar de **o** delante de las palabras que empiezan por **o** u **ho**.

    El pedido no especifica si quieren plata u oro.
    La plaza está disponible para mujer u hombre.

3. Cuando se usa la conjunción **ni** para enlazar dos sujetos, debe repetirse delante de cada uno de ellos.

    Ni el Presidente ni el Gerente estuvieron presentes en la reunión de la Cía. Trasatlántica, S.A.

    En las construcciones en que el verbo va delante de los nombres enlazados por **ni,** la negación **no** debe preceder al verbo. En este caso, el primer **ni** puede suprimirse, excepto cuando se quiere dar énfasis a la frase.

    No estuvieron presentes en la reunión de la Cía. Trasatlántica, S.A. el Presidente ni el Gerente.
    No estuvieron presentes en la reunión de la Cía. Trasatlántica ni el Presidente ni el Gerente.

4. **Pero** y **mas** son conjunciones que se usan cuando a un concepto se contrapone otro diverso o que es una ampliación del anterior.

    La Cía. Morera S. en C. tiene el dinero pero no lo invierte.

    El uso de **mas** en lugar de **pero** está limitado a la literatura. Para distinguirlo del adverbio **más** no se acentúa.

    Creía que era feliz, mas no era cierto.

5. **Sino** es la conjunción que se usa cuando a la primera parte de la oración, que es negativa, se contrapone en la segunda parte un concepto afirmativo. Por regla general se emplea cuando el verbo de la segunda parte de la oración es implícito porque es el mismo de la primera.

    El que llegó no era el presidente sino (que era) el secretario.
    Las mercancías no se pagaron al contado sino (que se pagaron) a crédito.

6. A diferencia de **sino, sino que** se emplea cuando se trata de cláusulas en las cuales se contrastan diferentes verbos.

> La secretaria no escribía la carta sino que la leía.
> La Cía. Roselló y Hnos. no cierra una sucursal sino que abre dos nuevas.

INFORMACION SUPLEMENTARIA

Signos útiles

Además de los signos de puntuación, los signos que aparecen seguidamente y sus equivalencias respectivas son de utilidad al redactar la correspondencia comercial.

%	por ciento
£	libra esterlina
&	etcétera
+	más
−	menos
×	por
@	arroba
¢	centavo
$	peso, dólar
#	número
*	asterisco
qq	quintales
÷	entre

EJERCICIOS ADICIONALES

A. Llene los espacios en blanco con **sino, sino que** o **pero** según convenga.

1. La quiebra no fue fortuita _____ voluntaria.
2. La mercadería importada de Nicaragua viene en el barco «Managua», _____ no llegará hasta el sábado.
3. La entrega no se efectuará hoy _____ mañana.
4. La mercancía no será puesta libre de gastos al costado del buque, _____ será pagada a la entrega.
5. El inspector de aduana hizo el aforo de las mercancías, _____ se le olvidó especificar el total de los derechos arancelarios que la compañía debía pagar.
6. El balance no arrojó ganancias _____ pérdidas.

7. Es imposible determinar las pérdidas ocasionadas por el accidente, _____ la compañía de seguros pagará por el total de las mercancías dañadas.
8. No exportó las cámaras fotográficas, _____ las importó del Japón.
9. Vino la factura comercial, _____ falta la factura consular.
10. Los empleados no votaron en contra _____ a favor de la huelga.
11. Las acciones en la bolsa no bajaron hoy _____ subieron.
12. La póliza de seguros cubría todos los riesgos, _____ no tenía validez legal, pues el asegurado no había pagado la prima correspondiente.
13. No pagó el flete, _____ lo pagará al recibo de la carga.
14. La mercancía no se enviará por barco _____ por avión.
15. El embalaje era defectuoso, _____ ésa no fue la causa del deterioro de la mercancía.

B. Llene los espacios en blanco con **e, y, o, u, pero, sino, o...o, ni** o **ni...ni,** según convenga.

1. El número de los miembros del club fluctúa entre siete _____ ocho.
2. La compañía Industrial Metalúrgica, S.A. hizo un pedido de petróleo _____ hierro a Venezuela.
3. _____ el comprador _____ el vendedor llegaron a un acuerdo.
4. _____ el industrial _____ el fabricante quisieron reunirse con los visitantes extranjeros.
5. Las minas de plata _____ oro son las más cotizadas en el mundo.
6. Pablo _____ Ignacio son comerciantes al por mayor.
7. Juan, decídete: _____ compras _____ vendes las acciones de esa firma.
8. Las cartas de solicitud de cotización son más fáciles, _____ las de cobro en serie son muy difíciles.
9. No es un comerciante al por mayor _____ al por menor.
10. No voy a la oficina hoy, _____ iré mañana.
11. El nombre correcto de la empresa es José Hurtado _____ Hijos.
12. Sustituya estos productos por otros similares _____ parecidos.
13. No lo hago ahora _____ lo haré después.
14. El empleado, sea mujer _____ hombre, rinde la misma cantidad de trabajo.
15. No habrá liquidación _____ de vestidos _____ de camisas, _____ de zapatos para señoras y caballeros.

C. Dé el equivalente en letras de los siguientes signos.

1. $
2. ¢
3. #
4. +
5. ×
6. %
7. @
8. qq
9. ÷

CAPITULO 8

La carta de cobro

Cartas de pago

Las cartas de pago son cartas de trámite portadoras de instrumentos de pago: letras de cambio, cheques, pagarés, giros bancarios o postales, etcétera. Se envían cuando se hace un pago anticipado, parcial o total de una cuenta según las condiciones de pago que hayan acordado el comprador y el vendedor. Al escribir esta clase de cartas, siempre hay que referirse a la forma de pago convenida y especificar claramente el número del *instrumento de pago*, la cantidad, la fecha, etcétera. Estas cartas requieren respuesta inmediata. Su estilo debe ser claro, sencillo y conciso.

Cartas de petición de prórroga de pago

Para mantener las mejores relaciones comerciales y su buen crédito, el comerciante deudor deberá avisar al acreedor, con anticipación a la fecha de vencimiento del plazo de pago de una deuda, que no puede cumplir con dicha obligación, exponer la causa o causas que se lo impiden y solicitar una prórroga. Al mismo tiempo, señalará la fecha exacta en la cual efectuará el pago con el recargo o el porcentaje de interés que corresponda. Deberá manifestar que se obliga a aceptar otras condiciones que el acreedor tenga a bien imponer en relación con dicha solicitud de prórroga. Este tipo de cartas requiere el uso de argumentos convincentes.

CARTA MODELO NO. 25   CARTA DE PAGO

                            INSUA Y GONZALEZ, S.A.
                            Avenida Central No. 715
                            Guayaquil, Ecuador

                                                        25 de julio de 198-

Constructora González del Valle, S.L.
Avenida Olmedo No. 305
Quito.

Señores:

Tenemos el placer de adjuntarles el cheque No. 234 del Banco Intercontinental, de fecha 23 del actual, por NOVECIENTOS DOCE MIL SEISCIENTOS QUINCE SUCRES ($912.615,00), como pago total de nuestro pedido de mercancías del 20 del mes en curso.

Esperamos que hagan todo lo que esté a vuestro alcance para que las mercancías adquiridas por nosotros lleguen cuanto antes.

De ustedes muy atentamente,

                            INSUA Y GONZALEZ, S.A.

                            Enrique Insua Valdivia
                            Enrique Insua Valdivia
                            Gerente General

EIV/acm

Anexo: Cheque No. 234

CARTA MODELO NO. 26   CARTA DE ACUSE DE RECIBO DE PAGO

CONSTRUCTORA GONZALEZ DEL VALLE, S.L.
Avenida Olmedo No. 305
Quito, Ecuador

3 de agosto de 198-

Insua y González, S.A.
Avenida Central No. 715
Guayaquil.

Señores:

Nos complace informarles que con fecha de hoy hemos recibido el cheque del Banco Intercontinental #234, por NOVECIENTOS DOCE MIL SEISCIENTOS QUINCE SUCRES ($912.615,00), como pago total del pedido hecho por ustedes con fecha 20 de julio del año en curso.

Agradecemos su atención y prontitud en el pago y deseamos que hayan quedado satisfechos de nuestros servicios.

De ustedes muy atentamente,

CONSTRUCTORA GONZALEZ DEL VALLE, S.L.

Rufino Calas del Valle
Director General

RCV/ala

CARTA MODELO NO. 27   CARTA DE PETICION DE PRORROGA DE PAGO

Manufacturas de Productos Químicos, S.A.
Lérida 125
San Juan, Puerto Rico

28 de febrero de 198-

Fundiciones Mercurio, S.A.
Avenida Hostos No. 714
Ponce.

Ref.: Factura No. 816 por $10.000,00

Señores:

Les rogamos tengan la bondad de prorrogar el plazo de pago de la factura de la referencia, por un término de 30 días.

Esta solicitud de prórroga de pago obedece a la precaria situación económica por la que atraviesa nuestra empresa como consecuencia del paro obrero que se inició hace más de tres meses.

Esperamos que teniendo en cuenta nuestro buen crédito y las relaciones comerciales que hemos mantenido con Vds. por más de quince años, se servirán concedernos dicha prórroga, fijando al mismo tiempo el interés legal correspondiente.

De acceder a nuestra solicitud, les rogamos nos lo confirmen por vía telegráfica.

En espera de una respuesta favorable, quedamos de ustedes atentamente,

Manufacturas de Productos Químicos, S.A.

Juan García López
Juan García López
Gerente

JGL/ala

EJERCICIOS: PRACTICAR, VARIAR Y CREAR

A. Elija la palabra que no pertenece al grupo y explique por qué.

1. prorrogar / extender / dilatar / aplazar / prorrumpir
2. plaza / lapso / término / período / plazo
3. interés / interesante / rédito / recargo / porcentaje
4. precaria / precaución / inestable / insegura
5. adjuntar / acompañar / encerrar / incluir

B. Escriba una oración completa con las palabras de cada grupo. Haga los cambios que sean necesarios y añada las palabras que falten.

1. comerciante / poder / deudas / causas ajenas / pagar / no
2. Cía. Industrial Copacabana, S.L. / prorrogar / tener que / solicitar / quizás / sesenta días / de pago
3. requerir de pago / cordiales / ser / cartas / firmes / deber / amistosas / pero
4. pagar / comerciante / puntualmente / buen crédito / tener obligaciones

C. Señale numéricamente el orden en que aparecen en una carta de petición de prórroga de pago las siguientes frases y expresiones.

_____ de la cuenta que tenemos pendiente
_____ agradecidos y obligados por su cooperación
_____ atraviesa por una difícil situación financiera
_____ en breve tiempo
_____ una prórroga de 30 días
_____ con esa empresa
_____ les agradeceríamos nos concedieran
_____ que confiamos resolver favorablemente
_____ en estos momentos nuestro negocio
_____ para pagar el total
_____ y buen crédito, se servirán
_____ les rogamos nos comuniquen su decisión
_____ a nuestras buenas relaciones comerciales
_____ acceder a nuestra petición
_____ lo antes posible
_____ no dudamos que en atención

CH. Sustituya las palabras y expresiones subrayadas en las Cartas Modelos Nos. 25 y 26 por otras similares, sin alterar el sentido de las cartas. Escriba de nuevo las dos cartas de acuerdo con las sustituciones hechas, haciendo a la vez otros cambios gramaticales que crea necesarios.

D. Redacte una carta de solicitud de prórroga de pago según la siguiente minuta.

Escriba a un banco alegando que la empresa que Ud. representa no puede pagarles el préstamo en el plazo convenido debido a las pérdidas sufridas como consecuencia de un huracán que afectó la zona donde radican los almacenes de dicha compañía. Llene todos los requisitos exigidos por este tipo de cartas.

E. Redacte una carta de prórroga de pago tomando como ejemplo la Carta Modelo No. 27. Puede sustituir las palabras y frases subrayadas por otras similares o de su propia creación. Llene todos los requisitos de esta clase de cartas.

Cartas de cobro

Este tipo de cartas tiene por objeto hacer presente que una deuda está vencida y reclamar su pago. Reclamar el pago de una deuda es siempre cuestión enojosa y por ello las cartas de requerimiento de pago deben ser cordiales, amistosas y muy corteses. Varían de acuerdo con el cliente y la demora en el pago.

El propósito de estas cartas es recuperar el dinero sin perder al cliente. Así pues, sólo en casos extremos, cuando se trata de un cliente moroso que habitualmente no cumple con sus pagos, debe emplearse un lenguaje fuerte e indicar la posibilidad de recurrir a procedimientos legales.

En estas cartas no sólo debe reclamarse el pago de la deuda, sino que hay que esgrimir argumentos convincentes sobre la conveniencia que representa para el cliente el conservar su buen crédito y seriedad comercial.

Estas cartas de requerimiento de pago pueden ser de *cobro aislada* o *de cobro en serie*. En el primer caso puede tratarse de una o de más cartas que aunque se relacionan con la misma deuda, son independientes entre sí; y en el segundo se trata de una serie de cartas, perfectamente coordinadas, en las cuales se insiste en el pago de la deuda en un tono que va siendo progresivamente más firme en cada carta, pero sin llegar nunca a usar un tono amenazante u ofensivo. El número que se envía de esta clase de cartas es variable. Si no se obtiene el pago después de varias cartas, puede informarse al deudor moroso que el caso está en manos de un abogado.

CARTA MODELO NO. 28   CARTA DE COBRO AISLADA

ROMERO Y HNOS., S.A.
Maderos No. 310
San José, Costa Rica

7 de julio de 198-

Constructora Lastra, S.A.
Olmedo No. 518
San José.

Señores:

Es sistema de nuestra empresa liquidar periódicamente las cuentas pendientes de pago.

Por este motivo, les rogamos tengan la amabilidad de cancelar el saldo de $5.000,00 que arroja a nuestro favor su cuenta.

Confiamos que el no haberlo hecho antes se deba a una omisión involuntaria.

Agradecidos de antemano por la atención que presten a este asunto, quedamos de ustedes atentamente,

ROMERO Y HNOS., S.A.

Manuel Romero Fernández
Presidente

MRF/idc

Anexo: Copia factura No. 134A

EJERCICIOS: PRACTICAR, VARIAR Y CREAR

A. Dé el equivalente en inglés de cada una de las siguientes palabras y expresiones y después escriba una oración en español con cada una de ellas. Estas le serán muy útiles al escribir cartas de cobro.

1. es sistema de nuestra empresa
2. liquidar
3. por este motivo
4. les rogamos tengan la amabilidad
5. cancelar el saldo
6. agradecidos de antemano
7. cuentas pendientes de pago
8. buen crédito
9. fecha de vencimiento
10. solicitud de prórroga de pago
11. antelación
12. recargo
13. porcentaje
14. plazo de pago
15. confiamos

B. Elija la palabra entre paréntesis cuyo significado es diferente al del vocablo de la columna de la izquierda.

1. sistema   (norma / regla / situación / principios)
2. motivo   (motín / causa / razón / circunstancia)
3. expuesto   (explicado / exportable / expresado / mencionado)
4. cancelar   (amortizar / pagar / liquidar / amortiguar)
5. saldo   (abono / sueldo / pago / resto)
6. omisión   (olvido / descuido / emisión / abstención)

C. Sustituya las palabras y expresiones subrayadas en la Carta Modelo No. 28 por otras similares, sin alterar el sentido de la carta. Escriba de nuevo la carta de acuerdo con las sustituciones hechas, haciendo a la vez otros cambios gramaticales que crea necesarios.

CH. Redacte una carta de requerimiento de pago o de cobro aislada tomando la Carta Modelo No. 28 como ejemplo. Puede sustituir las palabras y frases subrayadas por otras similares o de su propia creación. Llene todos los requisitos de este tipo de cartas.

D. Complete la siguiente carta de cobro aislada incluyendo todas las partes de una carta comercial.

_____

8 de diciembre de 198-

Sres. Ortega y Hermanos, S.A.
Calle del Pinar, 489
Ciudad.

Estimados señores:

_____ que la fecha de pago del _____ de la compra de _____ de oficina hecha por _____ venció hace treinta _____.

Esta _____ implica que nos veremos _____ a _____ un 5 por ciento de _____ hasta la fecha de _____ de dicha cuenta.

_____ tener que tomar esta medida, pero es la condición establecida en nuestras ventas.

Confiamos que a _____ posible, nos _____ del último plazo de pago, para así dejar saldada su cuenta.

_____ de su _____ respuesta, queda de Uds.

_____,

_____

_____
Director del Departamento de Contabilidad

CARTA MODELO NO. 29   PRIMERA CARTA DE COBRO EN SERIE

Talleres LANDI, S.A.
Avenida de la Independencia No. 4156
México, D.F.   México

15 de marzo de 198-

Sr. Joaquín Leira Valle
Alameda No. 613
México, D.F.

Ref.: Factura No. 287-B

Estimado señor:

Le recordamos que desde hace más de 10 días venció el plazo para el pago total de la factura de la referencia, ascendente a $3.000,00.

Probablemente, por causas imprevistas, Vd. no ha podido liquidar dicha deuda, pero esperamos que pueda hacerlo dentro de un término que no excederá de 15 días a partir de la fecha de la presente.

Agradecemos, por anticipado, la atención que preste a este asunto y confiados en recibir su letra bancaria por la suma que nos adeuda, lo saludamos cordialmente,

Talleres LANDI, S.A.

Rodolfo Pérez Mont-Ros
Tesorero

RPM/ala

Anexo: Duplicado factura 287-B

168
Al día en los negocios: Escribamos

CARTA MODELO NO. 30 — TERCERA CARTA DE COBRO EN SERIE

Talleres LANDI, S.A.
Avenida de la Independencia No. 4156
México, D.F.   México

20 de mayo de 198-

Sr. Joaquín Leira Valle
Alameda No. 613
México, D.F.

Ref.:   Factura No. 287-B

Señor:

A pesar de que le hemos enviado varios recordatorios, aún no ha liquidado Vd. el saldo de $3.000,00 que tiene pendiente de pago con nosotros desde hace más de tres meses.

Demandamos que, en esta oportunidad, nuestro requerimiento de pago sea atendido debidamente.

Si tiene dificultades económicas, por favor telegrafíenos una proposición justa y actuaremos en consecuencia.

En espera de sus noticias, lo saludamos atentamente,

Talleres LANDI, S.A.

Rodolfo Pérez Mont-Ros
Tesorero

RPM/ala

Anexo: Duplicado factura 287-B

CARTA MODELO NO. 31 ULTIMA CARTA DE COBRO EN SERIE

Talleres LANDI, S.A.
Avenida de la Independencia No. 4156
México, D.F.   México

12 de junio de 198-

Sr. Joaquín Leira Valle
Alameda No. 613
México, D.F.

Ref.:   Factura No. 287-B

Señor:

Una vez más nos han devuelto, por falta de fondos, el tercer cheque que Ud. nos enviara para reintegrarnos el saldo de $3.000,00 que arroja su cuenta.

Dicha devolución, unida a su silencio, empeora su situación y varía por completo la opinión que teníamos formada de Vd., como un buen cliente que siempre cumplía con sus obligaciones.

En vista de su injustificada conducta, nos vemos en el penoso deber de poner su caso en manos de nuestros abogados, para que ellos adopten las medidas pertinentes.

Le aclaramos que a su deuda de $3.000,00 hemos agregado la cantidad de $150,00, importe del 5 por ciento de interés por demora en el pago de la misma.

Atentamente,

Talleres LANDI, S.A.

Rodolfo Pérez Mont-Ros
Tesorero

RPM/ala

EJERCICIOS: PRACTICAR, VARIAR Y CREAR

A. Cada palabra o frase de la columna de la izquierda corresponde a una de la columna de la derecha. Ponga el número junto a la letra que le corresponde. Antes de hacer este ejercicio, lea nuevamente las Cartas Modelos Nos. 29, 30 y 31.

1. le recordamos
2. probablemente
3. por causas imprevistas
4. Ud. no ha podido liquidar dicha deuda
5. su letra bancaria
6. a pesar de que le hemos enviado varios recordatorios
7. no ha liquidado Ud. el saldo de
8. si tiene dificultades económicas
9. proposición justa
10. actuaremos
11. una vez más nos han devuelto
12. reintegrarnos
13. que arroja su cuenta
14. empeora
15. varía por completo la opinión
16. siempre cumplía con sus obligaciones
17. en vista de su injustificada conducta
18. en el penoso deber de poner su caso en manos de
19. adopten las medidas pertinentes
20. hemos agregado
21. dicha devolución
22. que nos adeuda

_____ a. proposición razonable
_____ b. su letra de cambio
_____ c. decidiremos
_____ ch. es posible que
_____ d. agrava
_____ e. se pone en su conocimiento
_____ f. cambia totalmente el concepto
_____ g. hemos añadido
_____ h. por causas de fuerza mayor
_____ i. Ud. no ha saldado su obligación
_____ j. que presenta su cuenta
_____ k. tomen las medidas necesarias
_____ l. pagarnos
_____ ll. no obstante los varios requerimientos de pago
_____ m. no ha remitido la cantidad de
_____ n. si tiene problemas monetarios
_____ ñ. tal incidente
_____ o. por lo injustificado de su actuación
_____ p. involuntariamente precisados a pasar este asunto a
_____ q. nuevamente hemos recibido
_____ r. que satisfacía puntualmente sus compromisos
_____ rr. que nos debe

B. Elija la frase correcta.

1. a. Hace veinte días le escribimos recordándole el pago que tiene pendiente.
   b. Hace veinte días le escribimos para reclamarle el pago que tiene pendiente.
2. a. Nuevamente demandamos de Ud. el pago de su deuda.
   b. Una vez más le recordamos su compromiso de pago de...
3. a. Si Ud. no paga dentro de quince días nos dará una prueba más de su irresponsabilidad en el cumplimiento de sus obligaciones.
   b. Esperamos que dentro de quince días Ud. esté en condiciones de abonarnos, si no la totalidad de su deuda, al menos una parte de ella.
4. a. Hemos agotado todos los medios a nuestro alcance para obtener el pago de la cantidad que nos adeuda.
   b. Imposible esperar ni un día más por el pago de su deuda. Las personas como Ud. son un descrédito para...
5. a. Le hemos enviado varias cartas recordándole la deuda que tiene pendiente con esta empresa. Estamos ansiosos de tener noticias suyas. Sabemos que Ud. es una persona responsable y le daremos cuantas facilidades Ud. solicite, pues nos sentimos obligados con Ud....
   b. Después de varios recordatorios de pago, sin respuesta por parte suya, esperamos que en esta oportunidad nos informe las causas de su silencio. De lo contrario, nos veremos obligados a pasar el asunto a nuestros abogados.

C. Sustituya las palabras y frases subrayadas en las Cartas Modelos Nos. 29, 30 y 31 por otras similares, sin alterar el sentido de la carta. Escriba de nuevo las tres cartas de acuerdo con las sustituciones hechas, haciendo a la vez otros cambios gramaticales que crea necesarios.

CH. Redacte tres cartas de requerimiento de pago en serie según la siguiente minuta.

Dirija las tres cartas al mismo destinatario y reclame el pago de la misma deuda. Recuerde que el tono de estas cartas debe ser cortés, pero progresivamente más enérgico. Llene todos los requisitos de este tipo de cartas.

PREGUNTAS

1. ¿Qué debe hacer el comerciante deudor cuando no puede pagar al acreedor en la fecha fijada?
2. En una carta de solicitud de prórroga de pago, ¿debe decirse el motivo o las causas por las cuales no puede pagarse en el plazo convenido?
3. ¿Cuál es el propósito de las cartas de requerimiento de pago?
4. ¿Cómo pueden ser las cartas de requerimiento de pago o de cobro?

5. ¿Cómo es el tono de las cartas de cobro en serie? ¿Es siempre el mismo, o varía? Explique.
6. ¿Cuál es el propósito de las cartas de requerimiento de pago?
7. ¿En qué casos debe emplearse en estas cartas un tono fuerte?
8. ¿Qué quiere decir «un deudor moroso»?
9. ¿Cuál es la diferencia entre una carta de cobro aislada y una carta de cobro en serie?

Vocabulario

a crédito *on credit*
a (su, nuestro, vuestro) favor *in (your, our, your) behalf*
a partir de *starting from*
acrecentar (ie) *to increase; to promote, advance*
actuar en consecuencia *to act in consequence*
adeudar *to owe*
agravar *to worsen*
al por mayor *wholesale*
al por menor, al detalle *retail*
al respecto *in regard to*
alegar (gu) *to allege, affirm*
amortizar (c) *to redeem (debts); to amortize; to refund*
aplazar (c) *to postpone*
los **argumentos convincentes** *convincing reasoning*
arrojar (un saldo) *to leave, show (a certain figure, as a balance)*
ascendente *ascendant, ascending*
atravesar (ie) *to go through*
cancelar *to cancel*
la **carta de acuse de recibo de pago** *letter acknowledging receipt of payment*
____ **de cobro** *collection letter or notice*
____ **de insistencia** *follow-up letter, letter of insistence*
____ **de pago** *letter of payment*
____ **de trámite** *letter of transaction; routine letter*
las **causas de fuerza mayor** *acts of God*
____ **imprevistas** *unforeseen causes*
el **cobro aislado** *collection (of what is due)*
____ **en serie** *follow-up collection (of what is due)*
el **comerciante deudor**/la **comerciante deudora** *indebted business person*
confirmar *to confirm*
conservar *to maintain, preserve*
cumplir *to fulfill*
de buena voluntad *with pleasure, willingly*
de la presente (carta) *of the present (letter)*
el **deber penoso** *painful, distressing duty*
demandar *to sue; to demand*
la **demora** *delay*
los **derechos arancelarios** *customs duties*
el **descrédito** *discredit*
el **deterioro** *deterioration, damage*
la **deuda vencida** *due or expired debt*
el **deudor moroso**/la **deudora morosa** *debtor slow to pay*
devolver (ue) *to return (an object)*
empeorar *to grow worse; to impair, make worse*
en manos de *in the hands, power of*
en vista de *in view of, considering*
enojoso *irritating, troublesome*
esgrimir *to wield*
exceder *to exceed, surpass; to go too far*
expuesto *exposed; liable; dangerous*
la **falta de fondos** *lack of funds*
fijar *to fix, fasten*
fluctuar *to fluctuate*
la **fuerza mayor** *act of God*
la **ganancia** *profit, gain*
gestionar *to conduct, manage; to carry out*
hacer presente *to state; to remind of, call attention to*
incrementar *to increase, intensify, augment*
inestable *unstable*
injustificado *unjustified, unjustifiable*
insistir (en) *to insist (on), persist (in)*
el **instrumento de pago** *means of payment*
invertir (ie, i) *to invest*
la **letra bancaria** *bank draft, bank bill*
____ **a cobrar** *account receivable*
liquidar *to liquidate, sell out; to pay up*

173
Capítulo ocho

mantener *to maintain*
las **medidas pertinentes,** las **medidas procedentes** *to take appropriate or pertinent steps*
moroso *tardy, delinquent*
las **obligaciones** *obligations; liabilities*
obligarse (gu) *to obligate or bind oneself*
la **omisión** *omission, carelessness, neglect*
pagar (gu) la deuda *to pay the debt*
el **paro obrero** *work stoppage*
la **pérdida** *loss, detriment, damage*
pertinentes *pertaining to*
la **petición de prórroga de pago** *request of time extension on payment*
el **plazo de pago** *term payment*
por anticipado *beforehand, in advance*
por vía telegráfica *by telegraph*
precario *precarious*
prestar atención *to pay attention; to render a service*

los **procedimientos legales** *legal proceedings*
los **productos químicos** *chemicals*
la **proposición justa** *fair proposition*
la **prórroga** *prolongation, extension (of time)*
_____ **de pago** *extension (of time) on payment due*
puntualmente *punctually, faithfully, exactly*
el **recargo** *overcharge; extra charge*
recordar (ue) *to remember; to remind*
el **recordatorio** *reminder*
recurrir *to resort to; to revert*
el **rédito** *income, revenue; interest*
la **redundancia,** la **repetición** *redundance, repetition*
reintegrar *to reimburse, repay, refund*
la **repetición** *repetition*
el **requerimiento** *demand, requisition; summons*
_____ **de pago** *demand for payment*

requerir (ie) de pago *to demand payment*
rogar (ue) (gu) *to request, beg*
el **saldo** *balance*
satisfacer (g) *to pay in full, satisfy*
la **seriedad comercial** *business ethics*
la **sesión,** la **reunión** *meeting*
la **situación económica** *economic situation, circumstances*
telegrafiar *to telegraph; to cable*
tener a bien *to find it convenient, to deem best*
tener la bondad de *to have the kindness to*
el **término** *condition, term; manner, behavior*
el **tono amenazador** *threatening tone*
_____ **ofensivo** *offensive tone*
vencer (z) *to mature, fall due; to expire*
_____ **el plazo** *to expire (time for payment)*

PUNTOS ESENCIALES DE REDACCION

La redundancia o repetición

Al escribir se debe evitar en las cartas la repetición de palabras o frases innecesarias, pues el estilo de las cartas comerciales está basado en la concisión y la claridad. En los siguientes ejemplos, las frases y palabras en letras cursivas son algunas de las muchas muestras de redundancia o repetición que deben evitarse.

1. Incluimos *aquí mismo* copia de la factura No. 16 del 10 del actual.
2. En la reunión *o sesión* de accionistas *efectuada y* celebrada el día 15 del mes en curso...
3. Las normas de nuestra firma son uniformes *e invariables*.
4. *En ésta* adjuntamos los catálogos solicitados...

5. Por *medio de* la presente le comunicamos nuestra decisión...
6. En *el año de* 1983...
7. Compramos las mercancías por *el precio de* 50.000,00 lempiras.
8. Quizás *sea posible que* se lo enviemos en...
9. El escritorio costó *la suma de* 450,00 dólares.
10. Deberán informar *enseguida y* rápidamente la cantidad que necesitan.

INFORMACION SUPLEMENTARIA

Acepciones de la palabra *letra*

Las siguientes son algunas de las distintas acepciones de la palabra *letra* en español. Ponga atención especial a su uso en el lenguaje comercial.

letra	*letter, character of the alphabet*
letra	*words of a song (lyrics)*
letra abierta	*letter of open credit for unlimited sum*
letra a corto plazo	*short bill*
letra a largo plazo	*long bill*
letra de cambio a plazo	*usance bill, time bill*
letra a la vista	*sight draft*
letra (aceptación)	*acceptance of a bill, draft*
letra bancaria	*bank draft*
letra bastardilla	*italic letter*
letra de cambio	*bill of exchange*
letra de compra-venta	*commodity draft*
letra cursiva	*handwritten letter*
letra de favor	*accommodation bill, draft*
letra de imprenta o de molde	*printed letter, printing*
letra girada	*collection letter*
letra mayúscula	*capital letter*
letra minúscula	*lowercase letter*
letra negrita	*boldface letter*
letra muerta	*dead letter, rule no longer observed*

EJERCICIOS ADICIONALES

A. Dé el equivalente en español de cada una de las palabras y expresiones en la página 176 y después escriba una oración, también en español, con cada una de ellas.

1. insistent reminder of payment
2. legal interest
3. cancellation
4. legal action due to lack of payment
5. bill of exchange
6. to reimburse, refund
7. to increase
8. to the debit of
9. railroad bill of lading
10. to attest
11. debit balance
12. doubtful debtor
13. slowness, tardiness
14. voucher
15. bank draft

B. Elija la frase correcta.

1. a. Adjuntamos copia de la póliza de seguros...
   b. Adjuntamos e incluimos copia de la póliza de seguros...
2. a. Sentimos y lamentamos comunicarles que la demora en enviarles la cotización se debe a...
   b. Lamentamos informarles que la demora en enviarles la cotización se debe a...
3. a. Les ruego nos informen, a vuelta de correo y rápidamente, si tienen en existencia los artículos que...
   b. Les ruego nos informen, a vuelta de correo, si tienen en existencia los artículos que...
4. a. Muy agradecidos por el aviso e informe sobre la fecha de entrega de las mercancías.
   b. Muy agradecidos por el informe sobre la fecha de entrega de las mercancías.
5. a. Lamentamos vernos obligados a denegar su solicitud de crédito.
   b. Lamentamos vernos obligados a denegar y rehusar su solicitud de crédito.

C. Complete cada oración con el equivalente en español de las palabras y frases en inglés entre paréntesis. Use los artículos cuando sea necesario.

1. Esta carta está escrita en (*italic letters*) _____.
2. La cláusula de ese contrato es (*rule no longer observed*) _____.
3. Ese documento es (*bank draft*) _____.
4. ¿Con qué (*letter*) _____ empieza la palabra (*letter*) _____?
5. Esa (*bill of exchange*) _____ es (*sight draft*) _____.
6. La Cía. Gomerez, S.A. tiene (*letter of open credit*) _____ en el Banco Comercial Americano, S.A.
7. Toda la (*letter*) _____ está escrita en (*boldface letters*) _____.
8. Lo cierto es que tenemos muchas (*long bills*) _____.
9. La (*acceptance of a draft*) _____ es una prueba más de que nuestro crédito es muy bueno.
10. El prometió pagar con (*usance bill*) _____.

CAPITULO 9

La carta de referencia

Cartas de solicitud de referencias comerciales

En el mundo de los negocios es indispensable estar al corriente de la solvencia económica y moral de las personas o empresas con las que se intenta establecer relaciones comerciales.

Al solicitar informes comerciales deben usarse preferiblemente formas o modelos impresos, con el objeto de que la persona que informa no omita ningún detalle.

En esta clase de cartas debe garantizarse que la información que se obtenga se mantendrá dentro de la más absoluta reserva y será usada con mucha discreción. Por su parte, la persona o entidad que ofrece las referencias debe ceñirse a la más *rigurosa* verdad y ser objetiva.

Las referencias que se dan sobre una persona o entidad comercial pueden ser *favorables* o *desfavorables*. En muchas ocasiones no aparece el nombre de la persona impreso en la carta, especialmente si las referencias son desfavorables, sino en una nota adjunta. Además es usual usar las siglas «S.G.N.R.», que significan *sin garantía ni responsabilidad*.

Los requisitos que deben observarse en esta correspondencia sobre referencias comerciales son los siguientes.

1. Referirse a la carta de solicitud de referencias
2. Especificar el tiempo que hace que se conoce a la persona o el negocio sobre el que se da información
3. Dar información referente al capital invertido en el negocio y los bienes inmuebles que integran el caudal de la persona o razón social, si se conocen
4. Dar a conocer, si se sabe, el total del crédito que se le ha otorgado
5. Incluir una despedida

En caso de que, por cualquier motivo, no se deseen dar los informes solicitados, basta decir en la carta de contestación que hace tiempo que no se mantienen relaciones comerciales con dicha persona o negocio.

Las cartas de referencias comerciales son cartas de trámite, pues no necesitan argumentación. Su estilo debe ser sencillo, explicativo y cortés.

CARTA MODELO NO. 32   CARTA DE SOLICITUD DE REFERENCIAS COMERCIALES

PAÑERIAS MEXICANAS, S.L.
Avenida Juárez No. 3478
México, D.F.   México

4 de julio de 198-

Confecciones Irma, S.A.
Sierra Madre No. 890
Lomas de Chapultepec
México, D.F.

Muy señores nuestros:

La razón social cuyo nombre figura en la nota adjunta ha solicitado una línea de crédito con esta empresa.

Conocedores de que dicha compañía ha mantenido relaciones comerciales con ustedes por mucho tiempo, desearíamos nos suministraran informes sobre la misma relacionados con sus actividades financieras y demás detalles que juzguen de interés para nosotros, con el objeto de poder tomar una decisión correcta.

En espera de sus noticias y agradecidos de antemano por su cooperación, reciban el testimonio de nuestra más distinguida consideración.

De ustedes muy atentamente,

PAÑERIAS MEXICANAS, S.L.

Rogelio Villa Utrilla
Rogelio Villa Utrilla
Gerente General

RVU/agc

Anexo: 1 nota

179
Capítulo nueve

EJERCICIOS: PRACTICAR, VARIAR Y CREAR

A. Complete la siguiente carta de solicitud de referencias comerciales incluyendo todas las partes de una carta comercial.

```
                        CIA. INDUSTRIAL METALURGICA, S. en C.
                        Avenida Juárez No. 1897
                        México, D.F.


                                           _____



_____
_____
_____


Distinguidos señores:

Disculpen los _____ que podamos ocasionarles con esta
solicitud _____ referentes a _____
la que _____ un crédito de 500.000,00 lempiras para
_____ de acero y hierro.

La _____ nos dio como referencia el nombre de Uds.,
asegurándonos que _____ relaciones _____
con esa renombrada empresa por _____.

_____ por anticipado la cooperación que nos _____
_____ el cuestionario adjunto a la _____.


_____,

CIA. INDUSTRIAL METALURGICA, S. en C.



_____
    _____


_____
```

180
Al día en los negocios: Escribamos

B. Cada palabra o frase de la columna de la izquierda corresponde a una de la columna de la derecha. Ponga el número junto a la letra que le corresponde. Antes de hacer este ejercicio lea nuevamente la Carta Modelo No. 32.

1. la razón social
2. cuyo nombre figura
3. ha solicitado
4. una línea de crédito
5. conocedores
6. ha mantenido
7. por mucho tiempo
8. desearíamos nos suministraran informes sobre la misma
9. demás detalles
10. juzguen
11. tomar una decisión correcta
12. en espera de sus noticias
13. testimonio

_____ a. ha tenido
_____ b. prueba
_____ c. en espera de su información
_____ ch. por un largo período
_____ d. la empresa
_____ e. otra información
_____ f. que aparece
_____ g. crédito
_____ h. sabedores
_____ i. ha pedido
_____ j. adoptar la resolución que más convenga
_____ k. consideren
_____ l. nos interesaría saber todo lo relacionado con dicha empresa

C. Sustituya las palabras y expresiones subrayadas en la Carta Modelo No. 32 por otras similares, sin alterar el sentido de la carta. Escriba de nuevo la carta de acuerdo con las sustituciones hechas, haciendo a la vez otros cambios gramaticales que crea convenientes.

CH. Redacte una carta de solicitud de referencias comerciales según la siguiente minuta.

Escriba a un banco solicitando referencias comerciales sobre una empresa constructora de edificios y casas, con la cual la razón social que Ud. representa piensa establecer relaciones comerciales. Solicite informes sobre los miembros de la Junta Directiva, la reputación que tiene la empresa en el lugar donde opera y el crédito que tiene con ése y otros bancos. Llene todos los requisitos de este tipo de cartas.

CARTA MODELO NO. 33 **CARTA DE REFERENCIAS COMERCIALES FAVORABLES**

CONSERVAS "LA CONCHITA", S. en C.
Plaza de Ponce No. 524
San Juan, Puerto Rico

15 de enero de 198-

López y Hnos., S.A.
Lérida No. 914
San Juan.

Estimados señores nuestros:

En contestación a su atenta carta de fecha 5 del corriente solicitando informes sobre la empresa mercantil Sucesores de José García, tenemos el gusto de informarles, con carácter confidencial (S.G.N.R.), lo siguiente:

La firma Sucesores de José García goza de gran prestigio en esta plaza, tanto por su solvencia económica y gran clientela como por la gerencia de dicha entidad, integrada por personas honestas y expertos conocedores del giro al que se dedican.

Por supuesto que al brindarles esta información no asumimos, repetimos, ninguna clase de responsabilidad.

Sin otro particular, quedamos de ustedes muy atentamente,

CONSERVAS "LA CONCHITA", S. en C.

Manuel Ferro del Castillo
Manuel Ferro del Castillo
Gerente General

MFC/yma

Al día en los negocios: Escribamos

EJERCICIOS: PRACTICAR, VARIAR Y CREAR

A. **Sinónimos.** Dé el número del sinónimo correspondiente a cada una de las palabras o frases de la columna de la derecha.

1. suministrar		____ a.	fin
2. discreción		____ b.	solicitar
3. favorable		____ c.	prueba
4. estar al corriente		____ ch.	resolución
5. pedir		____ d.	apreciar
6. desfavorable		____ e.	beneficioso, propicio
7. conocido		____ f.	prudencia
8. testimonio		____ g.	adverso, contrario
9. decisión		____ h.	sabido
10. objetivo		____ i.	impugnar
11. figura en la nota		____ j.	dar
12. objetar		____ k.	estar al día
13. considerar		____ l.	aparece en la hoja
14. contestación		____ ll.	negocio, operaciones
15. empresa mercantil		____ m.	lugar, población
16. prestigio		____ n.	obligación
17. plaza		____ ñ.	tomamos, tenemos
18. integrada		____ o.	respuesta
19. por supuesto		____ p.	entidad, firma
20. brindarles		____ q.	fama, reputación
21. asumimos		____ r.	compuesta
22. responsabilidad		____ rr.	ofrecerles
23. confidencial		____ s.	ciertamente
24. giro		____ t.	secreto, reservado
25. expertos		____ u.	hábiles, aptos

B. Cree tres palabras derivadas de cada uno de los infinitivos siguientes.

1. testimoniar
2. reservar
3. aconsejar
4. informar
5. juzgar
6. negociar
7. garantizar
8. otorgar
9. conocer
10. solicitar

C. Sustituya las palabras y frases subrayadas en la Carta Modelo No. 33 por otras similares, sin alterar el sentido de la carta. Escriba de nuevo la carta de acuerdo con las sustituciones hechas, haciendo a la vez otros cambios gramaticales que crea necesarios.

CH. Redacte una carta de referencias comerciales favorables según la siguiente minuta.

Como Secretario de la Cía. de Exportación e Importación Barrios-Peña, S. en C. con oficinas en Lima, Perú, escriba una carta ofreciendo información favorable sobre la empresa Naviera Continental, S.A. La firma que solicita las referencias comerciales también se dedica al comercio de importación y exportación, pero está establecida en el Uruguay. Llene todos los requisitos de este tipo de cartas.

CARTA MODELO NO. 34   CARTA DE REFERENCIAS COMERCIALES DESFAVORABLES

INDUSTRIAS METALURGICAS, S.L.
Olivares No. 1028
CARTAGENA, COLOMBIA

10 de octubre de 198-

Sr. José del Valle Pena
Carrera 12a No. 1634
Bogotá.

Estimado señor del Valle:

En respuesta a su atenta comunicación de fecha 28 de septiembre p.pdo., solicitando informes acerca de la firma comercial cuyo nombre aparece en la nota adjunta, tenemos a bien poner en su conocimiento que dicha empresa atraviesa, en estos momentos, por serias dificultades económicas.

Esta situación es conocida por la mayoría de los comerciantes e industriales de esta localidad.

Sería aconsejable que no le otorgara el crédito solicitado, pues los almacenistas de la capital realizan operaciones comerciales con dicha empresa a base de pago contra entrega de mercaderías.

Le rogamos la mayor reserva en cuanto a esta información.

Seguros de su discreción, quedamos de usted muy atentamente,

INDUSTRIAS METALURGICAS, S.L.

Adalberto Rojo Piñero
Adalberto Rojo Piñero
Gerente

ARP/yma

Anexo: 1 nota

185
Capítulo nueve

EJERCICIOS: PRACTICAR, VARIAR Y CREAR

A. Elija la palabra que no pertenece al grupo y explique por qué.

1. favorablemente / ventajosamente / beneficiosamente / desfavorablemente / positivamente / afirmativamente
2. sobrante / superávit / excedente / déficit / resto / remanente
3. desfavorable / hostil / contraproducente / perjudicial / adverso / apropiado
4. objetar / aprobar / denegar / negar / rechazar / impugnar
5. confidencial / privado / reservado / secreto / configurado
6. solvencia / crédito / insolvencia / fama / prestigio / seguridad
7. suministro / provisión / sumisión / suministrador / suministrable / suministración
8. corporación / entidad / ente / compañía / asociación / sociedad

B. Cada expresión o frase de la columna de la izquierda corresponde a una de la columna de la derecha. Ponga el número junto a la letra que le corresponde. Antes de hacer este ejercicio lea nuevamente la Carta Modelo No. 34.

1. en respuesta
2. atenta comunicación
3. de fecha 28 de septiembre p.pdo.
4. solicitando informes
5. acerca de la firma comercial
6. poner en su conocimiento
7. es conocida por la mayoría de los comerciantes e industriales de esta localidad
8. aconsejable
9. otorgara
10. realizan operaciones comerciales
11. pago contra entrega de mercaderías
12. la mayor reserva en cuanto a
13. seguros de su discreción

_____ a. pidiendo referencias
_____ b. pago al contado
_____ c. recomendable
_____ ch. hacen negocios
_____ d. grata carta
_____ e. concediera, diera
_____ f. absoluta discreción sobre
_____ g. del 28 de septiembre del año en curso
_____ h. en contestación
_____ i. informarles
_____ j. es del conocimiento de muchas de las personas y empresas dedicadas a los negocios en esta plaza
_____ k. confiados en su discreción
_____ l. sobre la compañía

C. Sustituya las palabras y frases subrayadas en la Carta Modelo No. 34 por otras similares, sin alterar el sentido de la carta. Escriba de nuevo la carta de acuerdo con las sustituciones hechas, haciendo a la vez otros cambios gramaticales que crea necesarios.

CH. Redacte una carta de referencias comerciales desfavorables según la siguiente minuta.

Como representante de una compañía, escriba una carta dando referencias comerciales desfavorables a otra empresa sobre un comerciante que no goza de buen crédito en la población donde Ud. tiene establecido su negocio. Este comerciante tiene fama de «mal cumplidor» pues no cumple con el pago de sus deudas. Llene todos los requisitos de este tipo de cartas.

PREGUNTAS

1. ¿Qué debe saber un comerciante antes de establecer relaciones comerciales con otros comerciantes o consumidores?
2. ¿Cómo es el estilo de las cartas comerciales ofreciendo referencias comerciales?
3. ¿Por qué se dice que éstas son cartas de trámite?
4. ¿Qué carácter tiene la información que se da en estas cartas?
5. ¿Qué representan las abreviaturas «S. en C.», «S.A.» y «S.L.» usadas en este capítulo?
6. Explique qué quieren decir las siglas «S.G.N.R.» que aparecen en la Carta Modelo No. 33.
7. Si no se quieren dar los informes solicitados, ¿qué debe contestarse a la persona que solicita las referencias comerciales?
8. ¿Por qué es aconsejable usar modelos impresos cuando se solicitan referencias comerciales?
9. ¿Deben estas cartas contener información falsa? ¿Por qué no?

Vocabulario

aconsejable *advisable*
aconsejar *to advise*
adoptar *to adopt*
adquirir (ie) *to acquire, obtain, get*
adverso *adverse*
afirmar *to affirm, assert, contend*
al tanto de *informed on*
apreciar *to appreciate; to estimate, price, value*
apropiado *appropriate, fit*
la **argumentación** *argumentation, reasoning*
(su) atenta carta *your courteous letter*

_____ **comunicación** *your courteous communication*
beneficioso *beneficial, profitable*
los **bienes inmuebles** *real estate*
el **capital invertido** *invested capital*
la **carta de trámite** *letter of transaction*
ceñirse (i, i) *to confine or limit oneself*
las **confecciones** *handiwork, workmanship; ready-made articles*
confidencial *confidential*
el **conocedor**/la **conocedora** *expert*

las **conservas** *preserves*
la **contestación** *answer, reply*
cortés *courteous, polite*
cuestionario *questionnaire*
cumplir con *to fulfill, perform*
desestimar *to hold in low esteem*
desfavorable *unfavorable; contrary*
la **designación** *designation*
el **detalle** *detail*
al _____ *retail*
la **discreción** *discretion*
disculparse *to excuse oneself, apologize*
eficiente *efficient*

la **empresa mercantil** *business enterprise*
en cuanto a *as for, as far as, with regard to*
en relación con *in relation to*
en respuesta *in answer, in reply*
la **entidad** *entity*
estable *stable, steady, firm*
estar al corriente *to be up to date*
explicativo *explicative, explanatory*
la **fama** *fame; reputation*
favorable *favorable*
figurar *to appear*
el **fin** *end, ending, purpose*
la **firma comercial** *firm name*
garantizar (c) *to guarantee*
el **giro** *direction (taken by a business)*
hábil *capable, skillful*
el **hierro** *iron*
impugnar *to impugn, oppose*
la **industria metalúrgica** *metallurgic industry*
integrado por *consisting of, formed by*
juzgar (gu) *to judge, pass or render judgment*
el **largo período** *long, extended period*
la **línea de crédito** *line of credit*

la **localidad,** la **plaza** *location, space*
el **mal cumplidor**/la **mala cumplidora** *unreliable person*
la **mayoría** *majority*
mercantil *commercial, mercantile*
la **metalúrgica** *metallurgy*
la **modificación** *modification*
naviero *shipping*
el **naviero**/la **naviera** *ship owner*
negociar *to trade; to negotiate*
el **negocio** *business; occupation; commerce*
las **noticias** *news; notice; information; advice*
objetar *to object to, oppose*
ofrecerles (zc) *to offer (to you), propose (to you)*
otorgar (gu) *to grant*
la **pañería** *clothing store; drapery shop*
por mucho tiempo *for a long time*
el **prestigio** *reputation*
propicio *propitious, favorable*
la **prudencia** *prudence, moderation*
la **prueba** *proof, evidence; trial, test*
quedamos de Uds. *we remain*

recibir el testimonio *to receive the testimony*
las **referencias comerciales** *business references*
la **reserva** *reserve, discretion, prudence*
reservar *to reserve; to retain*
la **resolución** *resolution, solution (of a problem)*
_____ **oportuna** *opportune resolution*
la **responsabilidad** *responsibility*
la **respuesta** *answer, reply, response*
_____ **rigurosa** *exact reply*
el **sabedor**/la **sabedora** *knowing, informed person*
seguro de *sure, certain of*
la **sigla** *acronym*
sin garantía ni responsabilidad (S.G.N.R) *without guarantee or responsibility*
el **sobrante** *leftover, surplus*
suministrar *to supply, furnish, provide*
el **suministro** *supply, provision*
el **superávit** *surplus*
testimoniar *to attest, bear witness to*
el **testimonio** *testimony, affidavit*
tomar una decisión *to make a decision*
la **ventaja** *advantage*

PUNTOS ESENCIALES DE REDACCION

La introducción de una carta comercial

La primera impresión al comenzar a leer una carta comercial es muy valiosa, pues en gran parte puede determinar la actitud del lector hacia el asunto que en ella se expone. Por ello es importante tener en cuenta ciertos detalles al iniciar una de estas cartas.

1. Se debe evitar los preámbulos recargados, pues éstos oscurecen las ideas, quitándole a la carta uno de sus atributos principales: la claridad.

> Según su solicitud de fecha 5 del corriente, de recibir la mercadería relacionada en su pedido en quince bultos, por vía terrestre, le informamos que se le ha enviado en esa forma... ⟶
> De acuerdo con lo expuesto en su carta de fecha 5 del corriente, le informamos que la mercadería pedida le ha sido enviada en la forma por Ud. estipulada...

2. Nunca empiece una carta con una nota negativa. Si una carta es portadora de noticias desagradables para el cliente, trate siempre de explicar las razones de tales noticias primero, y de ser posible, ofrezca una alternativa favorable o la promesa de ayudar en el futuro.

> Imposible acceder a su solicitud de empleo... ⟶
> Recibimos su solicitud de empleo, y aunque por el momento, debido a la reorganización del Dpto. de Personal, no podemos ofrecerle el cargo que Ud. solicita, esperamos que en un futuro cercano...

INFORMACION SUPLEMENTARIA

Forma impersonal del verbo haber

Cuando el verbo **haber** es usado impersonalmente, se emplea en la tercera persona del singular únicamente. Usarlo en plural es un error común que debe evitarse. Estudie detenidamente las siguientes frases que ejemplifican su uso.

CORRECTO	INCORRECTO
Había muchos comerciantes en la reunión, pero no había compradores.	Habían muchos comerciantes en la reunión, pero no habían compradores.
Habrá regalos para los participantes.	Habrán regalos para los participantes.
Ha habido muchos casos de bancarrota este año.	Han habido muchos casos de bancarrota este año.
Hubo varios problemas que tratar antes de llegar a un acuerdo.	Hubieron varios problemas que tratar antes de llegar a un acuerdo.
No había habido suficientes fondos para pagar la deuda.	No habían habido suficientes fondos para pagar la deuda.

EJERCICIOS ADICIONALES

A. De acuerdo con lo expuesto en *Puntos esenciales de redacción,* elija la forma correcta de iniciar una carta comercial.

1. a. Después de haber estudiado detenidamente la solicitud de crédito y los documentos que Ud. presentó a nuestra compañía para su aprobación el día 15 del presente mes...
   b. Nos es grato informarle que su solicitud de crédito presentada el 15 del corriente...
2. a. En respuesta a su carta del 22 del corriente, nos permitimos informarle que, debido a una norma de nuestra compañía de abstenerse de dar referencias comerciales, no nos es posible proporcionarle la información que Ud. solicita. Esperamos, sin embargo, tener en el futuro la oportunidad de...
   b. Nunca damos informes sobre referencias comerciales por ser una norma de nuestra compañía...
3. a. Nos vemos imposibilitados de servir su pedido del 12 del mes actual, pues debido a un error del mecánico de planta, las máquinas de nuestros talleres están paralizadas...
   b. Por la presente le comunicamos que debido a una interrupción temporal en el funcionamiento de nuestros talleres, su pedido del 12 del presente mes no podrá ser despachado en la fecha convenida, pero trataremos por todos los medios...

B. Dé el equivalente en inglés de las siguientes palabras y frases y después escriba una oración en español con cada una de ellas.

1. solicitud de referencias comerciales
2. poner en conocimiento
3. le rogamos la mayor reserva en...
4. obligaciones financieras
5. diez mil bolívares
6. conocedores del negocio al que...
7. designación
8. referencias bancarias
9. naviero
10. cumplir con

C. Elija la forma correcta del verbo **haber** en cada oración.

1. (Había / Habían) muchos pedidos pendientes por falta de empleados.
2. No sabemos si él (habrán / habrá) hecho la carta contestando la solicitud de referencias comerciales.
3. (Hubo / Hubieron) que enviar las remesas por tren.
4. (Habrán / Habrá) muchas reclamaciones este año.
5. Las empresas no (ha / han) vendido todas las máquinas de escribir I.B.M.

CAPITULO 10

La carta de reclamación

Las cartas de reclamación o queja tienen el propósito de solicitar el cumplimiento de un acuerdo, pacto o convenio, incumplido por una de las partes, de modo total o parcial. Al escribir una carta de reclamación debe tenerse en cuenta la cortesía y el uso de un lenguaje mesurado, pero firme. Las quejas que se formulen deben ser justificadas.

Usualmente, los motivos que dan origen a las reclamaciones son los siguientes.

1. Envío de mercaderías distintas de las pedidas
2. Envío de mercaderías de calidad inferior
3. Envío de mercaderías averiadas o en mal estado
4. Envío de mercaderías en cantidad mayor o menor a la pedida
5. Diferencia entre el precio cotizado y el que figura en la factura que acompaña el envío

Las cartas de reclamación deben contener los siguientes particulares.

1. Explicación clara y precisa de los detalles de la reclamación; es decir, en qué consiste el error
2. Relación de los inconvenientes causados
3. Proposición de los pasos necesarios para rectificar la situación

4. Requerimiento de que se subsane rápidamente el error que da motivo a la reclamación. Si es necesario, informar que, de lo contrario, se darán por terminadas las relaciones comerciales o se seguirá el proceso legal que corresponda.

Tanto al escribir como al contestar una reclamación debe tenerse mucho cuidado de no herir la susceptibilidad ni del reclamante ni de la persona a quien se reclama.

Las respuestas a las cartas de reclamación o queja deberán contener como mensaje el buen deseo de solucionar, en forma justa y equitativa, la reclamación que se formula, pero si el comerciante o empresa que reclama *obra de mala fe,* debe hacérsele saber, aún cuando se acepte su reclamación.

Es aconsejable que la compañía responsable del envío se disculpe por los inconvenientes causados al comprador.

En el caso de que sea difícil resolver una reclamación, se recurre al Departamento de Ajustes de la empresa contra la que se reclama para que éste estudie y resuelva la reclamación. Una carta de ajuste, negativa o positiva, debe producir una buena impresión en el reclamante. Su estilo debe ser natural y el tono personal. Se dirige a un cliente particular. Nunca debe dar la impresión de que se trata de una carta fórmula previamente impresa.

Es conveniente que el reclamante haga su reclamación lo antes posible, para que su derecho no pierda fuerza. Por su parte, el reclamado debe contestar en seguida, pues de lo contrario demuestra descortesía hacia el cliente y corre el riesgo de perderlo. No hay que olvidar que en los casos de reclamación lo esencial es que el reclamante y el reclamado queden contentos y satisfechos.

CARTA MODELO NO. 35   CARTA DE RECLAMACION

ARELLANO Y MENDOZA, S. en C.
Carrera 2 de mayo No. 544
Lima, Perú

18 de agosto de 198-

Sucs. de Joaquín Menéndez, S.A.
Maderos No. 415
San José, Costa Rica

Señores:

Nos es grato acusar recibo de su atenta del 15 del actual, así como de los documentos de embarque adjuntos correspondientes al pedido No. B-1516.

Lamentamos mucho comunicarles que parte del contenido de los fardos números 18, 21 y 23 ha llegado roto. En hoja adjunta aparecen detalladas las piezas y componentes dañados.

Les rogamos nos informen, telegráficamente, si pueden reemplazar inmediatamente los efectos averiados o si acreditarán el importe de los mismos a nuestra cuenta. Por supuesto que preferimos la primera alternativa para poder cumplir con los pedidos de nuestros clientes.

Confiados en recibir una pronta respuesta, quedamos de ustedes cordialmente,

ARELLANO Y MENDOZA, S. en C.

Mario Mendoza Vázquez
Mario Mendoza Vázquez
Gerente

MMV/ala

Anexo: 1 relación de efectos averiados

193
Capítulo diez

EJERCICIOS: PRACTICAR, VARIAR Y CREAR

A. Escriba una oración completa con las palabras de cada grupo. Haga los cambios que sean necesarios y añada las palabras que falten.

1. visitar / reclamación / Sr. José Alvarez / Departamento de Ajustes / compañía / para / estudiar
2. mercancías / daños y perjuicios / reclamante / importe / cuanto antes / ocasionar / deber / reclamar / recibir
3. deber / para que / cartas de reclamación / poder / la falta / subsanarse / claras y precisas
4. mercancías / deficiencias / llegar / debido a / mismas / malas condiciones / embalaje
5. reclamado / reglas / deber / reclamante / respectivas / cortesía / olvidar / cartas / no

B. **¿Cierto o falso?** Corrija las oraciones falsas.

1. En las cartas de reclamación, el demandante puede pedir una indemnización por daños y perjuicios.
2. El reclamado no debe dar respuesta a las cartas de reclamación.
3. Cuando la reclamación que se hace es de fácil solución, puede también recurrirse al Departamento de Ajustes de la compañía para que solucione el problema.
4. Las cartas de reclamación deben ser escritas en un lenguaje muy cortés sin adoptar una posición firme para no ofender a quien se reclama.
5. La compañía responsable no debe disculparse por los inconvenientes que ocasione al reclamante.
6. Las cartas de reclamación son también cartas de queja.
7. El comprador no puede quejarse por la demora en el despacho de un pedido.
8. Las quejas que se formulen deben ser injustificadas.
9. Si el comerciante o empresa que reclama actúa de mala fe, se acepta su reclamación sin más explicación.
10. Cuando se escribe una carta de reclamación no debe proponerse una solución beneficiosa para ambas partes, sino que hay que buscar sólo la propia conveniencia.

C. Señale numéricamente el orden en que aparecen en una carta de reclamación por demora en la entrega de mercancías las siguientes frases.

_____ con tres semanas de anticipación
_____ 50 cajas de sangría "Gomerez"
_____ esta demora los afectará a Uds.
_____ hace más de 20 días que debíamos de
_____ vinatera. En esta oportunidad
_____ Muy señores míos:
_____ más que a nosotros
_____ si en lo sucesivo no pueden
_____ lo antes posible
_____ recibir la consignación de
_____ porque tendremos que hacer
_____ pues deseamos seguir manteniendo
_____ y éstas no han llegado aún
_____ comprometerse a enviar
_____ el próximo pedido a otra compañía
_____ nuestros pedidos por lo menos
_____ cambiar de suministrador
_____ 30.000 pesetas
_____ nos veremos obligados a
_____ sólo reclamamos los daños
_____ nos informen sobre el particular
_____ que calculamos ascienden a
_____ ocasionados por dicha demora
_____ esperamos que
_____ muy atentamente,
_____ relaciones comerciales con Uds.

CH. Sustituya las palabras y expresiones subrayadas en la Carta Modelo No. 35 por otras similares, sin alterar el sentido de la carta. Escriba de nuevo la carta con las sustituciones hechas, haciendo a la vez otros cambios gramaticales que crea necesarios.

D. Redacte una carta de reclamación según la siguiente minuta.

Escriba como un comerciante que hace una reclamación por el envío de mercancías de inferior calidad a las que Ud. pidió. Proponga una solución razonable. Llene todos los requisitos de este tipo de cartas.

CARTA MODELO NO. 36 — CARTA DE ACUSE DE RECIBO DE UNA CARTA DE RECLAMACION

SUCS. DE JOAQUIN MENENDEZ, S.A.
Maderos No. 415
San José, Costa Rica, A.C.

30 de agosto de 198-

Arellano y Mendoza, S. en C.
Carrera 2 de mayo No. 544
Lima, Perú

Atn. Sr. Mario Mendoza Vázquez

Estimados clientes:

Lamentamos extraordinariamente los inconvenientes que han sufrido como consecuencia de las averías ocurridas a nuestro envío No. 215.

Nos apresuramos a ratificarles nuestro comunicado telegráfico de días pasados e informarles que con fecha de hoy hemos enviado la remesa de mercancías detalladas por Vds. en la relación remitida el día 18 del mes que cursa.

Esperamos que el nuevo envío llegue en buenas condiciones y a tiempo para que ustedes puedan servir a sus clientes.

Incluimos los documentos de embarque y la Factura No. B-324. Les aclaramos, además, que el importe de este envío corre por cuenta y cargo nuestro.

Nos reiteramos de ustedes muy atentamente,

SUCS. DE JOAQUIN MENENDEZ, S.A.

Joaquín Menéndez Díaz
Gerente

JMD/ara

Anexos: Documentos de embarque
1 factura original

EJERCICIOS: PRACTICAR, VARIAR Y CREAR

A. Cada palabra o frase de la columna de la izquierda corresponde a una de la columna de la derecha. Ponga el número junto a la letra que le corresponde. Antes de hacer este ejercicio lea nuevamente las Cartas Modelos Nos. 35 y 36.

1. nos es grato
2. 15 del actual
3. adjuntos
4. fardos
5. reemplazarnos inmediatamente
6. acreditarán el importe
7. alternativa
8. como consecuencia de
9. ocurridas
10. comunicado telegráfico
11. días pasados
12. con fecha de hoy
13. remitida
14. del mes que cursa
15. el nuevo envío
16. servir a sus clientes
17. corre por cuenta y cargo nuestro

_____ a. enviada
_____ b. la nueva remesa
_____ c. en esta fecha
_____ ch. telegrama
_____ d. del corriente
_____ e. nos place
_____ f. 15 del corriente
_____ g. hace unos días
_____ h. que acompañan
_____ i. debido a
_____ j. atender a su clientela debidamente
_____ k. bultos
_____ l. mandarnos en seguida
_____ ll. abonarán el precio
_____ m. ocasionadas
_____ n. serán cargados a nuestra cuenta
_____ ñ. opción

B. Sustituya las palabras y expresiones subrayadas en la Carta Modelo No. 36 por otras similares, sin alterar el sentido de la carta. Escriba de nuevo la carta de acuerdo con las sustituciones hechas, haciendo a la vez otros cambios gramaticales que crea necesarios.

C. Complete la carta de la página 198, en que se hace un reclamo por el envío de mercancías en cantidad menor a la pedida. Incluya todas las partes de una carta comercial.

_____
_____
_____

23 de abril de 198-

_____
_____
_____

Ref.: Pedido No. 348-A
       de _____

Estimados señores:

_____ que al recibir la mercancía del pedido _____, observamos con sorpresa _____ _____ cambios:

   Primero: En lugar de enviarnos 15 docenas
            _____, estilo No. ____,
            nos _____ docenas.

   Segundo: De las 12 docenas de _____ de
            algodón, sólo _____.

_____ que subsanen estos errores, lo _____ _____.

Les adjuntamos la _____ para que hagan los ajustes _____.

De ustedes muy atentamente,

_____
Jefe del Departamento de Compras

Anexo: Factura No. 564-B2

CH. Redacte una carta de reclamación según la siguiente minuta.

Como dueño de un comercio, escriba a la Cía. de Productos Enlatados Ariel, S.A. quejándose de que muchos de sus clientes le han devuelto varias latas de alimentos en conserva, marca «Ariel», porque estaban en mal estado. Ud. les devolvió a sus clientes el dinero que le habían pagado. Pida una explicación y una indemnización a dicha compañía. Llene todos los requisitos de este tipo de cartas.

EJERCICIOS: PRACTICAR, VARIAR Y CREAR

A. Señale numéricamente el orden en que aparecen los siguientes datos en una carta de acuse de recibo de una carta de reclamación por error en el envío de un pedido.

_____ La Cía. de Efectos de Oficina Albear, S.A. de R.L.,
_____ acusa recibo.
_____ Le remitirán las cintas de máquina de escribir inmediatamente.
_____ Agradecen la cortés reclamación.
_____ El Sr. Alejandro Osorio se queja de un error en el envío de su pedido No. 9870-A.
_____ El Departamento de Embarque confundió su dirección con la de otro cliente.
_____ Lamentan el error.
_____ Los gastos del nuevo envío serán de cuenta y cargo de la Cía. de Efectos de Oficina Albear, S.A. de R.L.

B. Sustituya las palabras y expresiones subrayadas en las Cartas Modelos Nos. 37 y 38 de las páginas 200 y 201 por otras similares, sin alterar el sentido de las cartas. Escriba de nuevo las dos cartas de acuerdo con las sustituciones hechas, haciendo a la vez otros cambios gramaticales que crea necesarios.

C. Dé el equivalente en español de cada una de las siguientes palabras y expresiones y después escriba una oración, también en español, con cada una de ellas.

1. to get word
2. unsettled
3. to push forward
4. to the utmost
5. on going over this invoice we find . . .
6. adjustment letter
7. unit price

CH. Redacte una carta de acuse de recibo de reclamación según la siguiente minuta.

Como representante de la empresa contra quien se hace la reclamación, escriba acusando recibo de la misma y denegando la reclamación que hace el comerciante alegando que él siempre ha pagado $0,75 por la libra de café y que ahora le quieren cobrar $0,95. Su compañía tiene informes que indican que el comerciante actúa de mala fe. Además Uds. tienen facturas en las que parece que dicho comerciante siempre ha pagado la libra de café a $0,95. Llene todos los requisitos de este tipo de cartas.

CARTA MODELO NO. 37   CARTA DE RECLAMACION POR ALTERACION DE PRECIOS

LENCERIA GONZALEZ Y HNOS.
Avenida 10 de agosto No. 612
Quito, Ecuador

10 de mayo de 198-

Industrias Cima, S.A.
Casilla No. B-78
Manabí.

Atención: Srta. Ana Rosa Amador

Señores:

Acusamos recibo de su comunicación del 29 de abril p.pdo. así como de todos los documentos relacionados con nuestro pedido No. 314 de fecha 5 de abril del año en curso.

Sentimos comunicarles que no aprobamos la factura No. B-143 adjunta, pues los precios por unidad descritos en la misma difieren de los cotizados con anterioridad por ustedes. Al mismo tiempo, omitieron el descuento del 5 por ciento que nos conceden sobre el importe total de nuestros pedidos.

Confiados en que subsanarán estas diferencias y en espera de la nueva factura con las enmiendas correspondientes, quedamos de ustedes atentamente,

LENCERIA GONZALEZ Y HNOS.

Alejandro Osorio Martínez
Gerente General

AOM/agc

Anexo: Factura No. B-143

CARTA MODELO NO. 38   CARTA DE AJUSTE

INDUSTRIAS CIMA, S.A.
Casilla No. B-78
Manabí, Ecuador

20 de mayo de 198-

Lencería González y Hnos.
Avenida 10 de agosto No. 612
Quito.

Ref.: Factura No. B-143
del 7 de mayo de 198-

Estimados señores:

Les estamos muy agradecidos por llamar nuestra atención sobre las diferencias en los precios por unidad que aparecen en la factura de la referencia. Rogamos a Uds. que acepten nuestras sinceras excusas.

Tales diferencias obedecen a una lamentable confusión ocurrida en el Departamento de Contabilidad, donde también se omitió consignar el descuento del 5 por ciento que siempre les concedemos a Uds.

En la nueva factura que les adjuntamos aparecen subsanados ambos errores.

Una vez más les reiteramos nuestro agradecimiento por su cooperación y les aseguramos que haremos lo posible por evitarles contratiempos en el futuro.

En la confianza de que nuestras buenas relaciones comerciales continuarán como hasta el presente, quedamos de ustedes muy atentamente,

INDUSTRIAS CIMA, S.A.

Jorge Ibarra Vázquez
Gerente General

JIV/mcd

Anexo: Factura No. B-143(a)

201
Capítulo diez

PREGUNTAS

1. ¿Cuál es el propósito de las cartas de reclamación o queja?
2. ¿Cómo debe ser el lenguaje y el estilo de las cartas de reclamación?
3. Cite tres casos en que se hace necesario enviar una carta de reclamación.
4. ¿Cómo debe ser la respuesta o acuse de recibo a una carta de reclamación?
5. ¿Qué debe hacer el reclamado en el caso de una reclamación hecha con mala fe por parte del reclamante?
6. ¿Cuáles son las características de las cartas de reclamación o queja?
7. Cuando el problema es de difícil solución, ¿a quién debe recurrirse?
8. ¿Qué es lo fundamental en casos de reclamación?
9. ¿Las reclamaciones deben formularse tardíamente?
10. ¿La respuesta a una carta de reclamación debe ser rápida y contener una solución?

Vocabulario

acompañar *to accompany; to send with*
aconsejable *advisable*
acreditar *to credit (in an account)*
el **acuerdo**, el **pacto**, el **convenio** *agreement, pact, convention*
adjuntar *to enclose (in a letter)*
ajustamiento *settling (of accounts)*
el **ajuste** *adjustment*
alternar *to alternate*
la **alternativa** *alternative*
arrendar (ie) *to rent, let, lease*
averiado *damaged*
la **carta de ajuste** *adjustment letter*
la **cinta de máquina** *typewriter ribbon*
la **clientela** *clientele, customers*
el **comercio** *trade, commerce*
el **componente** *component*
el **comunicado telegráfico** *telegraphic communication*
conceder *to grant*

la **consecuencia** *consequence*
contento *content*
cordialmente *cordially*
correr por cuenta y cargo nuestro *to be our affair, be "up to" us and our concern*
cuanto antes *as soon as possible, immediately*
los **daños y perjuicios** *damages*
de lo contrario *otherwise, if not*
debido a *owing to, on account of*
declararse *to declare one's opinion; to declare, make known*
el/la **demandante** *complainant, plaintiff*
la **demora** *delay*
demorar *to delay*
demostrar (ue) *to demonstrate; to prove*
el **Departamento de Ajustes** *adjustment department*
_____ **de Contabilidad** *accounting department*
_____ **de Embarque** *shipping department*

_____ **de Exportación e Importación** *export-import department*
descontar (ue) *to discount; to deduct*
la **descortesía** *discourtesy*
descuidado *careless, negligent*
el **despacho** *dispatch*
los **días pasados** *some days ago*
los **efectos** *articles of merchandise, goods*
_____ **averiados** *damaged goods*
el **embalaje** *packing*
las **enmiendas** *emendations, corrections*
equitativo *equitable, fair, just*
la **equivocación** *mistake*
estipular *to stipulate*
la **excusa** *apology*
la **falta** *lack, absence, shortage*
el **fardo** *bale, parcel, bundle*
formular *to formulate*
herir (ie, i) *to hurt, harm; to offend*
la **hoja adjunta** *enclosed note*

el **importe total** *total amount or cost*
el **inconveniente** *inconvenience, difficulty*
incumplido *unfulfilled; nonpunctual*
la **indemnización** *indemnification, compensation*
indemnizar (c) *to indemnify, compensate*
justificado *justified*
justo *fair, just*
las **latas de conserva** *canned goods*
la **lencería** *linen goods*
lento *slow, tardy*
lo antes posible *as soon as possible*
el **mal estado** *bad condition*
la **mala fe,** el **engaño** *bad faith, deception*
las **malas condiciones** *bad conditions*
el **malentendido** *misunderstanding*
la **mercadería averiada** *damaged merchandise*
_____ **de calidad inferior** *merchandise of inferior quality*
la **mercancía de calidad superior** *merchandise of superior quality*

_____ **equivocada** *mistaken merchandise*
nos es grato *it is pleasing to us*
la **notificación** *notification, notice*
notificar *to notify, inform*
obrar de mala fe *to act in bad faith*
el **pacto** *pact, agreement*
las **piezas** *pieces, parts*
posible *possible*
el **precio cotizado** *quoted price, listed price*
_____ **por unidad** *unit price*
_____ **vigente** *standing price, current price*
el **proceso legal** *legal case, criminal case*
los **productos enlatados** *canned goods*
proponer *to propose*
prudente *prudent*
la **queja** *complaint*
quejarse *to complain*
ratificar (qu) *to ratify, confirm*
reclamado *claimed*
el/la **reclamante** *claimant*
reclamar *to claim, demand*
la **recompensa** *compensation, recompense*

rectificar (qu) *to rectify, correct*
recuperar *to recover*
reemplazar (c) *to replace*
reiterado *reiterated*
remitir *to remit, send*
resarcir (z) *to indemnify*
resolver (ue) *to resolve, determine*
el/la **responsable** *responsible, reliable person*
retenido *held up*
revisar *to revise; to review, reexamine*
_____ **las cuentas** *to audit the accounts*
el **riesgo** *risk*
roto *torn, broken*
similar *similar, resembling*
sin más *without any more*
la **solución beneficiosa** *beneficial solution*
_____ **razonable** *reasonable solution*
la **susceptibilidad** *susceptibility*
tardíamente *belatedly, too late*
telegráfico *telegraphic*
el **tono suplicante** *tone of entreaty*
los **trámites** *negotiations, procedures*
vinatero *pertaining to wine*

PUNTOS ESENCIALES DE REDACCION

Sugerencias para la redacción de cartas relacionadas con los reclamos

Por ser de naturaleza delicada, ya que casi siempre se trata de hacer responsable a otro, directa o indirectamente, de un error, esta clase de cartas se presta a la subjetividad. Es importante, por consiguiente, ser lo más objetivo posible para lograr una solución satisfactoria a ambas partes. Las siguientes sugerencias son válidas cuando se trata de escribir cartas relacionadas con una reclamación.

1. Evite la ofensa y las amenazas: sea firme pero razonable y respetuoso.
2. Al contestar una carta de reclamo, no haga ofertas exageradas para solucionar el problema. Sea justo con Ud. y con el reclamante. Evite también el tono suplicante.
3. Si Ud. hace la reclamación, no ofrezca como alternativa que acepta una explicación y disculpa o una indemnización. Ud. está reclamando su derecho y la persona a quien Ud. le reclama debe hacer las dos cosas.
4. Si Ud. hace la reclamación, ajústese a la verdad. No actúe de mala fe.
5. Si la reclamación que a Ud. le hacen es producto del engaño, sea firme en su decisión, pero no olvide la cortesía.
6. No escriba una carta de reclamación bajo los efectos de la indignación.

INFORMACION SUPLEMENTARIA

Vocabulario relacionado con las cartas de reclamación

Las siguientes palabras merecen un estudio especial por la importancia de su significado y por la frecuencia con que se usan en la correspondencia relacionada con los reclamos.

AJUSTAMIENTO: Papel en el que consta el ajuste de una cuenta. Conformar o arreglar las diferencias o pleitos.

SUBSANAR: Reparar o remediar una falta o un error, o resarcir un daño.

MALENTENDIDO: Equivocación, desacuerdo, mala interpretación en el entendimiento de una cosa.

CONSIGNACION: Envío de un cargamento o partida de mercaderías al consignatario o destinatario.

MESURADO: Cortés, moderado, prudente.

PROCESO LEGAL: Procedimiento, actuación por trámites judiciales o administrativos.

REQUERIMIENTO: Acto por el que se intima a que se haga o deje de ejecutar una cosa. Aviso o notificación reclamando una respuesta.

EJERCICIOS ADICIONALES

A. Dé el equivalente en español de cada una de las siguientes palabras y frases y después escriba una oración, también en español, con cada una de ellas.

1. adjustment
2. consignment
3. legal case
4. moderate, temperate
5. to correct, repair
6. misunderstandings
7. request
8. consignee
9. claim
10. to make inquiries

B. Elija la frase correcta.

1. a. Ud. está descontento...
   b. Sentimos mucho que Ud. no esté satisfecho...
2. a. Humildemente pedimos perdón a Ud. por el retraso sufrido, pero le enviaremos el nuevo embarque inmediatamente. Además, asumiremos todos los gastos...
   b. Lamentamos las molestias que esta demora le haya ocasionado, pero subsanaremos este inconveniente enviando con fecha de hoy el embarque... Le hacemos saber que nos haremos responsables de los gastos en la forma estipulada anteriormente...
3. a. Se acusa recibo de su reclamación acerca del desperfecto del equipo enviado, pero no estamos de acuerdo con ella, por...
   b. Fácilmente comprendemos su frustración al no poder usar inmediatamente el equipo enviado debido a su mal funcionamiento, pero trataremos de remediar...
4. a. No podemos suministrarle la mercadería que llegó en malas condiciones hasta dentro de treinta días, porque...
   b. La sustitución de la mercadería que no recibió en las condiciones que hubiéramos deseado le será enviada a fines de este mes, debido a...

C. Dé el equivalente en español de las siguientes frases iniciales de una carta de reclamación.

1. Please accept our sincere apology for the omission in your April bill . . .
2. We appreciate very much your calling our attention to . . .
3. Thank you for your letter of . . .
4. I was sincerely sorry to learn that you were not satisfied with . . .
5. We regret to find from your letter of . . .
6. Your letter of March 7th has received very careful consideration by me and . . .

CAPITULO 11

La carta circular y la publicidad

Cartas circulares

Estas cartas se dirigen a todos los clientes. Es decir, van destinadas a todos aquéllos a quienes pueda ser de interés su contenido.

Generalmente una carta circular se envía impresa o mecanografiada en máquinas eléctricas de impresión *offset,* sistema que permite llenar los espacios en blanco con el mismo tipo e impresión de letra. La carta circular parece un original y no una copia, y además da la sensación al que la recibe de que es una carta personal y no colectiva. También existen en el mercado de hoy modernos y avanzados equipos, manufacturados por compañías tales como la I.B.M., la Wang, la Xerox, etcétera, que duplican y reproducen cientos de documentos y cartas circulares. Por ejemplo, en solamente unos minutos, aumentan y disminuyen el tamaño de la impresión, insertan párrafos nuevos y cambian completamente otros párrafos de una carta circular mediante un revolucionario sistema de *alimentación* para el procesamiento de datos e información contenidos en un programa previo.

Las circulares se usan en el mundo de los negocios para tratar de asuntos muy diversos, tales como:

1. Comunicar la modificación o disolución de una empresa
2. Hacer la propaganda de un producto
3. Anunciar o/e invitar a la inauguración de sucursales

4. Anunciar rebajas o saldos de algunos artículos
5. Informar sobre modificaciones de precios
6. Avisar el cambio de domicilio de una compañía
7. Comunicar el cambio de nombre de una razón social
8. Notificar el *nombramiento de apoderados*
9. Anunciar la visita de un viajante, del representante de un producto, de un famoso diseñador, etcétera
10. Anunciar la constitución o creación de una empresa

En general, las cartas circulares constan de las mismas partes de una carta comercial, o sea, el lugar y la fecha, el nombre y dirección del destinatario, el saludo, etcétera. Las cartas circulares siguen las mismas normas de las cartas comerciales; por lo tanto, deben ser claras, precisas y cordiales pero con algunas diferencias. Por ejemplo, cuando se trata de anunciar un nuevo producto, debe insistirse en las cualidades que lo distinguen de otro parecido. El nombre del producto debe repetirse varias veces, pues el propósito de la circular es que dicho nombre quede grabado en la mente del lector, o sea del posible futuro consumidor. También debe precisarse la forma en que se sirve, la clase de envase en que viene, los tamaños, el precio de venta, etcétera.

Las circulares no se limitan sólo a dar una noticia, sino a exponer las causas que la justifican, así se trate de la propaganda de un nuevo producto como de la modificación o disolución de una empresa, del cambio de domicilio de una compañía, etcétera. En muchos casos una carta circular deja de ser una carta de trámite pues debe poner de manifiesto las ventajas que lo que comunica ofrece a la persona o empresa a quien va dirigida. En este caso es en realidad una carta que requiere esfuerzo argumentativo, sobre todo las circulares de propaganda de productos comerciales.

El propósito de una circular es que la persona que la recibe la lea; por esta razón, debe dar la impresión, por su presentación y contenido, de ser una comunicación personal y no colectiva. Es aconsejable escribir unas líneas a mano, es decir, manuscritas, para darle a la circular esa nota personal tan importante para el lector o destinatario.

También, para llamar la atención del destinatario, es de vital importancia el papel que se usa. Es recomendable usar papel blanco con bordes en colores o papel de seda, de estaño o metálico, de estraza, pintado, cuadriculado, etcétera.

En la mayoría de los casos las cartas circulares no necesitan respuesta. Algunas pueden contestarse por cortesía, y otras para iniciar algún tipo de operación con la empresa que las envía.

CARTA MODELO NO. 39 CIRCULAR COMUNICANDO LA DISOLUCION DE UNA EMPRESA

RESTREPO Y CIA., S. en C.
Avenida Balboa No. 312
Ciudad de Panamá, Panamá

24 de junio de 198-

_____
_____
_____

Señores:

<u>Con gran pesar</u> <u>les comunicamos</u> que, <u>debido a las dificultades financieras</u> por las que <u>atraviesa nuestra firma</u> desde hace varios meses, nos vemos <u>forzados a retirarnos</u> de los negocios <u>a partir del día primero de julio del año en curso</u>, con la <u>subsiguiente</u> disolución de la <u>razón social</u> Restrepo y Cía., S. en C.

<u>Les informamos</u> que la liquidación de <u>nuestra sociedad</u> estará a cargo del Dr. Roberto Martínez Pérez, abogado con <u>bufete abierto</u> en la Avenida Perales No. 134 de esta ciudad, a quien deberán dirigirse para gestionar el cobro de deudas a su favor o el pago de sus obligaciones pendientes.

<u>Queremos extenderles</u> el testimonio de nuestro más sincero agradecimiento por la confianza <u>con que siempre nos han distinguido</u>.

Muy atentamente,

RESTREPO Y CIA., S. en C.

Julio Morales Restrepo
Julio Morales Restrepo
Presidente

JMR/ala

209
Capítulo once

CARTA MODELO NO. 40
CARTA CIRCULAR HACIENDO LA PROPAGANDA DE UNA NUEVA REVISTA

EL COMERCIO
Revista semanal
Avenida Juárez No. 15
México 6, D.F.

15 de mayo de 198-

_____
_____
_____

Distinguido señor:

Para Ud., que es una persona interesada en mantenerse informada en lo que pasa <u>en la actualidad</u> en el mundo de las <u>finanzas</u>, publicamos la revista EL COMERCIO. Le adjuntamos <u>el último número</u> de EL COMERCIO para que <u>juzgue</u> por Ud. mismo.

Al leer EL COMERCIO se dará cuenta inmediatamente de la valiosa información que contiene sobre la situación económica nacional e internacional.

EL COMERCIO es una publicación <u>semanal</u> con información sobre la <u>bolsa</u>, la banca, los <u>bienes raíces</u>, los seguros, el comercio de importación y exportación, y todo lo que ocurre, semanalmente, en el <u>interior</u> y el <u>exterior</u> del país relacionado con la economía.

A través de las opiniones autorizadas de los <u>críticos financieros</u> de EL COMERCIO Ud. estará en posición, por ejemplo, de elegir las <u>acciones más productivas</u> en el mercado. Como resultado de esto, EL COMERCIO presta un servicio más valioso que cualquier otra firma profesional dedicada a aconsejarles sobre la mejor forma de invertir su dinero.

Ud. puede comprobar lo que decimos suscribiéndose a EL COMERCIO durante tres meses al precio especial de únicamente $60,00. Garantizamos la <u>devolución</u> de su dinero si Ud. no obtiene la información mencionada en esta circular.

<u>Suscríbase</u> a EL COMERCIO y disfrutará, además, del privilegio de solicitar y recibir <u>gratis</u> un informe especial sobre la cotización, en el mercado mundial, de las acciones o bonos que a Ud. le interesen.

La suscripción mensual de EL COMERCIO es de $25,00. Si le interesa llene el impreso adjunto y le garantizamos su <u>inversión</u> con la información <u>apropiada</u>.

En espera de vernos honrados con su suscripción, le saludamos cordialmente,

EL COMERCIO

Orlando Mendoza Rivera
Orlando Mendoza Rivera
Director General

OMR/maa

Anexo: 1 ejemplar de EL COMERCIO

CARTA MODELO NO. 41
CIRCULAR ANUNCIANDO E INVITANDO A LA INAUGURACION DE UNA SUCURSAL

BANCO CONTINENTAL
Misiones No. 18
Barranquilla, Colombia

14 de julio de 198-

_____
_____
_____

Señor:

Conscientes del aumento de población y del floreciente comercio en el barrio "El Saltillo", hemos abierto una sucursal de este banco en la calle Independencia No. 48 con el propósito de brindarle a usted las mayores facilidades posibles.

Aprovechamos esta oportunidad para invitarlo a la apertura de dicha sucursal, la cual tendrá efecto el día 29 del actual a las 2:00 P.M.

Por este medio nos ponemos incondicionalmente a su disposición y le rogamos nos conceda la misma confianza que tiene depositada en nuestras oficinas centrales.

En espera de tener el placer de saludarlo personalmente, queda de usted muy atentamente,

BANCO CONTINENTAL

Raúl Herrera Santiago
Raúl Herrera Santiago
Director

RHS/tsp

CARTA MODELO NO. 42 CIRCULAR ANUNCIANDO LA REBAJA DE ALGUNOS ARTICULOS

PIELES EL MUNDO, S.A.
Rivadavia 714
Buenos Aires, Argentina

3 de septiembre de 198-

_____
_____
_____

Estimado cliente y amigo:

Tenemos el gusto de comunicarle que, los días 10, 11 y 12 del actual, tendremos una venta especial de abrigos para señoras y caballeros, de <u>visón</u>, <u>nutria</u> y <u>zorro</u>, en varios colores y en las tallas 8 a 14 para damas y 40 a 52 para caballeros.

<u>Esta venta especial no se anunciará al público</u> hasta el día 13 del presente, cuando aparecerá publicada en los diarios de la ciudad.

<u>Vd. es uno de los clientes seleccionados especialmente</u> para aprovecharse de las ventajas de esta única y gran oportunidad del año. <u>NO SE LA PIERDA</u>.

Esperamos su visita para atenderlo como Vd. se lo merece.

Muy atentamente,

PIELES EL MUNDO, S.A.

Juan Carlos Palardi Mancini
    Gerente General

JCPM/ala

CARTA MODELO NO. 43   CIRCULAR AVISANDO EL CAMBIO DE DOMICILIO DE UNA EMPRESA

INDUSTRIA MADERERA, S.R.L.
Calle Libertador 506
Tegucigalpa, Honduras

25 de abril de 198-

_____
_____
_____

Señor:

Con gran placer le informamos que a partir del día 2 del próximo mes de mayo, nuestras oficinas centrales estarán instaladas en la Calle Libertador 506 de esta ciudad.

Le rogamos tenga la bondad de tomar nota de nuestro traslado y cambio de domicilio social.

Confiados en que continuará honrándonos con su confianza, quedamos de Ud. muy atentamente,

INDUSTRIA MADERERA, S.R.L.

Vicente Organes Díaz
    Presidente

VOD/ymn

Capítulo once

CARTA MODELO NO. 44
CIRCULAR COMUNICANDO EL CAMBIO DE NOMBRE DE UNA COMPAÑIA

                RESTREPO Y CIA., S.A.
                Avenida Balboa No. 312
                Ciudad de Panamá, Panamá

                                      28 de junio de 198-

_____
_____
_____

Estimados señores:

Es nuestro deber informarles que la sociedad en comandita:

        RESTREPO Y DIAZ, S. en C.

a partir del día primero del entrante mes de julio del año en curso, realizará sus operaciones comerciales en esta plaza, bajo la denominación social de

        RESTREPO Y CIA., S.A.

Esta nueva firma continuará las operaciones comerciales de la anterior, pero en mayor escala, tanto en el comercio de exportación como en el de importación.

Esperamos continuar mereciendo la misma confianza que tenían en la primitiva firma y nos ponemos cordialmente a su disposición,

RESTREPO Y CIA., S.A.

José Restrepo Rodríguez
José Restrepo Rodríguez
      Presidente

JRR/agc

EJERCICIOS: PRACTICAR, VARIAR Y CREAR

A. **¿Cierto o falso?** Corrija las oraciones falsas.

1. Las cartas circulares se dirigen a un solo destinatario.
2. En las circulares en que se hace publicidad a un nuevo producto, el nombre de éste debe repetirse varias veces.
3. Una carta circular debe producir en el destinatario la impresión de que es una carta colectiva.
4. El destinatario de una circular debe siempre acusar recibo de la misma.
5. La carta circular de propaganda es una carta de trámite.

B. Cada palabra o frase de la columna de la izquierda corresponde a una de la columna de la derecha. Ponga el número junto a la letra que le corresponde. Antes de hacer este ejercicio, lea nuevamente las Cartas Modelos Nos. 39, 40 y 41.

1. forzados
2. retirarnos
3. subsiguiente
4. a partir
5. bufete abierto
6. en la actualidad
7. finanzas
8. juzgue
9. semanal
10. bolsa
11. bienes raíces
12. interior
13. exterior
14. críticos financieros
15. acciones más productivas
16. devolución
17. gratis
18. inversión
19. apropiada
20. floreciente
21. propósito
22. brindarle
23. apertura
24. tendrá efecto
25. incondicionalmente
26. a su disposición

_____ a. tendrá lugar
_____ b. desde
_____ c. mercado de valores
_____ ch. decida
_____ d. consiguiente
_____ e. cada semana
_____ f. acciones más remunerativas
_____ g. bienes inmuebles
_____ h. sin costo alguno
_____ i. fin
_____ j. actualmente
_____ k. comentaristas económicos
_____ l. emplear dinero
_____ ll. financiero
_____ m. próspera
_____ n. reintegro
_____ ñ. a sus órdenes
_____ o. nacional
_____ p. oportuna
_____ q. ofrecerle
_____ r. sin condiciones
_____ rr. internacional
_____ s. inauguración
_____ t. obligados
_____ u. abandonar
_____ v. despacho de un abogado

C. Señale numéricamente el orden en que aparecen en una circular nombrando un nuevo apoderado las siguientes palabras y frases.

____ ha entrado a formar parte...
____ Carlos Zubillaga López
____ además de su renombre...
____ Lima, 15 de mayo de...
____ el Dr. Quiñones Cárdenas desempeñará...
____ de la dirección de esta firma...
____ Muy señor mío:
____ uno de los abogados de más prestigio y experiencia...
____ le informo que...
____ el cargo de Secretario...
____ en materia de derecho mercantil...
____ el Dr. Moisés Quiñones Cárdenas...
____ a partir del día primero del corriente...
____ aporta un capital importante...
____ atentamente,
____ de nuestra compañía...
____ a nuestra empresa...
____ y sus amplios conocimientos en este campo...
____ Presidente,
____ Constructora Zubillaga, S.A....

CH. Complete la siguiente carta circular anunciando el cambio de domicilio de una compañía incluyendo todas las partes de una carta comercial.

TEJIDOS Y TEXTILES ARRIOLA, S.A.
Avenida Juárez 897
México, D.F.

_____

_____
_____
_____

Estimados clientes:

Con gran placer les _____ que debido al
ensanchamiento de nuestro _____ nos _____
_____ a un local mucho más _____ y
_____ en el Paseo de la Reforma No. 657, de esta
_____.

Como siempre estamos a _____ para _____
de la mejor manera posible en nuestro giro de _____.

Esperamos su _____ para _____ como se
merecen.

_____,

_____
Adolfo Bautista de Valera,
Secretario

ABV/eqq

217
Capítulo once

D. Dé el equivalente en español de cada una de las siguientes palabras y frases y después escriba una oración, también en español, con cada una de ellas.

1. circular letter
2. advertising
3. attorney
4. dissolution of a firm
5. opening a new business
6. change of address
7. announcing a new product
8. change of firm name
9. mail orders
10. to find out about
11. profitable stocks
12. individual investors
13. investment advisory service
14. at a cost of only
15. a refund-guarantee basis
16. the latest issue
17. weekly
18. without extra charge
19. subscriber
20. opinions of all leading authorities

E. Sustituya las palabras y expresiones subrayadas en las Cartas Modelos Nos. 39, 40 y 41 por otras similares, sin alterar el sentido de la carta. Escriba de nuevo las tres cartas con las sustituciones hechas, haciendo a la vez otros cambios gramaticales que crea necesarios.

F. Redacte tres cartas circulares. En la primera comunique la rebaja o saldo de ciertos artículos, en la segunda, el cambio de domicilio de una empresa y en la tercera, el cambio de nombre de una razón social. Tome como modelos las Cartas Modelos Nos. 42, 43 y 44. Llene todos los requisitos de esta clase de cartas.

PREGUNTAS

1. ¿A quiénes se envían las cartas circulares?
2. ¿Cuáles son los requisitos de las cartas circulares?
3. Cite tres clases de circulares que sean comunicaciones de trámite.
4. ¿Qué impresión debe producir en el destinatario una carta circular?
5. ¿Qué se entiende por impreso *offset*?
6. ¿Cuáles son las características de las cartas circulares de propaganda?
7. ¿Debe contestarse una carta circular?
8. ¿Qué significa el verbo «circular»?
9. ¿Cómo puede imprimirse, efectivamente, un toque personal en una carta circular?
10. ¿Qué papel utilizaría Ud. para enviar una circular de propaganda? ¿Por qué?

Vocabulario

a partir de *as of, from that date*
a su disposición *at your disposal*
a sus órdenes *at your service*
las **acciones más productivas** *profitable stocks*
_____ **remunerativas** *profitable stocks*
al precio de *at a cost of*
la **alimentación** *feeding, supplying*
anunciar la rebaja *to announce a price reduction, discount*
_____ **el saldo** *to announce remnants sold at low prices*
_____ **la visita** *to announce the visit*
la **aparición** *apparition; appearance*
la **apertura** *opening*
la **aprobación** *approval*
aprovechar esta oportunidad *to make use of this opportunity*
el **aumento de población** *population increase*
el **barrio** *city district, suburb*
brindar *to offer*
el **bufete** *lawyer's office*
la **carta colectiva** *collective letter (to a mass of people)*
_____ **circular** *circular letter*
_____ **personal** *personal, private letter*
_____ **de trámite** *routine business letter*
circular *to circulate, pass around*
la **circular** *circular, ad*
_____ **anunciando la constitución o creación de una empresa** *circular announcing the formation of a new company*
_____ **anunciando la inauguración de sucursales** *circular announcing the opening of new branches*
_____ **anunciando rebaja o saldo de un artículo** *circular announcing a rebate on, or discount of, an article*
_____ **anunciando la visita de un/una viajante, etcétera** *circular announcing the visit of a sales person, etc.*
_____ **avisando el cambio de domicilio de una empresa** *circular announcing a business change of address*
_____ **comunicando el cambio de nombre de una razón social** *circular announcing a change in the name of a business firm or company*
_____ **comunicando la modificación o disolución de una empresa** *circular announcing the modification or dissolution of a company or business firm*
_____ **comunicando el nombramiento de nuevos jefes** *circular announcing the appointment of new officers*
_____ **de propaganda de un producto** *advertising circular*
los **comentaristas económicos** *economic commentators*
comprobar (ue) *to verify, confirm; to check; to prove*
con gran pesar *with deep regret*
consciente *conscious, aware*
consiguiente *consequence, result, effect*
(por) consiguiente *consequently, therefore*
la **constitución de una empresa** *constitution of a company, firm*
el **contenido** *content*
la **creación de una empresa** *creation of a company, firm*
las **cualidades** *qualities*
el **cuidado** *care*
depositar la confianza *to entrust, confide*
el **derecho mercantil** *commercial law*
el **despacho** *office, bureau*
la **deuda** *debt*
la **devolución** *refund*
devolver (ue) *to refund; to return*
las **dificultades financieras** *financial difficulties*
dirigirse *to address, speak (to); to apply (to)*
el **diseñador**/la **diseñadora** *designer*
la **disolución de una empresa** *dissolution of a company, firm*
_____ **de una sociedad** *dissolution of a partnership*
distinguir *to distinguish; to esteem, show regard for*
empleado, usado (en) *used (in)*
ensanchar *to expand*
el **envase** *container; bottling, filling, packing*
el **esfuerzo** *effort, strong endeavor*
_____ **argumentativo** *argumentative effort*
el **espacio** *space*
_____ **en blanco** *blank space*
el **establecimiento** *establishment*

exponer to expose
el financiero/la financiera financier
las finanzas finances
floreciente flourishing
forzado forced
el frasco flask, vial, bottle
gestionar to negotiate
grabar to engrave
_____ **en la mente** to impress upon the mind
gratis free
gratuitamente free(ly)
la inauguración de una sucursal (ceremony of) opening of a subsidiary branch
incondicionalmente unconditionally
la inversión investment
el inversionista individual individual investor
_____ **privado** private investor
invertir (ie) to invest
justificar (qu) to justify
juzgar (gu) to judge
el lector/la lectora reader
la máquina automática automatic machine
maravilloso wonderful
la mayor escala larger scale
el mercado market
la modificación de una empresa modification of a company, firm

el nombramiento de apoderados appointment of attorneys
la nutria otter
la obligación pendiente pending, unresolved obligation
el papel con bordes deckle-edged paper
_____ **cuadriculado** graph paper
_____ **de estaño** metallic paper
_____ **de estraza** butcher paper
_____ **de seda** tissue paper
permanecer (zc) to remain
las pieles furs
poner de manifiesto to make public
por esta razón for this reason
_____ **este medio** by this means
el precio de venta selling price
previo previous
primitivo primitive, original
la prohibición prohibition, forbidding
la propaganda de un producto advertisement of an article
el propósito intention
próspero prosperous; favorable, propitious

la publicidad, la propaganda publicity
la receta prescription, recipe
retirarse to withdraw; to retire
la retribución retribution; recompense, fee
semanalmente weekly
sin costo adicional alguno without extra charge
sobre todo especially
sociedad colectiva (S.C.) general partnership, copartnership
sorprendente surprising
subsiguiente subsequent, succeeding
suscribir to subscribe
suscribirse to have a subscription to
la suscripción subscription
el suscriptor subscriber
la talla size
el tamaño size
el temor dread, fear
tener efecto to take effect, become effective
tranquilamente calmly, peacefully
turbado, intranquilo disturbed; upset; restless
el último número the latest issue
el vaso, el tarro can; pot; jar; receptacle
el visón mink
el zorro fox

PUNTOS ESENCIALES DE REDACCION

Consejos útiles para la redacción de una circular de propaganda

En la redacción de las cartas circulares en que se hace la propaganda de un producto comercial, tenga presente los puntos siguientes.

1. Use un tono natural: emplee palabras conocidas por todos.

> Le informamos sobre la aparición de un nuevo perfume que será de su agrado.

2. Use imágenes y comparaciones agradables; evite ser pesado.

   > Este perfume tiene un aroma tan suave como el de las rosas.

3. Emplee verbos activos, de ser posible, en presente. Tienen más actualidad e impacto en el momento de hacer la propaganda al producto.

   > Su nombre, CRISTAL, indica su fragancia limpia y transparente.

4. Subraye o ponga en letras cursivas las palabras claves.

   > CRISTAL tiene un olor *agradable* y *suave* y es *antialérgico*.

5. Redacte el texto en forma tal que no exista contraste entre el carácter impersonal que es propio de una circular y el carácter individual que idealmente debe ésta asumir.

   > Este perfume ha sido hecho para Ud., persona de gusto exquisito y refinado.

6. Use solamente términos que se relacionen con el asunto que trata la circular.

   > El precio de CRISTAL es tan reducido que está al alcance de todos.

7. Complete un argumento antes de pasar al siguiente y siempre procure mantenerlos unidos por un coherente hilo conductor.

   > Este perfume tiene un aroma tan suave como el de las rosas. Su nombre, CRISTAL, indica su fragancia limpia y transparente. CRISTAL tiene un olor *agradable* y *suave* y es *antialérgico*.
   > Este perfume ha sido hecho para Ud., persona de gusto exquisito y refinado.
   > El precio de CRISTAL es tan reducido que está al alcance de todos.

8. No olvide que la redacción es tan importante como la presentación en una circular de propaganda.
9. Evite que la circular de propaganda corra el riesgo de no ser leída por el destinatario; para ello, escriba en el sobre algunas de estas palabras, en letras grandes: PERSONAL, IMPORTANTE, URGENTE.
10. No haga la circular de propaganda tan original en su presentación que el que la reciba piense más en la parte externa de la carta que en su contenido. Recuerde que su propósito es vender un producto.

INFORMACION SUPLEMENTARIA

Estudio de algunas palabras técnicas usadas en este capítulo

El ejercicio del comercio, al igual que el de todas las profesiones, requiere el uso de términos o expresiones técnicas que por su utilidad es necesario conocer. Seguidamente se ofrecen algunos de esos términos y expresiones usados en este capítulo.

SOCIEDAD EN COMANDITA O COMANDITARIA (S. EN C.): Sociedad mercantil integrada por socios industriales y por socios capitalistas. Los socios industriales manejan los fondos de la sociedad y responden de una manera ilimitada de todas las obligaciones de la empresa. Los socios capitalistas tienen responsabilidad limitada: aportan el capital para que los otros socios lo manejen, es decir, no participan de la administración de los negocios y sólo responden del pago de sus aportaciones.

EXPORTACION: Envío de mercancías hacia otro país, es decir, *hacia* el extranjero.

IMPORTACION: Entrada de mercancías de otro país, es decir, *del* extranjero.

PLAZA: Lugar en que se realizan operaciones comerciales.

SOCIEDAD DE RESPONSABILIDAD LIMITADA (S.R.L.): La responsabilidad de cada uno de los socios está limitada a la cantidad que representa su aportación o capital en dicha sociedad.

APODERADO: Persona que representa legalmente a otra o actúa en su nombre y representación.

DERECHO MERCANTIL: Código que establece los usos, costumbres y leyes que rigen las operaciones comerciales.

EJERCICIOS ADICIONALES

A. Elija la palabra que no pertenece al grupo y explique por qué.

1. apoderado / poderdante / representante / encargado
2. plaza / sitio / lugar / plazo / espacio
3. aportar / proporcionar / apostar / dar
4. retribución / compensación / apropiación / indemnización
5. bufete / bufón / oficina / estudio / despacho
6. frasco / vaso / tarro / fresca / botella
7. borde / orla / periferia / bordado / orilla

8. antelación / precedencia / anterioridad / procedencia
9. precepto / concepto / regla / disposición / mandato
10. particular / común / personal / individual / privativo

B. Dé el equivalente en español de cada una de las siguientes palabras y expresiones y después escriba, también en español, una oración con cada una de ellas.

1. limited company
2. import
3. marketplace
4. attorney
5. advertising
6. commercial law
7. circular letter
8. selling price
9. export
10. collective letter

CAPITULO 12

La carta de trámite

Cartas de trámite

Las cartas de trámite son comunicaciones rutinarias en el mundo de los negocios; muchas de ellas se ajustan a modelos determinados. Estas cartas no demandan un esfuerzo mental de argumentación; sólo se limitan a establecer *vínculos* comerciales, tramitar un asunto de negocio sin tratar de persuadir, o sea, de convencer de algo a la persona o empresa a las que van dirigidas.

Estas cartas se diferencian de las cartas de esfuerzo argumentativo en que estas últimas demandan explicación y razonamientos, pues tratan de convencer y persuadir. Entran en esta categoría las cartas de propaganda, de reclamación, de requerimiento de pago, etcétera, estudiadas en los capítulos anteriores.

Entre las cartas de trámite están las *de citación, de notificación, de poder, de ofrecimiento de consignación, de consignación y de solicitud de catálogos.* También son cartas de trámite las de solicitud de cotización, de crédito, de informes, de cotización, de pedido, de acuse de recibo, de referencias comerciales, etcétera, estudiadas anteriormente.

Cartas de citación

Estas cartas sirven para citar a una persona para que concurra a una reunión, acto, etcétera, para el cual se requiere su presencia. En ellas debe especificarse claramente el objeto de la citación, el lugar, la fecha y la hora de la reunión, sesión o acto en un estilo claro, sencillo y conciso. Deben enviarse las cartas de citación por lo menos setenta y dos horas antes de la celebración de la reunión, sesión o acto para el que se cita.

CARTA MODELO NO. 45   CARTA DE CITACION

CIA. TEXTIL BARRIOS E HIJOS, S.A.
Avenida de los Presidentes No. 16
Habana, Cuba

19 de abril de 198-

Sr. Carlos Hernández de los Ríos
Calle 13 No. 453
Vedado, Ciudad.

Señor:

    Cito y convoco a usted a la <u>sesión</u> extraordinaria que <u>celebrará</u> la Junta Directiva de esta <u>empresa</u> el día 23 del <u>corriente</u> a las <u>3:30 P.M.</u>, en el local de las oficinas centrales de la Cía. Textil Barrios e Hijos, S.A., <u>sito</u> en la calle Albear No. 890 de esta <u>ciudad</u>, con el objeto de discutir y aprobar los asuntos contenidos en el siguiente.

<u>ORDEN DEL DIA</u>

1. Aprobar la minuta del acta de la sesión del día 2 del actual.

2. Discutir el proyecto del presupuesto para el presente año.

3. Considerar la renuncia del Sr. Tesorero.

Esperamos su asistencia puntual a este acto.

    De usted muy atentamente,

    CIA. TEXTIL BARRIOS E HIJOS, S.A.

Jorge Barrios Bautista
Jorge Barrios Bautista
Secretario

JBB/ala

Cartas de notificación

Estas cartas, como su nombre lo indica, tienen por objeto comunicar, con las formalidades del caso, una resolución o acuerdo adoptado por la junta directiva de una empresa, por el departamento de una compañía o de una dependencia oficial, por un juez o tribunal, etcétera, a las partes interesadas en el contenido de la resolución o acuerdo tomado. Por ejemplo, la Junta Directiva de una empresa notifica a los accionistas de la misma las pérdidas habidas ese año; la adjudicación de una subasta pública, al mejor postor; la aprobación del proyecto del presupuesto del año correspondiente, a los directores de departamentos de la compañía, etcétera.

CARTA MODELO NO. 46   CARTA DE NOTIFICACION

CORPORACION DE FOMENTO INDUSTRIAL
Presidente Stroessner No. 454
Asunción, Paraguay

20 de junio de 198-

Cía. de Equipos y Accesorios Eléctricos "Lastra", S.A.
Avenida de la Independencia No. 25
Coronel Oviedo.

Distinguidos señores:

<u>Tenemos el gusto de notificarles</u> el Acuerdo No. 15 adoptado <u>por unanimidad</u> por el pleno de esta corporación en <u>sesión</u> ordinaria <u>efectuada el día 15 del actual</u> y que <u>transcripto</u> literalmente dice así:

<u>ACUERDO NO. 15</u>: Adquirir de la Cía Equipos y Accessorios Eléctricos "Lastra", S.A. cincuenta máquinas de escribir eléctricas, marca RAPIDAS, Modelo 157VX, y veinte calculadoras, Modelo 8976ZCS, por valor de NOVECIENTOS MIL QUINIENTOS OCHENTA ($900.580,00) guaraníes.

El Departamento Legal queda encargado de redactar el correspondiente contrato de compra-venta.

<u>Les ruego se pongan en contacto</u> con el Jefe del Departamento Legal de <u>nuestra compañía</u> <u>para ultimar</u> <u>todo lo relacionado con el</u> contrato referido.

De ustedes con la mayor consideración,

CORPORACION DE FOMENTO INDUSTRIAL

Estela López Ortega
Estela López Ortega
Secretaria

ELO/ymn

C.C. Departamento Legal

Cartas poder

Por esta carta de trámite una *persona natural o jurídica*, el *poderdante*, otorga un poder o mandato a otra, el *apoderado,* para que ejecute o realice alguna gestión en su nombre y representación.

Muchas grandes empresas tienen modelos impresos de estas cartas. En todo caso, en la carta poder deben especificarse de modo claro las facultades que se otorgan al apoderado y los actos de negocio que éste puede realizar a nombre del poderdante. También es un requisito indispensable que el apoderado ponga su firma al pie de la carta para su identificación.

Si las operaciones que debe realizar el apoderado son de mucha cuantía el poder se formaliza mediante un documento escrito ante un *notario público*.

CARTA MODELO NO. 47   CARTA PODER

PLASTICOS "INRA", S.L.
1 de Mayo No. 314
Veracruz, México

6 de febrero de 198-

Almacenes "El Sol", S. en C.
Canarias No. 718
México, D.F. Z-15

Estimados señores:

    Nos es grato comunicarles que hemos otorgado poder cumplido y bastante a favor del Sr. Jorge Ibarra Osorio, para que en nombre y en representación de esta firma realice los trámites necesarios y demás actos de negocios de esta entidad en esa ciudad.

    El Sr. Jorge Ibarra Osorio firmará al calce para identificación.

    De ustedes muy atentamente,

PLASTICOS "INRA", S.L.

Antonio de Cárdenas Suárez
Antonio de Cárdenas Suárez
Presidente

El Sr. Jorge Ibarra Osorio firmará:

Jorge Ibarra Osorio
Jorge Ibarra Osorio

ACS/ymn

Cartas de consignación

Estas cartas se relacionan con la tramitación de envíos, depósitos, precios, descuentos, comisiones y otros informes sobre mercancías en *consignación*. Se dice que las mercaderías son dadas en consignación cuando la persona que las negocia, o sea el *consignatario,* es responsable solamente del pago de las mercaderías que vende, pudiendo devolver al *consignador,* o sea a la persona que se las envía, la parte no vendida.

El consignatario recibe del consignador una *comisión* por su trabajo de depositario de la mercadería; por esta razón se le considera un *comisionista.*

Al igual que el de todas las cartas de trámite, el estilo de estas cartas, que también se llaman *cartas de comisión,* debe ser claro, sencillo y preciso, y aunque corteses, no deben abundar en expresiones de cortesía.

CARTA MODELO NO. 48   CARTA DE OFRECIMIENTO DE CONSIGNACION

EFECTOS ELECTRICOS "GOMPER", S.A.
Lagasca No. 5978
Madrid, España

28 de febrero de 198-

Cía. Hurtado y Hnos., S. en C.
Avenida Libertador No. 980
Caracas, Venezuela

Distinguidos señores:

A sugerencia de la firma Sucesores de José Rodríguez, S.L., con quienes ustedes han mantenido relaciones comerciales desde hace muchos años, les hacemos la proposición de enviarles mercancías en consignación y designarles agentes exclusivos nuestros en esa plaza.

Le informamos que esta firma lleva 50 años operando en los negocios y que tenemos un gran mercado en Hispanoamérica; por ello hemos decidido establecer negocios en Venezuela, plaza importante en la actualidad para la distribución y venta de nuestros artículos y efectos eléctricos marca GOMPER.

En caso de que les interesara representar a nuestra empresa en ésa, con carácter exclusivo, les enviaríamos, junto con un informe detallado de las condiciones de esta propuesta, nuestros catálogos.

Les anticipamos que ustedes podrán vender los artículos GOMPER al detalle, sin dejar de percibir su comisión de representantes exclusivos, con la única condición de que el precio de venta al público consumidor sea igual al señalado al comerciante detallista.

La comisión para ustedes sería de un 30 por ciento sobre el precio de venta al público consumidor.

Les rogamos su pronta contestación a este asunto.

De ustedes cordialmente,

EFECTOS ELECTRICOS "GOMPER", S.A.

Mario A. Gómera Peraza
Presidente

MAGP/acr

Anexos: 1 catálogo

CARTA MODELO NO. 49   **CARTA DE CONSIGNACION**

PRODUCTOS ALIMENTICIOS "ORLA", S. en C.
Luis Moya 5
México 1, D.F.

18 de marzo de 198-

Sres. Mendoza-Rivera e Hijos, S.L.
Avenida Juárez No. 567
Puebla.

Estimados señores:

    Acusamos recibo de su solicitud de mercancías en consignación. <u>Conocedores</u> de sus <u>dotes</u> de comerciantes <u>solventes</u> y responsables, tenemos el gusto de designarlos <u>agentes exclusivos nuestros</u> en esa <u>localidad</u>.

    En fecha próxima les enviaremos en consignación un cargamento de nuestros productos alimenticios ORLA. La comisión para Uds., como nuestros agentes exclusivos, será de un 40 por ciento sobre el precio de venta al público consumidor.

    Les aclaramos que, si quieren, pueden vender nuestros productos <u>al detalle</u>, sin dejar de <u>percibir</u> por ello su comisión de representantes exclusivos.

    Los gastos de seguro y flete de cada cargamento de mercaderías que les enviemos en consignación serán <u>abonados por nosotros</u>.

    Les rogamos nos envíen las liquidaciones <u>trimestralmente</u> con el pago correspondiente.

    De ustedes con la mayor consideración,

PRODUCTOS ALIMENTICIOS "ORLA", S. en C.

Orlando ~~Amador~~ Mendoza
Presidente

OAM/maa

CARTA MODELO NO. 50   CARTA DE SOLICITUD DE CATALOGOS

Puebla, 24 de agosto de 198-

Sanborns, S.A.
Avenida La Reforma No. 76
México, D.F.

Estimados señores:

<u>Les ruego</u> me <u>envíen</u> el catálogo del próximo otoño, con el objeto de <u>seleccionar</u> ciertos artículos.

<u>Tan pronto reciba el catálogo</u> haré, como todos los años, el pedido correspondiente.

Si este año <u>conceden</u> algún descuento especial <u>les agradecería</u> me lo informaran.

En espera <u>de recibir pronto noticias</u> de Vds. les saluda atentamente,

Josefa Soto Méndez
Josefa Soto Méndez
Avenida de la Independencia No. 40
Puebla.

EJERCICIOS: PRACTICAR, VARIAR Y CREAR

A. Cada palabra o frase de la columna de la izquierda corresponde a una de la columna de la derecha. Ponga el número junto a la letra que le corresponde. Antes de hacer este ejercicio lea nuevamente las Cartas Modelos Nos. 45, 46, 47 y 48.

1.	sesión	_____	a.	situado
2.	celebrará	_____	b.	recibir
3.	empresa	_____	c.	agradeceríamos una respuesta inmediata
4.	3:30 p.m.			
5.	por unanimidad	_____	ch.	estipulaciones
6.	sito	_____	d.	importante
7.	ciudad	_____	e.	representantes
8.	tenemos el gusto de notificarles	_____	f.	por mucho tiempo
9.	efectuada	_____	g.	copiado
10.	transcripto	_____	h.	reunión
11.	les ruego se pongan en contacto	_____	i.	tendrá lugar
12.	para ultimar todo lo relacionado con el	_____	j.	me place hacerles saber
		_____	k.	de negocios
13.	otorgado	_____	l.	3:30 de la tarde
14.	a favor del Sr.	_____	ll.	remitirles
15.	firma	_____	m.	mercado
16.	realice	_____	n.	si les interesa
17.	entidad	_____	ñ.	localidad
18.	han mantenido	_____	o.	celebrada
19.	comerciales	_____	p.	les pido comunicarse
20.	hace muchos años	_____	q.	conferido
21.	enviarles	_____	r.	compañía
22.	agentes	_____	rr.	razón social
23.	plaza	_____	s.	han tenido
24.	gran	_____	t.	al Sr.
25.	en la actualidad	_____	u.	para concluir todo lo concerniente al
26.	en caso de que les interesara			
27.	condiciones	_____	v.	unánimemente
28.	percibir	_____	w.	lleve a cabo
29.	les rogamos su pronta contestación	_____	x.	firma
		_____	y.	en estos momentos

B. **Sinónimos.** Dé el número del sinónimo correspondiente a cada una de las palabras o expresiones de la columna de la derecha.

1. rogar
2. seleccionar
3. conceder
4. informar
5. enviar
6. conocedores
7. dotes
8. solventes
9. agentes exclusivos
10. al detalle
11. trimestralmente
12. percibir

_____ a. al por menor
_____ b. mandar
_____ c. comunicar
_____ ch. con capacidad económica
_____ d. cada tres meses
_____ e. suplicar
_____ f. otorgar
_____ g. escoger
_____ h. sabedores
_____ i. cualidades
_____ j. representantes exclusivos
_____ k. recibir

C. Señale numéricamente el orden en que aparecen las siguientes frases en una carta notificando la disolución de una sociedad.

_____ por el Acuerdo No. 20
_____ agradecidos por su confianza
_____ cobrará las deudas pendientes
_____ ha sido designada para liquidar la sociedad
_____ lamentamos notificarles que nos vemos obligados a suspender nuestros negocios
_____ pagará las obligaciones contraídas por nosotros
_____ Dra. Ana Rodríguez Amor
_____ desde el día 5 del actual
_____ serias dificultades económicas
_____ adoptado por la Junta Directiva
_____ del día 2 del corriente
_____ en sesión extraordinaria

CH. Cree tres palabras derivadas de cada uno de los vocablos siguientes.

| 1. consignatario | 3. notificación | 5. poder | 7. distribuir |
| 2. comisionista | 4. citación | 6. trámite | 8. solicitud |

D. Complete la siguiente carta de consignación incluyendo todas las partes de una carta comercial.

236
Al día en los negocios: Escribamos

CIA. DISTRIBUIDORA DE ARTICULOS DE CUERO
Calle Constitución No. 45
Córdoba, Argentina

_____

_____
_____
_____

Distinguidos señores:

 Constantemente nuestros _____ solicitan bolsos de cuero repujado de distintos tamaños y _____, no podemos _____ _____ por no _____ en _____ y no _____ esperar a que los pidamos a ustedes.

 Sería mutuamente _____ que nos _____ en consignación 10 bolsos de cada uno de estos colores: _____.
Queda al buen gusto de Uds. _____ el tamaño y el modelo.

 Les ofrecemos las siguientes referencias bancarias: _____
_____ _____.

 Con verdadero _____ les facilitaremos cualquier otra clase de _____ que deseen.

 _____ por la atención que presten a este asunto.

   _____,

    _____

E. Redacte cuatro cartas según las siguientes minutas.

 1. Escriba una carta de citación tomando como ejemplo la Carta Modelo No. 45. Debe cambiar las palabras subrayadas por otras similares o de su propia creación.
 2. Como Secretario de una empresa notifíquele, por escrito, al Director de una sucursal de su compañía que la Junta Directiva ha otorgado un mes

de sueldo completo a todos los empleados de dicha sucursal, debido a las ganancias extraordinarias obtenidas por la empresa durante ese año.
3. Acepte la proposición de consignación que le hace la compañía de máquinas de escribir, marca «RÁPIDAS», establecida en México. Ud. es un comerciante radicado en Chile.
4. Como Presidente de la compañía Unión de Peleteros, S.A., otorgue poder a favor del Dr. José Díaz Gómez, para que represente a Unión de Peleteros, S.A., en todos los actos y gestiones de negocio que tenga que realizar dicha firma.

Llene todos los requisitos de cada uno de estos tipos de cartas.

F. Sustituya las palabras y expresiones subrayadas en la Carta Modelo No. 50 por otras similares, sin alterar el sentido de la carta. Escriba de nuevo la carta de acuerdo con las sustituciones hechas, haciendo a la vez otros cambios gramaticales que crea necesarios.

G. Redacte una carta de solicitud de catálogo según la siguiente minuta.

Como Jefe del Departamento de Compras de la Cía. Constructora Aguilar, S. en C., solicite catálogos de maquinarias e implementos agrícolas a Maquinaria Agrícola INRA, S.A. Llene todos los requisitos de este tipo de cartas.

H. Escriba una carta de acuse de recibo de la carta de solicitud de catálogos. Adjunte los catálogos pedidos. Aclare que, por el momento, no hay en existencia algunos de los equipos cuyas especificaciones aparecen en el catálogo del año actual. La nueva remesa no llegará hasta dentro de sesenta días. Llene todos los requisitos de este tipo de cartas.

PREGUNTAS

1. ¿Cuál es la diferencia entre las cartas de trámite y las cartas de esfuerzo argumentativo?
2. Cite cuatro ejemplos de cartas de trámite y cuatro de cartas de esfuerzo argumentativo.
3. ¿Cuándo se usan las cartas de notificación?
4. ¿Cuál es el propósito de las cartas de citación?
5. ¿Con qué clase de asuntos se relacionan las cartas de consignación?
6. ¿Quiénes son el consignador y el consignatario?
7. ¿Qué recibe el consignatario por sus servicios?
8. Diga qué se entiende por «mercaderías en consignación».
9. ¿Cómo se llama la persona que otorga un poder?
10. ¿Qué nombre recibe la persona a quien se le otorga un poder?
11. ¿En qué casos el poder debe ser otorgado ante un notario público?
12. ¿Qué debe especificarse en la carta poder?

Vocabulario

a nombre de *under the name of*
los **accesorios** *accessories*
el **acta** *(fem.) act or record of proceedings*
los **actos de negocio** *business actions*
adquirir *to acquire*
el/la **agente,** el/la **representante exclusivo/a** *exclusive agent*
al calce, al pie *at the bottom (of a document)*
el **apoderado**/la **apoderada** *attorney, proxy*
los **artículos de cuero** *leather goods*
la **asistencia** *attendance, presence*
el **bolso de cuero** *leather purse*
(con) carácter exclusivo *exclusively*
la **carta de citación** *letter of citation, quotation*
_____ **de consignación o comisión** *letter of consignment*
_____ **de notificación** *letter of notification*
_____ **de ofrecimiento de consignación** *letter offering merchandise on consignment*
_____ **poder** *letter of power of attorney*
_____ **de solicitud de catálogo** *letter requesting a catalog*
_____ **de trámite** *routine business letter*
el **catálogo** *catalog*
la **citación** *citation, summons; appointment*
el/la **comerciante detallista** *retail merchant*
la **comisión** *commission, percentage*

el/la **comisionista** *commission agent*
la **compañía textil** *textile company*
conferir (ie, i) *to confer, give, bestow, award*
_____ **poder** *to give, bestow, award power*
la **consignación** *consignment, shipment*
el **consignador**/la **consignadora** *consignor*
el **consignatario**/la **consignataria** *consignee*
constantemente *constantly; firmly*
el **contrato de compra-venta** *contract of purchase and sale*
convencer (z) *to convince*
la **cuantía** *amount, quantity*
cumplimentar *to fulfill, carry out; to compliment, congratulate*
del actual, del corriente *of the present (month or year)*
demandar explicación *to demand explanation*
designar *to assign (someone) to a particular function*
los **efectos eléctricos** *electric appliances*
ejecutar *to execute, perform*
en consignación *on consignment*
en representación *as a representative*
las **estipulaciones** *stipulations, provisos, specifications, requirements*
la **facultad** *faculty, power, authority*
el **fomento industrial** *industrial development*
las **formalidades** *requisites, requirements*
formalizar (c) *to put in final form, formalize*

hace muchos años *many years ago*
instalada *installed, put in*
limitarse *to confine oneself to*
lo concerniente *what concerns the matter, the proper action, consideration*
la **localidad** *location*
la **máquina de escribir** *typewriter*
mutuamente *mutually, reciprocally*
el/la **notario público** *notary public*
la **notificación** *notification, notice*
las **obligaciones** *liabilities*
el **orden del día** *order of the day, agenda*
las **partes interesadas** *interested parties*
percibir *to perceive; to collect, receive*
la **persona jurídica** *legal person (in corporation, partnership, etc.)*
_____ **natural** *natural person*
persuadir *to persuade, convince*
el **pleno** *plenum, joint session*
el **poder cumplido** *full or complete power*
_____ **cumplido y bastante** *complete and sufficient power*
el/la **poderdante** *principal, constituent*
ponerse en contacto *to get in touch with*
por unanimidad *unanimously*
el **presente año** *current year*
la **pronta contestación** *prompt, quick response*
el **proyecto** *project, plan*
_____ **de presupuesto** *projected budget*

239
Capítulo doce

el **razonamiento** *reasoning*
redactar *to write; to edit*
las **referencias bancarias** *banking references*
relacionado *related*
repujado *embossed*
requerir (ie, i) *to summon; to notify*

requerir (ie, i) *to summon; to notify*
la **sesión ordinaria** *ordinary session*
el **sucesor**/la **sucesora** *successor*
tener lugar *to take place, occur*

transcribir *to transcribe*
unánimemente *unanimously*
vender al detalle *to sell at retail*
el **vínculo** *tie, bond, link*

PUNTOS ESENCIALES DE REDACCION

Al redactar las cartas comerciales tenga presente los siguientes puntos pues la carta es una composición escrita que no pocas veces tiene el carácter de una pieza literaria. En el ámbito del mundo de los negocios, es un agente de la cultura social del que la escribe.

Concordancia y enlace entre las frases que forman un párrafo

Al redactar sus cartas comerciales, no olvide enlazar debidamente las distintas frases que integran un párrafo. Evite las alteraciones innecesarias y a veces incorrectas de persona, número o tiempo verbal. Tenga presente la concordancia sintáctica y el buen gusto.

En el caso de que Ud. quiera vender nuestros productos al por menor, no sacrificaríamos su comisión como nuestro representante exclusivo. Sin embargo, Ud. no debiera vender dichos productos al público consumidor a precios más bajos que los de otros comerciantes detallistas en esa plaza.

Frases cortas

En la correspondencia comercial es preferible usar las frases cortas pues son más fáciles de construir y más claras y precisas. Pero no abuse de la frase corta pues caería en la monotonía.

Por carga aérea le hemos remitido un cargamento de mercancía en consignación. El precio de costo de cada artículo es el que figura en nuestro catálogo de 1984. Los gastos de seguro y flete son por nuestra cuenta.

Recuerde que las cualidades primordiales del buen estilo en la correspondencia comercial son: claridad, concisión, sencillez y naturalidad y que la repetición de ideas es correcta cuando enfatiza un estado de ánimo. *La repetición* de palabras debe evitarse, especialmente cuando están las palabras próximas una de la otra. También recuerde evitar el uso enfático del **yo** y del **nosotros.**

INFORMACION SUPLEMENTARIA

Los sobres: Cómo escribir la dirección

A través de los capítulos anteriores, se han dado algunas indicaciones relacionadas con la forma en que deben escribirse los sobres que contienen las cartas. A continuación se dan ciertas reglas especiales para roturarlos en condiciones específicas.

1. Cuando el nombre y la dirección del destinatario son muy largos, deben escribirse en dos líneas cada uno de ellos para que queden estéticamente centrados en el sobre. En estos casos en lugar de haber tres líneas, que es lo usual, se usarán cuatro o cinco líneas, según el caso.

```
        Comunicación y Análisis
        División México, S.A.
        Ave. de los Insurgentes No. 25
        Guadalajara, México
```

```
  Srta. Obdulia Rodríguez Porra
  Avenida de los Insurgentes Sur No. 421
  Local 7
  México 11, D.F.
```

2. En el caso de que el destinatario, por ejemplo, el Sr. Manuel Rocha Moralejo, resida temporalmente en el domicilio de la Sra. Oneyda Infante Valdés, el sobre debe escribirse así:

```
        Sr. Manuel Rocha Moralejo
        c/o Oneyda Infante Valdés
        Paseo del Prado No. 14
        Habana, Cuba
```

La sigla «c/o» significa en inglés *care of*. Así se usa en español; quiere decir *a cargo de*.

3. Si la carta no se envía por correo sino a través de una persona, no es necesario escribir en el sobre la dirección del destinatario. El sobre debe ir abierto y en el ángulo inferior de la izquierda se escribe la frase «Cortesía de...» o «Fineza de...», seguida del nombre del portador de la carta.

241
Capítulo doce

```
            Sr. Sinesio Fernández Castelló



  Cortesía del Dr. Raúl Infante Suárez
```

4. Si el sobre contiene una carta personal debe escribirse, en letras mayúsculas, la palabra «PERSONAL» en la parte inferior izquierda del sobre.

```
            Srta. Rosa Alvez Rodil
            Calle 115, Barrio Abajo
            Tegucigalpa, Honduras

  PERSONAL
```

5. Si se trata de correspondencia de entrega inmediata (*special delivery*) se escribe debajo del sello la frase «Entrega inmediata».

```
                                   ┌──┐
                                   └──┘
                              Entrega inmediata

  Srta. Rosa Alomá Pérez
  Avenida Central No. 28
  San José, Costa Rica
```

6. Si la carta es certificada (*registered*) se escribe en el ángulo superior izquierdo del sobre la palabra «Certifica», y después el nombre y las señas del remitente.

```
  Certifica:  Marta Díaz Guzmán
              Avenida Mariano Otero No. 15
              Zapopán, Jalisco


                           Srta. Ana María Gómez Amador
                           Avenida Ceylán No. 518
                           México 16, D.F.
```

7. Si el asunto contenido en la carta debe ser conocido por una persona específica, en el sobre se escribe en la parte inferior izquierda la frase «Atención del...» o «Atn.» y después el nombre de la persona.

```
            Instituto Murer, S.A.
            Avenida República de Panamá 3631
            Lima, Perú

    Atn. Sr. Ernesto Gutiérrez Moreno
```

8. Si la persona o empresa a quien se envía la carta tiene oficinas situadas en un edificio, la dirección en el sobre se escribe así:

```
    Cía. de Equipos y Accesorios Eléctricos, S.A.
    Avenida de la Independencia No. 25, Local 5
    Coronel Oviedo, Paraguay
```

```
    Dr. Juan Recio Cancio
    Edificio del Retiro Odontológico, Oficinas 105-107
    Cruz 178
    Caracas 101, Venezuela
```

```
            Editorial Alba, S. en C.
            Sarmiento No. 1215, 5º Piso
            Buenos Aires, Argentina
```

9. Si la carta se envía dentro de la misma localidad o ciudad el sobre debe escribirse así:

```
    Sra. Laura Valdivia Valverde
    6 de Diciembre No. 2565
    Ciudad
```

10. En las direcciones que se escriben en los sobres no se usan abreviaturas para el nombre de los departamentos, provincias, ciudades, pueblos, países, etcétera.

>departamento: *Antioquia,* Colombia
>provincia: *Mendoza,* Argentina
>ciudad: *Quito,* Ecuador
>pueblo: *Lares,* Puerto Rico
>país: *España*

EJERCICIOS ADICIONALES

A. **¿Cierto or falso?** Corrija las oraciones falsas.

1. Las direcciones en los sobres solamente deben escribirse en tres líneas.
2. Si el destinatario de una carta reside en el domicilio de otra persona, en el sobre no se escribe el nombre del destinatario.
3. Cuando una carta es enviada por un mensajero el sobre debe ir abierto.
4. En el sobre que contiene una carta personal se escribe la palabra «PERSONAL» en la parte superior derecha del sobre.
5. Los términos «carta certificada» y «entrega especial» significan lo mismo.
6. Los nombres de los países, provincias, ciudades y pueblos no pueden abreviarse en la dirección de los sobres.
7. Si la carta se remite desde Quito a una persona que vive en Guayaquil, en el sobre se pone después del nombre y número de la calle la palabra «Ciudad».
8. La persona que certifica la carta es el remitente.

B. Escriba una oración completa con las palabras de cada grupo. Haga los cambios que sean necesarios y añada las palabras que falten.

1. enviar / algodón / interesar / consignación / faldas / se / 20 docenas / nos
2. comerciante / plaza / ser designado / exclusivo / esa / agente / mercaderías / recibir / consignación
3. firmar / notario público / día / apoderado / 5 de mayo / poder / poderdante / año en curso / ante
4. pagar / mercadería / consignatario / precio / comisión / sobre / recibir / cuarenta por ciento / consumidor / tener que
5. actos y gestiones / firmar / dos testigos / deber / apoderado / ejecutar / carta poder / para que / ser / menor cuantía / ante
6. Departamento Legal / vender / contrato / máquinas de escribir / comprar / redactar / eléctricas

7. notificar / treinta / adoptar / calculadoras / Junta de Directores / acuerdo / adquirir / de esa empresa
8. destinado / mercaderías / consignatario / ir / recibir / cargamento / compañía / consignación / buque / de la cual / en un
9. mañana / ordinaria / citar / celebrar / Junta Directiva / convocar / sesión
10. proyecto / presente / presupuesto / extraordinaria / aprobar / sesión / año / ayer / celebrar

C. Diga a qué clase de carta pertenece cada una de las siguientes frases de apertura de una carta y explique por qué.

1. Tenemos el placer de notificarles el acuerdo adoptado por el pleno de la Comisión de Fomento Nacional el día...
2. Cito y convoco a Ud. a la sesión extraordinaria que efectuará la Junta Directiva de esta institución el día 23 del actual.
3. Tengo el placer de comunicarle que he conferido poder a favor del Dr. José Alvarez Díaz para que me represente ante Uds.
4. Acuso recibo de su solicitud de mercaderías en consignación.
5. Tenemos el gusto de informarle que lo hemos designado nuestro representante exclusivo en esa plaza.

TERCERA PARTE
Las comunicaciones complementarias y los documentos

CAPITULO 13

Los mensajes breves y urgentes

Los mensajes breves

Estos mensajes, como su nombre lo indica, muy breves y sencillos, son comunicaciones que no requieren demasiados *formulismos*. Entre estos mensajes breves tenemos el memorándum, el anuncio y el aviso, la tarjeta postal y el saluda.

El memorándum. El memorándum es un mensaje informal que generalmente se usa dentro de una misma oficina u organización para comunicados interiores entre los distintos departamentos, pero no para los clientes. Debe ser claro y preciso. Por su misma naturaleza informal, en el memorándum se omiten el saludo y la despedida.

Actualmente algunas empresas usan un cuadernillo o *block* de un tamaño especial cuyas hojas llevan impreso el nombre de la firma y las palabras **memorándum, para, de, fecha** y **asunto** más un espacio en blanco para escribir el contenido del mensaje.

Por lo general, no lleva firma, aunque a veces la persona que lo envía pone su *rúbrica* al lado de su nombre. Si el memorándum va de un departamento a otro, sí es firmado por quien lo envía.

SANGRIA GOMEREZ, S.A.

MEMORANDUM

PARA: JEFE DEL ALMACEN

DE: Depto. de Ventas

FECHA: 1º de agosto de 1984

ASUNTO: Descuento especial en la sangría

Se les informa que durante el mes de agosto todos los pedidos de sangría tienen un descuento del 20 por ciento sobre el precio de lista.

Esta disposición estará vigente hasta el día 31 del actual.

Alberto Fernández
Jefe de Ventas

```
PRODUCTOS LACTEOS, S.L.

              MEMORANDUM


PARA: José García Díaz    FECHA: 8 de enero de 1984
      Jefe de Publicidad
DE:   Emilio Menéndez Pérez  ASUNTO: Gastos de propa-
      Secretario                     ganda


    Se le recuerda que debe presentar, en la sesión
    de la Junta de Directores de hoy, un informe de-
    tallado de los gastos de propaganda y publicidad
    realizados durante este año por el departamento
    a su cargo.
```

El anuncio o aviso. La redacción de estos mensajes debe ser clara, concisa y precisa. Por no dirigirse a ninguna persona en particular, carecen del nombre del destinatario; tampoco llevan firma individual.

```
              LOCALES COMERCIALES

           EN EL REPARTO INDEPENDENCIA


   Especiales para farmacias, grandes almacenes, centro pro-
   cesador de datos, servicio de aparcamiento de automó-
   viles, cines, etcétera

   Venta directa de Urbanizadora Puebla, S.A.

   Oficinas:  Avenida Independencia No. 444,
              Puebla, México

   Teléfono:  454-3212
```

> ## AVISO
>
> ## A TODO EL PERSONAL
>
> Se les informa que hoy a las 5:00 p.m. habrá una reunión de carácter general en la cafetería, para discutir todo lo relacionado con el nuevo horario de verano.
>
> Es importante su asistencia.
>
> Alejandro Osorio
> Jefe de Personal

La tarjeta postal. La tarjeta postal tiene el mismo propósito que el memorándum: comunicar un mensaje breve, conciso, preciso e informal. La diferencia entre uno y otra consiste en que el memorándum es una comunicación de carácter interno, o sea que se envía dentro de una misma oficina o al personal que trabaja en una de las sucursales de la empresa. La tarjeta postal, por el contrario, tiene carácter externo, es decir, que se envía hacia afuera, por ejemplo, a los clientes, etcétera.

La forma más usada es la tarjeta de cartulina blanca o crema que mide $5\frac{1}{2}$ pulgadas de largo por $3\frac{1}{2}$ de ancho. Es aconsejable que lleve impreso el membrete de la compañía, el cual a su vez servirá de remitente, así como la dirección del destinatario y el *franqueo postal* o el *sello* o *estampilla* de correo. Todos estos datos deben aparecer en la *cara anterior* de la tarjeta postal.

En la *cara posterior* se escribe solamente el mensaje, que debe ser breve. La tarjeta postal no requiere saludo ni despedida. Tampoco necesita sobre. Se usa tanto en la correspondencia privada como en la comercial, social y oficial.

SANGRIA GOMEREZ, S.A.
LINEA No. 612
VEDADO
LA HABANA, CUBA

Bodegas Quintero, S.L.
Calzada Real No. 452
Marianao, La Habana

Estimados clientes:

Por considerarlo de especial interés para ustedes, tenemos el gusto de informarles que el día 10 del actual, de 9:00 A.M. a 3:00 P.M., habrá una liquidación especial de Sangría Gomerez, reserva de 1898, en los almacenes de esta firma sitos en la Calle Miramar No. 151, de esta localidad.

El saluda. El saluda es un mensaje breve que se usa para anunciar la reapertura de una firma después de obras de reforma efectuadas en la misma. Como su nombre lo indica, es un saludo a los clientes, y por lo tanto, debe llevar el nombre del destinatario.

Joyería Durango
Preciados, 19

Saluda

a D. _____
y le comunica que habiendo finalizado las obras de reforma, seguimos estando a su disposición, rogándole nos disculpe las molestias que le hayamos podido ocasionar.

Aprovechamos gustosos la ocasión, para saludarle muy atentamente.

Madrid, ____ de _____ de 19____

Los mensajes urgentes

Los mensajes urgentes son el telegrama, el cablegrama, el radiograma y el télex, según se envíen por telégrafo, cable, radio o por medio del teleimpresor.

Los mensajes urgentes son comunicaciones breves y rápidas en los que es permitido el uso de licencias gramaticales, tales como omitir el artículo, las conjunciones, las preposiciones, etcétera, ya que se pagan por el número de palabras de que consten.

Los cablegramas se usan para el envío de mensajes urgentes entre dos países y los telegramas dentro de un mismo país. El servicio telegráfico dispone de modelos impresos para enviar estos mensajes.

Hay distintas clases de telegramas según el país del cual se envían, pero por lo general todos usan el telegrama común u ordinario, que no tiene ningún tipo de preferencia ni dilación para su despacho y recibo. El telegrama urgente, aunque tiene una tarifa más alta, es más rápido que el anterior. La *carta diurna* tiene una tarifa más reducida que el telegrama urgente pero su servicio es demorado. La *carta nocturna* es más económica que las anteriores y se recibe cualquier hora del día siguiente a aquél en que se envió o despachó. Las cartas diurna y nocturna son más extensas que los telegramas.

Los telegramas pueden enviarse desde las oficinas de telégrafos, por teléfono, o usando el servicio de conexión, es decir, líneas directas entre una empresa y las oficinas de telégrafos. Actualmente, en las oficinas modernas, se usa cada vez más el télex (teleimpresor), aparato tipográfico desde el cual se mecanografía directamente el mensaje y que se opera mediante claves previamente preparadas. La empresa donde se encuentra instalado el télex paga a la compañía de telégrafos por minuto de transmisión. No hay límite de palabras como en los telegramas o los cablegramas.

```
                         TELEGRAMA

                  CORREOS Y TELECOMUNICACIONES



COMPAÑIA OCCIDENTAL, S.A.
AMATISTA 180
SAN JUAN  PUERTO RICO




            ENVIEN URGENTEMENTE FERROCARRIL ARTICULOS

            NUMEROS 13 - 18 - 25   PEDIDO A-138


                         DISTRIBUIDORA UNIVERSAL, S.L.
                         HOSTOS 516
                         PONCE
```

255
Capítulo trece

PREGUNTAS

1. ¿Cómo deben ser los mensajes urgentes?
2. Diga cuáles son los mensajes breves y urgentes más usados en el mundo de los negocios.
3. ¿Cuáles son las características del memorándum?
4. ¿Cómo es la redacción del anuncio y del aviso?
5. ¿Cuál es el propósito de la tarjeta postal? ¿En qué se diferencia del memorándum?
6. ¿En qué se diferencia el telegrama del cablegrama?
7. ¿Cuáles son las diferencias entre la carta diurna y la carta nocturna?
8. ¿Qué es el télex?
9. ¿Cuándo se usa el télex?
10. Rellene el modelo de telegrama impreso que aparece en esta página. Invente el texto del mensaje.

Vocabulario

a su cargo *under your direction or management*
el **aviso** *notice, announcement*
la **cara anterior** *front (of a postcard, coin, etc.)*
_____ **posterior** *back (of a postcard, coin, etc.)*
carecer (z) *to lack*
la **carta diurna** *day letter*
_____ **nocturna** *night letter*
la **cartulina** *cardboard*
el **centro procesador de datos** *data processing center*
el **comunicado interior** *interoffice communication*
la **correspondencia oficial** *official correspondence*
_____ **privada** *private, personal correspondence*
_____ **social** *social correspondence*
el **cuadernillo**, el **block** *notebook, memo (memoranda) pad*
el **Departamento de Ventas** *sales department*
la **dilación** *delay*

la **economía** *economy*
los **efectos de oficina** *stationery*
el **expedidor**/la **expedidora** *sender, dispatcher, shipper*
extenso *extensive, spacious*
el **formulismo** *formulism*
el **franqueo postal** *postage*
los **grandes almacenes** *department stores*
el **horario de verano** *summer schedule*
las **inspecciones contables** *inspections of accounts*
el **jefe**/la **jefa de almacén** *warehouse supervisor*
la **joyería** *jewelry shop*
la **licencia gramatical** *grammatical license*
la **liquidación especial** *clearance sale*
los **locales comerciales** *business sites, premises*
el **mensaje breve** *brief, concise message*
las **molestias** *inconveniences, hardships, discomforts*
las **obras de reforma** *remodeling*

la **ocasión** *occasion, chance, opportunity*
ocasionar *to cause, occasion; to jeopardize*
omitir *to omit*
el **personal** *personnel, staff*
por considerar *considering*
el **producto lácteo** *milk product*
la **pulgada** *inch*
la **rapidez** *rapidity, speed*
la **reapertura** *reopening*
la **rúbrica** *flourish (of signature)*
el **saluda** *short note to send greetings or regards*
el **sello**, la **estampilla** *stamp*
las **señas**, la **dirección** *address*
sito *situated*
la **tarifa** *price list, fare, rate, schedule of charges*
tipográfico *typographical*
tomar medidas *to take measures or steps*
la **transmisión** *transmission*
la **urbanizadora** *urbanizing company*

EJERCICIOS: PRACTICAR, VARIAR Y CREAR

A. Identifique el siguiente comunicado y llene los espacios en blanco de acuerdo con su contenido.

```
PARA: _____        FECHA: _____
DE:   _____        ASUNTO: _____


        _____ a todos los empleados que durante el verano

regirá el siguiente horario de _____ : de 9:00 A.M. a

5:00 P.M.

        Esta disposición empezará a _____ el día 1º de

junio y _____ hasta el día 31 de agosto del año en curso.
```

B. **Sinónimos.** Dé el número del sinónimo correspondiente a cada una de las palabras y frases de la columna de la derecha.

1. disposición
2. vigente
3. localidad
4. obras de reforma
5. télex
6. mensaje
7. transmitir
8. urgente
9. estampilla
10. surtir

_____ a. teleimpresor
_____ b. rápido
_____ c. comunicado
_____ ch. en vigor
_____ d. ciudad
_____ e. timbre, sello
_____ f. dar
_____ g. orden
_____ h. renovación
_____ i. pasar

C. Redacte un memorándum comunicando la visita de una firma de auditores a una sucursal de la empresa. Infórmeles que realizarán distintas inspecciones contables. Señale quién envía el memorándum y a quién se le envía.

CH. Redacte tres mensajes breves según las siguientes minutas.

1. Como Jefe de Propaganda de una empresa, prepare un anuncio sobre la venta de equipos y accesorios de oficina. Use uno de estos lemas: «Ahora o nunca»; «Esta es su oportunidad»; «Regalamos la mercancía». Ilustre su anuncio con un dibujo apropiado.
2. Ud. es el Presidente del Club de Español de su universidad y como tal haga circular un aviso entre los estudiantes de la clase, anunciando alguna actividad cultural de dicho club.
3. Como propietario o dueño de un negocio, envíe un saluda a sus clientes informándoles e invitándoles a la reapertura de dicho negocio. Indique el lugar, la fecha y la hora en que tendrá lugar el evento.

Llene todos los requisitos exigidos para cada una de esta clase de mensajes breves.

D. Envíe varios telegramas a distintas compañías sobre estos asuntos.

1. Avisando que ha habido demora en un envío de mercancías
2. Notificando error en el precio de algunos productos
3. Solicitando el envío rápido de ciertas mercaderías
4. Informando que las mercancías llegaron averiadas

E. Utilice una tarjeta postal y escriba a un cliente, comunicándole que la mercancía que él pidió está en el almacén a su disposición. El cliente debe recogerla dentro de diez días a contar de la fecha del recibo de la tarjeta postal.

CAPITULO 14

El cheque y otros documentos comerciales

El cheque

El cheque es un documento muy usado en las transacciones comerciales. Consiste en una orden de pago que se gira contra un documento de crédito, es decir, contra una cuenta bancaria corriente. Los requisitos de un cheque son los siguientes.

1. Nombre, apellidos y dirección del girador o librador, o sea del tenedor de la cuenta contra la que se gira o libra el cheque
2. Número del cheque
3. Fecha de la orden de pago
4. La expresión impresa: «Páguese a la orden de _____»
5. Nombre del girado o librado, es decir, la persona a quien se paga
6. Cantidad que se paga escrita en letras y cifras
7. Membrete del banco donde está la cuenta corriente
8. Número de la cuenta bancaria contra la que se libra el cheque
9. Línea en blanco con la palabra **por** o **para** seguida de la cual se escribe el motivo o causa del cheque
10. Firma o rúbrica del girador, o sea del librador del cheque

MODELO DE CHEQUE

El endoso. El endoso es el texto que se escribe al dorso de un cheque o de cualquier otro *instrumento de crédito,* por medio del cual el propietario o tenedor del cheque dispone que el pago del mismo sea hecho a favor de él mismo o de un tercero.

Las partes interesadas en el endoso de un cheque u otro instrumento de crédito son el *endosante,* o sea el que endosa el cheque, y el *endosatario,* que es el que recibe el dinero que el cheque representa.

MODELO DE ENDOSO

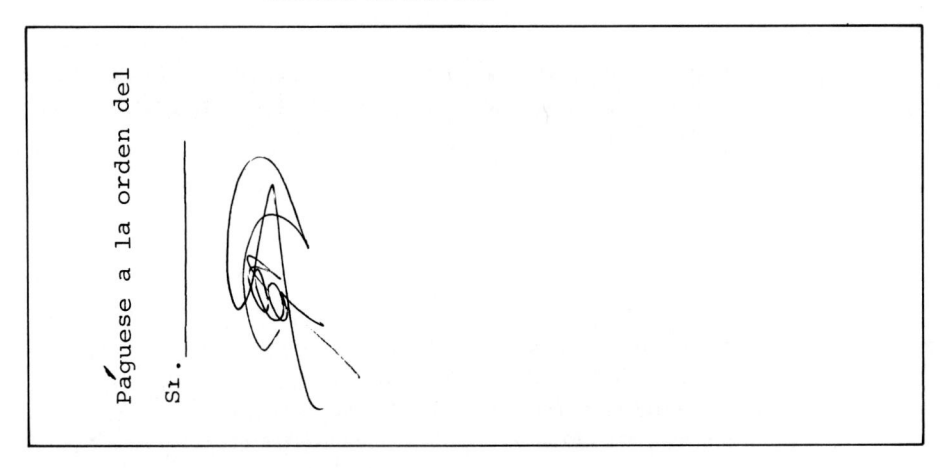

El pagaré

Se llama *pagaré* al documento mediante el cual una persona promete pagar a otra determinada cantidad de dinero en un plazo y a un interés periódico, previamente convenido. Se usa este documento para hacer tanto operaciones al crédito como préstamos de dinero.

La persona que presta el dinero recibe el nombre de *mutuante* y la que lo recibe se llama *mutuario* o *mutuatario*.

El pagaré puede estar firmado por dos o más personas, en cuyo caso todos los que firman son responsables. La responsabilidad es pues *mancomunada*.

PAGARE

Debo y pagaré a __la Srta. Amelia López Carvajal__
la cantidad de __TRES MIL (3.000,00) PESOS__
en un plazo de __treinta días__, más los intereses del __6%-seis por ciento__ anual.

__La Paz, Bolivia__   __5 de febrero de 1984__
  (LUGAR)   (FECHA)

[firma]
JOSE MANUEL DIAZ ALVAREZ

La letra de cambio

Es un título de crédito, un *instrumento de pago,* una orden escrita, mediante la cual una persona física o jurídica demanda y exige a otra que pague determinada cantidad a un tercero en una fecha y lugar convenidos previamente.

La letra de cambio puede ser *a la vista* o a una fecha determinada. En el primer caso debe ser pagada a su presentación, y en el segundo, en la fecha que se indica en la letra.

La persona que da la orden firmada de pagar recibe el nombre de *girador* o *librador;* la que paga es el *girado* o *librado* y aquélla a favor de quien se extiende la letra de cambio, es decir, la que recibe el pago, es el *tenedor*.

Se usan modelos impresos para las letras de cambio; pero aunque éstos varíen, siempre deben contener los datos o requisitos que exige el *código de comercio* del país correspondiente. Los requisitos de una letra de cambio son los siguientes.

1. Nombre del documento o título de crédito (LETRA DE CAMBIO): debe aparecer en la parte superior izquierda del mismo
2. Número: debe aparecer en la parte superior derecha
3. Cantidad que se ordena pagar en cifras
4. Lugar y fecha en que se libra la letra de cambio
5. Nombre del tenedor
6. Cantidad a pagar en letras
7. Nombre y firma del librador o girador
8. Nombre y domicilio del librado o girado
9. Lugar donde debe efectuarse el pago
10. Términos de pago: a la vista, *a plazo, a días vista* o *a días fecha*

LETRA DE CAMBIO

```
LETRA DE CAMBIO                                   No. 104
Nicaragua, _____ de 198-        Por $_____
     A _____ se servirán Uds. mandar pagar
incondicionalmente por esta _____ letra de cambio a la
orden de _____ la cantidad de
_____
                                    moneda corriente
_____
valor recibido en _____ que asentará Ud. en
cuenta _____ según aviso _____.
A _____     _____
  _____     _____
  _____     _____
Núm. _____
```

```
Núm. _____
Cantidad _____
Cargo _____
Observaciones _____
_____
A _____
Fecha _____          TALON DE LA LETRA
```

Protesto

Es un *acta notarial* que certifica que la presentación de una letra de cambio o un pagaré u otro instrumento de crédito no ha sido satisfecho a su debido tiempo, es decir, que su cobro fue impugnado.

El librado al protestar una letra de cambio u otro instrumento de crédito explica en dicha acta notarial las razones que tiene para no aceptar el instrumento de crédito o no pagarlo.

ACTA DE PROTESTO

En la Ciudad de Santo Domingo, República Dominicana, a los seis días del mes de mayo de 198-, ante mí, el Dr. Domingo Tamargo Díaz, Notario Público de esta Ciudad, compareció el Sr. Juan Rodríguez Amor, ciudadano dominicano, mayor de edad, casado, a quien conozco personalmente, y me presentó para su cobro o en su caso, protesto por falta de pago, la letra de cambio que transcripta literalmente dice así:

ANVERSO: No. 144   LETRA DE CAMBIO   POR $790,00
A la vista se servirá mandar pagar incondicionalmente única letra de cambio en Santo Domingo, República Dominicana, a la orden del Sr. Juan Rodríguez Amor, por la cantidad de SETECIENTOS NOVENTA PESOS ($790,00). Valor recibido en mercancías que sentará Ud. en cuenta sin aviso. (Fdo.) Orlando Mendoza. Al Sr. Alberto Bautista de Valera, vecino de Henríquez Ureña No. 430, en esta ciudad.

REVERSO: Acepto: (Fdo.) Alberto Bautista de Valera

El Sr. Juan Rodríguez Amor se presentó en el domicilio del aceptante, el Sr. Alberto Bautista de Valera, y le presentó para su pago la Letra de Cambio No. 144 transcripta anteriormente, y el aceptante, el Sr. Alberto Bautista de Valera, se negó a pagarla alegando que en esos momentos carecía de fondos, pero que la pagaría en fecha próxima, sin especificar cuándo. Ante mí firman de conformidad los que en ella intervinieron, a los seis días del mes de mayo de 198-. Yo el Notario: Doy fe.

(Fdo.) *Domingo Tamargo Díaz*
DOMINGO TAMARGO DÍAZ

El recibo

Es un documento comercial en el cual la persona que lo firma declara «haber recibido» lo que consta en el recibo. Se usa en operaciones comerciales de poca *cuantía* y a *corto plazo*. No es endosable como el pagaré o la letra de cambio, ni requiere aceptación ni ofrece las mismas garantías que una letra. Existen modelos impresos de recibo.

Capítulo catorce

Generalmente un recibo tiene dos partes: el *talón* o *matriz* en el que aparece la información básica, y que queda en poder de quien lo extiende, y el *recibo* propiamente dicho.

```
┌─────────────────────┬──────────────────────────────────────┐
│                     │  EL CORTE INGLES                     │
│  El Corte Inglés    │  Goya No. 30                         │
│  No. _____      │  Madrid, España                      │
│  Fecha: _____     │                                      │
│  Sr. _____      │                                      │
│  _____         │                  No. __879__         │
│  Por                │                                      │
│  _____         │              15 de mayo de 1984      │
│  _____         │                                      │
│                     │  Recibimos del Sr. P. González Pérez │
│                     │  la cantidad de tres mil (3.000) pesetas │
│                     │  por la compra de un lote de retazos │
│                     │     de algodón blanco de distintos   │
│                     │     tamaños                          │
│                     │               EL CORTE INGLES        │
│                     │          J.M. Paret Vaxeras          │
│                     │        Juan Miguel Paret Vaxeras     │
│                     │                 Gerente              │
└─────────────────────┴──────────────────────────────────────┘
```

La factura

Es un documento que es expedido por el vendedor de la mercancía al comprador y que especifica las condiciones en que se hace una venta: la cantidad y la calidad de la mercancía, la forma de entrega, el nombre y denominación de la empresa o persona compradora. Una factura comercial contiene las mismas especificaciones o cláusulas que un contrato de compra-venta.

Específicamente, la factura comercial constituye el recibo de la mercancía y consta de los siguientes datos.

1. Número de la factura
2. Nombres del vendedor y del comprador
3. Fecha de la operación de compra-venta

4. Cantidad y calidad de la mercancía
5. Precio por unidad y precio total de la mercancía

Vea el modelo de la factura en el Capítulo 7.

El vale

El vale es un documento breve y sencillo. Se usa con frecuencia cuando se retira del almacén de una empresa algún objeto o instrumento que ha de utilizarse en un trabajo de la misma. El objeto del vale es justificar la existencia y destino de tal instrumento.

El vale también representa un valor convertible en dinero. En ambos casos debe estar firmado por la persona a cuyo favor se extiende.

```
                    VALLEHERMOSO, S.A.
                    Ventura Rodríguez, 7
                      Madrid 8, España


        VALE por   12 cajas de tornillos AZ-50
                   18 cajas de clavos BX-12

        a favor de:   Alberto Peña Rojo

        para   ser utilizados en trabajos del Departamento
                  de Contabilidad

        FECHA:   18 de julio de 1984

        FIRMA:   Alberto Peña Rojo
                    Alberto Peña Rojo
```

VALLEHERMOSO, S.A.
Ventura Rodríguez, 7
Madrid 8, España

VALE por   Cinco mil (5.000) pesetas

a favor de: Enrique Valdés Lamar

como: anticipo de su sueldo mensual

FECHA: 18 de julio de 1984

FIRMA: *Enrique Valdés Lamar*
         Enrique Valdés Lamar

La nota de crédito

La nota de crédito es una comunicación sencilla y breve, generalmente impresa, en la que se hace saber a un cliente que ha remitido más dinero del que debía y que el *remanente* o exceso se le ha acreditado a su cuenta o que, si lo desea, le será devuelto tan pronto lo solicite.

JOYERIA DURANGO
Preciados, 19
Madrid 8, España

NOTA DE CREDITO NO. __789__

15 de enero de 1984

Cía. Perera y Hnos.
Lagasca No. 69
Madrid

Con esta fecha hemos abonado a su cuenta la cantidad de __TREINTA Y CINCO MIL (35.000) PESETAS__ por pago en exceso por __350 aros de platino a 1.000 Pts. c/u. Factura No. B-9800__
Informen si desean que les remitamos cheque por dicha suma.

Atentamente,

JOYERIA DURANGO

Jacinto Durango Álvarez
Jacinto Durango Álvarez
   Gerente

La nota de débito

La nota de débito es un modelo, también generalmente impreso, donde se hace constar o saber a un cliente que al pagar no abonó la cantidad correcta.

JOYERIA DURANGO
Preciados, 19
Madrid 8, España

NOTA DE DEBITO NO. __516__

16 de enero de 1984

Cía. Perera y Hnos.
Lagasca No. 69
Madrid, 8

Con esta fecha hemos cargado a su cuenta la cantidad de __TREINTA Y CINCO MIL (35.000) PESETAS__ por __omisión en el pago de 350 aros de platino a 1.000 Pts. c/u. Factura No. B-9800__

Atentamente,

JOYERIA DURANGO

Jacinto Durango Alvarez
Gerente

PREGUNTAS

1. ¿Qué es un cheque?
2. Explique el término «endoso».
3. ¿Qué es un pagaré? ¿Quiénes son el mutuante y el mutuario?
4. ¿Qué quiere decir «responsabilidad mancomunada»?
5. ¿Cuándo se debe pagar una letra de cambio a la vista?
6. ¿Qué es el protesto?
7. Explique la diferencia entre un cheque, una letra de cambio y un pagaré.
8. Diga los requisitos de un recibo.
9. ¿Coinciden las especificaciones de una factura con las cláusulas de un contrato de compra-venta?
10. ¿Quién debe firmar un vale?
11. ¿Para qué se usa la nota de crédito?
12. ¿Cuáles son los requisitos de una nota de débito?

Vocabulario

a días fecha, *on the date stated*
a días vista *days after sight*
a la vista *at sight, on sight*
a plazo *on credit*
a su debido tiempo *at the proper time, in due time*
el/la **aceptante** *acceptor*
el **acta notarial** *notarial certificate*
_____ **de protesto** *act of protest (of a bill)*
al dorso *on the back*
alegar (gu) *to allege, to contend*
el **algodón** *cotton*
ante mí *in my presence*
el **anticipo** *advance; loan; advance payment*
anual *annual, yearly*
el **anverso** *obverse (of a written paper)*
el **aro de platino** *platinum ring*
carecer de fondos *to lack funds*
las **cifras** *figures, numbers, numerical characters*
el **clavo** *nail*
el **código de comercio** *business code*
corto plazo *short term*
la **cuantía** *amount, quantity*
la **cuenta bancaria** *bank account*
_____ **corriente** *checking account*

dar fe *to attest, certify, witness; to give credit*
documento de crédito *document of credit (security)*
en exceso *in excess*
en su caso *in your case*
endosable *endorsable*
el/la **endosante** *endorser*
el **endosatario**/la **endosataria** *endorsee*
el **endoso** *endorsement*
la **existencia** *existence*
el **girado**/la **girada,** el **librado**/la **librada** *drawee*
el **girador**/la **giradora,** el **librador**/la **libradora** *drawer*
girar *to draw (a check, draft)*
el **instrumento** *tool*
_____ **de crédito** *tool or means of credit*
_____ **de pago** *tool or means of payment*
la **letra de cambio** *draft; bill of exchange*
mancomunada *joint*
la **moneda corriente** *currency*
el/la **mutuante** *lender*
el **mutuario**/la **mutuaria,** el **mutuatario**/la **mutuataria** *mutuary, borrower*
negarse (ie) *to refuse, deny*
la **nota de crédito** *note of credit*
_____ **de débito** *note of debt*

el **pagaré** *promissory note, IOU*
páguese a la orden *pay to the order*
la **persona física** *human being*
_____ **jurídica** *company, corporation*
por omisión *due to neglect, omission*
presentarse *to appear, present oneself*
protesto *protest (of a bill)*
el **recibo** *receipt*
el **remanente** *remnant (fabric)*
la **responsabilidad mancomunada** *joint responsibility*
el **retazo** *remainder (money)*
el **reverso** *reverse, back, rear side*
sencillo *simple, uncomplicated*
sentar en cuenta *to note down, to enter (in an account)*
el **talón,** la **matriz** *receipt stub*
el **tenedor**/la **tenedora** *holder*
el **tornillo** *screw*
transcribir literalmente *to transcribe literally*
el **vale** *bond; promissory note, IOU; voucher; sales slip*

EJERCICIOS: PRACTICAR, VARIAR Y CREAR

A. **Sinónimos.** Dé el número del sinónimo correspondiente a cada una de las palabras o frases de la columna de la derecha.

1. girar	_____ a. sin condiciones
2. rúbrica	_____ b. debe
3. propietario	_____ c. persona que ordena pagar
4. responsabilidad	
5. cifras	_____ ch. librar
6. a la vista	_____ d. tenedor
7. librador	_____ e. matriz de un recibo
8. plazo	_____ f. firma
9. talón	_____ g. a la presentación
10. librado	_____ h. transferible
11. incondicionalmente	_____ i. números
12. interés	_____ j. reverso
13. dorso	_____ k. obligación
14. endosable	_____ l. girado
15. débito	_____ ll. rédito
	_____ m. término

B. Dé el equivalente en español de las siguientes palabras y expresiones y después escriba una oración, también en español, con cada una de ellas.

1. at sight
2. bearer of check
3. endorsement
4. promissory note
5. we have received
6. in favor of
7. clause
8. bill of exchange
9. unit price
10. protest (of a bill)
11. due date
12. receipt
13. to attest
14. acceptor
15. face (of a document)
16. back (of a document)

C. Elija la palabra que no pertenece al grupo y explique por qué.

1. crédito / crediticio / credenciero / reputación
2. pagaré / pagano / mutuante / mutuatario
3. protestación / protesto / protesta / protestar
4. débito / debelar / deuda / debidor
5. cheque / girar / banco / cuenta / chaqueta

CH. Redacte, prepare y extienda los siguientes documentos según las siguientes minutas.

1. Gire un cheque por la cantidad de 150.000,00 balboas a la orden del Sr. Jorge Alonso Ibarra. El Sr. Alonso Ibarra, a su vez, debe endosar dicho cheque a favor de la Sra. Evangelina Vega Avendaño.
2. Redacte un vale que represente un valor convertible en dinero efectivo.

Capítulo catorce

3. Escriba una nota de crédito y otra de débito con los datos de su propia creación.
4. Escriba una factura con los datos que Ud. desee.
5. Rellene el talón del recibo que aparece en la página 266.

Llene todos los requisitos exigidos para cada una de las clases de estos documentos.

D. Dibuje una letra de cambio con todos sus requisitos y llénela con datos necesarios de su propia invención. Explique después por escrito qué nombre reciben y quiénes son el que ordena pagar, el que paga y el que recibe el pago.

E. Redacte un pagaré en el cual el mutuario es José González Fernández y el mutuante, Alejandro Osorio Guzmán, por la cantidad de 10.500,00 lempiras, en un plazo de sesenta días, con un interés del 6 por ciento desde la fecha de hoy hasta el pago total de la deuda. Lugar y fecha: Honduras, 8 de abril de 1984.

# CUARTA PARTE
La correspondencia social y privada

CAPITULO 15

La carta social y familiar

Muchas cartas comerciales son verdaderas cartas sociales; por ejemplo, las de ofrecimiento de servicios, de presentación, de recomendación, de solicitud de empleo. Pero además de éstas, hay otras cartas sociales que forman parte de las atribuciones de la gente de negocios que quiere corresponderse a un nivel personal con otros de su mismo mundo comercial o con sus amigos. Estas cartas pueden ser de *compromisos sociales* y de *amistad*.

Cartas sociales

La correspondencia social constituye una parte importante en la vida de los hombres y mujeres de negocio. Por lo general, constan de seis partes:

1. lugar y fecha
2. nombre y dirección del destinatario
3. saludo
4. texto de la carta
5. despedida
6. firma

Según la clase de relaciones que existan entre el remitente y el destinatario, las cartas de compromisos sociales pueden ser formales e informales.

Si el destinatario es una persona de mucha confianza la carta comienza, generalmente, con el saludo seguido del nombre de la persona: «*Estimado Juan:*», *Apreciable Inés:*», pudiendo suprimirse el lugar y la fecha a voluntad del que escribe la carta. Pero si el destinatario no es una persona de mucha confianza, se escriben su nombre y dirección completos, así como el lugar y la fecha.

El saludo y la despedida también varían según la carta social sea formal o informal. Saludos de carácter formal son los siguientes: «*Distinguida Srta. Fernández:*», «*Respetable Sra. Díaz:*»; los informales: «*Querida Sra. Mendoza,*», «*Estimado Sr. Ibarra,*» o «*Apreciable amiga,*». Ejemplos de despedida formal son los que siguen: *Atentamente, Muy atentamente, Sinceramente, Muy sinceramente, Cordialmente,*; de despedida informal: *Afectos, Afectuosamente, Muy afectuosamente,*.

Esta clase de cartas deben ser contestadas *a tiempo*, es decir pronto, pues lo contrario es una descortesía, lo cual produce un efecto negativo. Su estilo debe ser sencillo, espontáneo, natural y muy cortés.

Las cartas sociales se pueden clasificar de la siguiente manera:

1. invitación
2. felicitación
3. pésame
4. agradecimiento
5. excusa
6. aceptación de una invitación

En las cartas sociales, por lo general, no se usa papel y sobre con membrete sino que el remitente escribe su nombre y dirección al principio o al final de la carta y en el ángulo superior izquierdo del sobre.

Al escribir una carta de carácter social debe usarse, preferiblemente, papel blanco o de colores pálidos. El papel será *en forma de pliego* de unas $8\frac{1}{2}$ pulgadas de largo por $5\frac{1}{2}$ de ancho. El sobre debe ser del mismo color del papel y debe medir 6 ó 7 pulgadas de largo por 4 ó $4\frac{1}{2}$ de ancho.

Si la carta se escribe a mano, la clase de papel y el color de la tinta que se use dependerán de la categoría de la persona a quien vaya dirigida.

Las cartas sociales escritas a máquina tienen el carácter social-comercial, pero aun cuando se escriban a máquina debe usarse un papel personal.

Cartas de amistad

Estas cartas son las más agradables de escribir, pues el remitente las escribe cuando tiene deseos de hablar por escrito con la persona amiga. Son siempre informales y muy espontáneas.

La correspondencia privada

Está integrada por las cartas familiares que se cruzan entre parientes y amigos muy cercanos. Son cartas muy personales que carecen de todo el *formulismo* de las cartas de compromisos sociales, comerciales y oficiales. Su tono es íntimo y familiar y su estilo sencillo y muy espontáneo.

CARTA MODELO NO. 51   CARTA DE INVITACION

CIRCULO DE BELLAS ARTES

Paseo No. 30, Puebla

2 de marzo de 198-

Sra. María Dolores Cancio Bello
Avenida Reforma No. 1980
Ciudad.

Distinguida señora:

  La organización que me honro en presidir tiene el honor y el placer de invitar a Ud. y a su distinguida familia a la exposición de arte moderno que se presentará en los salones del Palacio de Bellas Artes de esta localidad, el día 10 del actual, a las 6:00 de la tarde.

  En espera de tener el gusto de saludarla personalmente en esta oportunidad, queda de Ud. cordialmente,

Gloria Tamargo del Valle
Ana Gloria Tamargo del Valle
Presidenta

AGT/ymn

279
Capítulo quince

CARTA MODELO NO. 52   CARTA DE FELICITACION

Cuernavaca, 10 de agosto de 19--

Srta. Reyselda Vázquez López
Isabel la Católica No. 30-12
México 1, D.F.

Estimada Reyselda:

Me alegró mucho la noticia de tu ascenso al cargo de Directora General de la empresa donde prestas servicios.

Considero que te han hecho justicia, pues has dedicado todo tu talento, esfuerzo y tiempo a esa compañía y ahora tu labor se ve premiada con este bien merecido ascenso.

Recibe mi más calurosa felicitación por el éxito alcanzado y el sincero deseo porque sigas triunfando en el futuro.

   Saludos afectuosos de tu amiga,

Ana María Abreu

CARTA MODELO NO. 53   CARTA DE PESAME

Santiago de Cuba, 13 de julio de 198-

Sr. Roberto Pérez Herrera
Línea No. 314
Vedado, La Habana.

Apreciable amigo Roberto:

    No encuentro palabras para expresarte mi más sentida condolencia por el fallecimiento de tu querida Lidia.

    Sé que para ti es una pérdida irreparable y hago votos porque Dios te dé fortaleza para sobrellevar el dolor de sentirte privado de la compañera de tantos años.

    Te ruego hagas extensivo mi pésame a tus hijos y demás familiares de tu esposa.

    Cuenta conmigo para lo que precises, pues sabes que desde la distancia me uno a ti y a tus hijos en tan gran dolor.

    Sinceramente,

Rafael Resendes

CARTA MODELO NO. 54   CARTA DE AGRADECIMIENTO

Enrique Valdés Lamar
Malecón 314, Guayaquil

28 de marzo de 198-

Dr. Raúl del Valle Tamargo
Nueve de Octubre No. 716
Quito.

Distinguido Dr. del Valle:

    Solamente unas pocas líneas para expresarle mi agradecimiento por todas las atenciones que tuvo con mi hermana María.

    Sin su ayuda le habría sido muy difícil a María establecerse y abrir su bufete en esa ciudad y tener la clientela que hoy tiene. Considero que gran parte del éxito profesional de mi hermana se debe a su valiosa cooperación.

    En nombre de toda la familia reciba nuestro más sincero y cordial agradecimiento.

    Saludos afectuosos,

Enrique Valdés Lamar
Enrique Valdés Lamar

CARTA MODELO NO. 55   CARTA DE EXCUSA

São Paulo, 15 de agosto de 198-

Sra. Dolores Jácome de Hurtado
Rue Florencio Abreu 824
Ciudad.

Estimada Sra. Dolores Jácome de Hurtado:

    Muy honrados por su atenta invitación a la próxima boda de su hijo Juan Carlos, el día 4 de mayo del año en curso.

    Sinceramente lamentamos no poder asistir pues tendremos que partir para España, en viaje de negocios, el día 3 del actual.

    Le ruego felicite a los novios y les haga llegar el regalo de bodas que le adjunto.

    Para Ud. y su esposo nuestras sinceras y cariñosas felicitaciones.

María M. Maldonado de Larrea
María Marta Maldonado de Larrea

CARTA MODELO NO. 56 — CARTA DE ACEPTACION DE UNA INVITACION

Buenos Aires, 7 de septiembre de 198-

Sr. Julio Moralejo Infante
Paseo de las Colonias 234
Ciudad.

Apreciable Julio:

Es para mí un gusto aceptar tu invitación a la exposición de arte moderno del pintor uruguayo Raúl Blanes.

Conozco muchas de las obras de Blanes y será para mí un gran placer admirar su nueva técnica que según me han informado es insuperable. Veremos.

Por supuesto que a ti y a tu gentileza deberé esa satisfacción. Estaré en tu casa en la fecha y hora señaladas.

Gracias una vez más por tu atención.

Afectos de tu amiga de siempre,

María Teresa

CARTA MODELO NO. 57   CARTA FAMILIAR

Caracas, 28 de febrero de 198-

Srta. María de los Angeles Amador
Calle 14 No. 789
Barranquilla, Colombia

Querida prima:

No puedo explicarte la alegría que experimenté al recibir tu cariñosa carta. La noticia que me das de tu próximo matrimonio con Juan Alberto conmocionó a toda la familia. Todos me encargan que los felicite muy sinceramente. Los planes que hacen para asistir a la boda son de oírse.

Confío que vengas pronto por la capital para hacer las compras de tu ajuar. Por supuesto que con mucho gusto te acompañaré y ayudaré a elegirlo, aunque bien sé que en esta materia no necesitas ayuda pues tienes un gusto y elegancia exquisitos.

En espera de verte muy pronto y felicitarte personalmente, te abraza,

Ana María
Ana María

Capítulo quince

PREGUNTAS

1. ¿De cuántas partes constan las cartas sociales?
2. ¿Cuándo debe contestarse una carta social de invitación?
3. ¿Cuáles son las características de la correspondencia social?
4. ¿Qué papel y sobre debe usarse en la correspondencia social?
5. ¿Cuál es la diferencia principal entre las cartas sociales y las cartas comerciales?
6. Cite distintas clases de cartas de carácter social.
7. ¿Cuáles son las cartas sociales que también pueden ser comerciales?
8. ¿Cómo son las cartas privadas?
9. ¿Qué tono y estilo deben emplearse en la correspondencia privada?

Vocabulario

a tiempo *on time*
abrazar (c) *to embrace*
el **ajuar** *trousseau*
la **boda** *wedding*
el **bufete** *lawyer's office*
la **carta de aceptación** *acceptance letter*
_____ **de amistad** *friendly letter*
_____ **de compromisos sociales** *social letter*
_____ **de excusa** *letter of apology*
_____ **familiar** *family letter*
_____ **de felicitación** *letter of congratulation*
_____ **de gracias** *thank-you letter*
_____ **de invitación** *letter of invitation*
_____ **de pésame** *letter of condolence*
escrito a mano *handwritten*
el **formulismo** *formulism*
los **novios** *bride and groom*
el **pliego de papel** *folded sheet of paper*
premiar *to reward*
sentida condolencia *deepest sympathy*

EJERCICIOS: PRACTICAR, VARIAR Y CREAR

A. **Sinónimos.** Dé el número del sinónimo correspondiente a cada una de las palabras de la columna de la derecha.

1. pésame
2. aceptación
3. excusa
4. sobrellevar
5. bufete
6. boda
7. insuperable
8. gentileza
9. abrumada
10. deferente

_____ a. cortesía
_____ b. condolencia
_____ c. matrimonio
_____ ch. cargada
_____ d. aprobación
_____ e. cortés
_____ f. despacho, estudio
_____ g. disculpa
_____ h. excelente
_____ i. resignarse

B. Dé el equivalente en español de las siguientes frases y diga en qué clase de carta social se emplearía cada una de estas frases.

1. We have just heard, with deep sorrow, the sad news...
2. We are indebted to you...
3. We were delighted to receive...
4. I wish there were something I could say or do to soften your grief...
5. You may be sure that I appreciate...
6. I have delayed in answering your letter because...
7. It was great news to hear about your promotion...
8. It was very kind of you to ask me to Joseph's party on...
9. How can I apologize for...
10. Many thanks for your kind and warm letter...
11. I wanted you, my dear, to be the first to know...
12. You can most certainly count on us for...
13. I wish I could accept your invitation...
14. I have asked a few friends to come for ___ . Will you join us?
15. A million thanks...

C. Redacte dos cartas según las siguientes minutas.

1. Escriba a una compañera de clase de la escuela secundaria, quien estudia ahora en otra universidad. En tono informal déle detalles de sus clases, sus profesores, sus compañeros y de algunas de las actividades universitarias en las que usted participa. Pídale que le conteste, contándole sus impresiones y experiencias universitarias.
2. Escriba a un miembro de su familia desde un país de Hispanoamérica que Ud. está visitando. Cuéntele cómo es el país, sus habitantes y costumbres. Dígale lo que le haya impresionado más de ese país.

CH. Redacte las siguientes cartas.

1. Excusándose por no poder asistir a un baile de gala en la Embajada de Colombia en Washington.
2. Aceptando la invitación a la toma de posesión del Ministro de Relaciones Exteriores de un país centroamericano.
3. Felicitando a un amigo muy querido por su graduación.
4. Comunicando a sus abuelos su próximo matrimonio.
5. Relatando sus experiencias en este curso a un antiguo profesor suyo.

Llene todos los requisitos de estas clases de cartas.

QUINTA PARTE
La correspondencia oficial

CAPITULO **16**

La carta oficial

Las cartas oficiales se relacionan con los trámites que se siguen para resolver un asunto que sólo puede ser ventilado en las oficinas o dependencia de cualquier institución pública o gubernamental de un país.

El estilo de la correspondencia oficial debe caracterizarse por la claridad, concisión, precisión, cortesía y atención a los intereses de la nación.

Entre las cartas oficiales podemos citar las que se refieren a los siguientes asuntos.

Certificación de servicios prestados. El secretario o el ministro correspondiente expide un documento en el que se certifican los servicios prestados por el empleado o funcionario que solicitó la certificación. Se hace constar el cargo o cargos que ocupó el solicitante, el tiempo y el sueldo que percibió en cada cargo.

Nombramientos. Comunicaciones en las que se informa a la persona interesada que ha sido designada para ocupar determinado cargo o puesto público en el gobierno.

Cesantías. Mediante estos documentos se hace saber a los interesados que a partir de una fecha determinada cesará en el cargo que desempeña.

Traslados en comisión del servicio. El ministro o el presidente de una institución pública notifica a un empleado o funcionario a sus órdenes que ha sido trasladado en comisión del servicio a otro ministerio, departamento o dependencia de otra institución pública, por un período determinado y para desempeñar el mismo cargo que ocupa u otro distinto.

Aumentos de sueldo. Son comunicaciones que se usan para informar a los empleados y funcionarios públicos que, a partir de una fecha determinada, recibirán un aumento de sueldo. En dichas comunicaciones se especifica la cantidad mensual que representa el aumento.

Licencia por asuntos propios.* El ministro o el presidente de una institución pública o corporación autónoma notifica al empleado que solicitó la licencia por asuntos propios, que la misma ha sido aprobada o denegada según el caso. En las comunicaciones aprobando la licencia se hace constar el tiempo que el empleado o funcionario estará ausente de su cargo. Durante el tiempo que dure la licencia que disfruta percibirá su sueldo mensual completo.

Las partes de una carta oficial son las siguientes:

1. membrete (En la mayor parte de los países del mundo se usa un sello que lleva el escudo, o sea el emblema, del país debajo del cual aparece el nombre de la dependencia estatal correspondiente.)
2. fecha
3. destinatario
4. referencia
5. saludo
6. texto de la carta
7. despedida
8. firma
9. título o cargo que ocupa la persona que firma
10. iniciales
11. adjuntos o anexos

---

*Esta clase de licencia se pide y se otorga para resolver asuntos personales.

CARTA MODELO NO. 58   **CARTA DE ENVIO DE UNA CERTIFICACION DE SERVICIOS PRESTADOS**

REPUBLICA DE LA ARGENTINA

MINISTERIO DE EDUCACION

Buenos Aires, 4 de febrero de 198-

Sr. José Rodríguez Mancini
Avenida 20 de Mayo No. 1980
Córdoba.

Señor:

De acuerdo con su solicitud de fecha 20 del próximo pasado mes, tengo el gusto de adjuntarle la certificación expedida por el Señor Ministro, en relación con los servicios prestados por Ud. en este ministerio.

Sin otro particular, queda de Ud. muy atentamente,

Alberto Fernández Díaz
Director General de Personal

AFD/ala

Anexo: 1 certificación

CARTA MODELO NO. 59 CARTA DE NOMBRAMIENTO

REPUBLICA DE NICARAGUA
MINISTERIO DE HACIENDA

Managua, 20 de febrero de 198-

Srta. Luz María Vázquez Gutiérrez
Ciudad de los Comediantes 28
Ciudad.

Distinguida Srta. Luz María Vázquez:

Pongo en su conocimiento que por Resolución No. 15 del Sr. Ministro de Hacienda, de fecha 20 del corriente, ha sido usted designada para ocupar el cargo de Oficial de Tercera Clase adscripto al Departamento Legal de este ministerio.

Deberá personarse en dicho departamento el día primero de marzo del año en curso, con el objeto de tomar posesión de su cargo.

De usted con la mayor consideración,

Dr. Manuel Calás Dávila
Subsecretario

MCD/amv

CARTA MODELO NO. 60   CARTA DE CESANTIA

REPUBLICA DEL PERU
CORPORACION NACIONAL DE FOMENTO

Lima, 15 de junio de 198-

Sr. José A. Alonso Cárdenas
Andrade No. 340
Ciudad.

Distinguido Sr. José A. Alonso:

Lamento notificarle que, por motivos de reestructuración administrativa, en el presupuesto aprobado para el ejercicio fiscal de 1984-85 se suprimieron todas las plazas de auxiliar de oficina. Por esa razón, a partir del día primero de julio del presente año, se darán por terminados sus servicios en esta corporación por haber sido suprimida la plaza que Ud. desempeñaba.

De usted con toda consideración,

Dra. Ana María Amador
Subsecretaria

AMA/rah

CARTA MODELO NO. 61   CARTA DE TRASLADO EN COMISION DEL SERVICIO

```
                    REPUBLICA DE CHILE
                    MINISTERIO DE OBRAS PUBLICAS


                                      Santiago, 2 de febrero de 198-

Sra. Estela López Avendaño
Avenida del Libertador 678
Ciudad.

Distinguida Sra. Estela López:

     Le informo que por disposición del Sr. Ministro de Obras Públicas
se ha dispuesto su traslado, en comisión del servicio, del Departamento Legal
al Departamento de Ingeniería de este ministerio, a partir del día 15 del
corriente.

     Mientras permanezca en comisión del servicio en el citado Departamento
de Ingeniería desempeñará el mismo cargo y percibirá igual retribución
mensual.

     Atentamente,


                              Orlando Mendoza Amador
                              Jefe de Personal



OMA/pdg
```

CARTA MODELO NO. 62   CARTA DE AUMENTO DE SUELDO

REPUBLICA DE CUBA
COMISION NACIONAL DE ACUEDUCTOS Y ALCANTARILLADOS

La Habana, 19 de mayo de 198-

Sr. Carlos Ramírez Solana
Paseo del Prado No. 370
Ciudad.

Distinguido Sr. Ramírez:

    Le hago saber que por Acuerdo No. 10 adoptado por el pleno de la Corporación Nacional de Acueductos y Alcantarillados, en sesión ordinaria celebrada el día 16 del actual, su sueldo ha sido aumentado a la cantidad de TRESCIENTOS PESOS ($300,00) mensuales.

    Dicho aumento se considerará con efecto retroactivo al día primero de mayo del año en curso.

    De Ud. con la mayor consideración,

                      Dr. Hilario Menéndez González
                               Secretario

HMG/tdq

CARTA MODELO NO. 63   **CARTA DE APROBACION DE LICENCIA POR ASUNTOS PROPIOS**

REPUBLICA DE COLOMBIA
MINISTERIO DE ESTADO

Bogotá, 28 de abril de 198-

Srta. Estela Garavito Ferro
Avenida del Libertador No. 632
Ciudad.

Ref.: Solicitud de licencia por asuntos propios del 20 de abril de 1984

Distinguida Srta. Garavito Ferro:

Le notifico que, por Resolución No. 392 de fecha 25 del actual, el Sr. Ministro aprobó su solicitud de un mes de licencia por asuntos propios, contado a partir del día 1º de mayo del año en curso.

Le recuerdo que Ud. deberá incorporarse a su cargo de Auxiliar de Oficina del Departamento Legal de este Ministerio el día 1º de junio del corriente año.

De usted con la mayor consideración,

Delfín Sánchez Girón
Subsecretario

DSG/acv

PREGUNTAS

1. ¿Qué se entiende por *correspondencia oficial*?
2. Cite las partes de que consta una carta oficial.
3. Explique cómo es el membrete de las cartas oficiales.
4. ¿De qué asuntos tratan las cartas oficiales?
5. ¿Cómo debe ser el estilo de las cartas oficiales?
6. Dé ejemplos de las distintas cartas oficiales.

Vocabulario

adscripto *attached, assigned*
el **ascenso,** la **promoción** *promotion*
el **aumento de sueldo** *salary increase*
autónomo *autonomous*
el/la **auxiliar de oficina** *office clerk*
la **certificación de servicios prestados** *certification of services rendered*
la **cesantía** *dismissal, layoff*
el **Departamento de Archivo** *file department*
_____ **de Ingeniería** *engineering department*
_____ **Legal** *legal department*
el **ejercicio fiscal** *fiscal year*
el **empleado**/la **empleada** *employee*
el **empleado público**/la **empleada pública** *government employee*

el **funcionario público**/la **funcionaria pública** *government official*
gubernamental *governmental*
la **institución pública** *public institution*
el **jefe**/la **jefa de personal** *personnel director*
la **licencia por asuntos propios** *leave of absence*
el **Ministerio de Agricultura** *department of agriculture*
_____ **de Comercio** *department of commerce*
_____ **de Educación** *department of education*
_____ **de Estado** *department of state*
_____ **de Hacienda** *treasury department*
_____ **de Justicia** *department of justice*
_____ **de Obras Públicas** *department of public works*

el/la **ministro** *cabinet minister*
el **nombramiento** *appointment*
el **oficial**/la **oficial de tercera clase** *clerk*
otorgar (gu), conceder *to consent, agree to*
la **patente** *patent*
la **resolución** *decree, resolution*
la **retribución mensual** *monthly salary*
retroactivo *retroactive*
el **Subsecretario**/la **Subsecretaria de Hacienda** *assistant secretary of the treasury*
el **sueldo básico** *base pay*
suprimir *to suppress, eliminate*
el **trámite** *procedure, formalities*
el **traslado en comisión de servicios** *transfer (of employee) due to reassignment*
ventilar *to clear up (a matter)*

EJERCICIOS: PRACTICAR, VARIAR Y CREAR

A. Señale numéricamente el orden en que aparecen en una carta oficial las siguientes frases y expresiones.

____ le adjunto los documentos
____ José Alomá Díaz
____ le ruego curse las órdenes oportunas
____ para la explotación comercial
____ para que se me conceda
____ Sr. Ministro de Comercio
____ de Ud. con la mayor consideración,
____ con derechos exclusivos la
____ me reservo
____ patente de marca del
____ Anexos: 4
____ cuyos derechos de negociación
____ jabón «ALBA»
____ correspondientes
____ de dicho producto

B. Complete la siguiente comunicación oficial aprobando una solicitud de licencia por asuntos propios.

MINISTERIO DE AGRICULTURA

         Tegucigalpa, _____

Sr. Alberto Gutiérrez de la Solana,
_____
_____

           Ref.: _____

_____:

Le adjunto copia de la Resolución No. 184 del Sr. _____ de fecha 2 del corriente, por medio de la cual se aprobó su _____ de sesenta días de licencia por _____.

Esta licencia según consta de dicha _____ será efectiva a _____ del día primero de agosto del _____.

De Ud. con la mayor consideración,

_____
   Jefe de Despacho

JRB/ala

_____

C. Redacte tres cartas según las siguientes minutas.

1. Solicite una certificación de servicios prestados del Ministerio de Comercio de la República Dominicana. Ud. desempeñó durante nueve años el cargo de Auxiliar de Oficina de Tercera Clase en el Departamento de Archivo de dicho ministerio.
2. Como Director de Secretaría del Ministerio de Estado de la República de Ecuador, escriba al ex-empleado de dicho ministerio, Sr. Jorge Pérez Alonso, adjuntándole la certificación de servicios prestados solicitada por él.
3. Como Jefe de Personal del Ministerio de Justicia, notifique a un empleado a sus órdenes que ha sido ascendido a otro cargo de superior categoría, en otro departamento del mismo ministerio.

Llene todos los requisitos de estos tipos de cartas.

Apéndice 1: GLOSARIO DE TERMINOS COMERCIALES

A

Abonar (*to credit*): Anotar en el libro de cuentas una partida a favor de alguien. Aceptar alguna partida o cosa como parte del pago de una deuda.

Acción (*share, stock*): Documento que representa participación en el caudal de una empresa—o, cada una de las partes en que está dividido el capital de una empresa. **Acciones diferidas** (*deferred shares*): Acciones que no participan de las ganancias de la compañía mientras no se hayan pagado los dividendos de los otros grupos de acciones. **Acciones preferidas** (*preferred shares*): Acciones que reciben una cantidad fija de intereses o dividendos.

Accionista (*shareholder*): Persona que es dueña de una o más acciones en una empresa, compañía o sociedad.

Aceptación (*acceptance*): Aprobación oral o escrita que obliga al pago de letras o libranzas contra su presentación.

Acreditar (*to accredit, vouch for*): Abonar una partida en el libro de cuentas.

Acreedor (*creditor*): Persona a quien se le debe dinero u otra cosa y que, por lo tanto, tiene derecho a pedir que se le pague una deuda.

Activo (*assets*): Conjunto total de los valores transformables en efectivo. Crédito y derechos que tiene una persona o empresa a su favor.

Actuario (*actuary*): Especialista que estudia las matemáticas relacionadas con las compañías de seguros, como el cálculo de riesgos y la fijación de las primas correspondientes a las distintas clases de pólizas y coberturas. Auxiliar judicial que da fe en los autos procesales.

Adeudar (*to debit, charge*): Deber una cantidad de dinero. En Contabilidad, anotar en una cuenta una cantidad que corresponde al «debe».

Aforar (*to appraise*): Reconocer y valuar los géneros o mercancías para el pago de los derechos correspondientes.

Aforo: Acción y efecto de aforar.

Agente de negocios (*agent, representative, promoter*): Intermediario o corredor que se dedica a gestionar negocios de otros.

Agente de cambio y bolsa (*stock exchange agent*): Agente colegiado que, con carácter de notario, hace posible las negociaciones de bolsa a cambio de una comisión.

Almacén (*warehouse*): Local público o privado que se utiliza para guardar o vender cualquier clase de mercancías, géneros, granos, etcétera.

Almacenar (*to store*): Guardar o poner mercancías u otras cosas en un almacén.

Almacenaje (*storage fees*): Derechos que se pagan por conservar las mercancías en un almacén o depósito.

Alza (*rise in price*): Aumento de precio que experimentan las mercancías, acciones, monedas, etcétera.

Amortizar (*to lessen, amortize*): Pagar parte o el total de una deuda. Redimir un censo, un préstamo, a través de pagos parciales.

Apoderado (*proxy, assignee*): Persona que

(*Continúa*)

tiene el poder legal de otro para representarle y actuar en nombre suyo.

Arancel (*customs tariff*): Tarifa oficial que determina los derechos a pagar en la aduana por los artículos que se importan.

Arbitraje (*arbitration*): Procedimiento para resolver pacíficamente conflictos sometidos al fallo de un tercero.

Arqueo (*audit*): Reconocimiento, cuenta y comprobación de los bienes o papeles que pertenecen a una persona o empresa.

Arrendar (*to lease, rent*): Ceder cierta cosa a alguien para que la use temporalmente mediante el pago de una cantidad cada cierto tiempo. A este pago se le llama «alquiler».

Arrendatario (*lessee, tenant*): Persona que toma en arrendamiento o alquiler un bien mueble o inmueble.

Asentar (*to enter an account*): Anotar en los libros una operación comercial.

Aval (*endorsement*): Firma que pone en un documento de crédito un tercero para garantizar el pago de una deuda en caso de no hacerlo la persona obligada a ello.

Avería (*damage*): Daño que sufren las mercaderías, acciones u objetos de valor.

B

Baja (*drop in price*): Disminución que sufren las mercaderías, acciones u objetos de valor en su precio; descenso en su cotización.

Balance (*balance sheet*): Estado de cuenta donde se confrontan el activo y el pasivo y que determina la situación de un negocio o patrimonio.

Balanza comercial o de comercio (*balance of trade*): Estado comparativo de las operaciones de importación y exportación de mercancías que realiza un país.

Balanza de pagos (*balance of payments*): Estado comparativo de los cobros y pagos exteriores de una nación por toda clase de transacciones públicas o privadas: intereses de empréstitos o de valores particulares, fletes, derechos de patentes, turismo, etcétera.

Banca (*banks; banking*): Conjunto de bancos y sus actividades económicas que consisten en girar o descontar letras, abrir créditos, llevar cuentas corrientes y vender y comprar, por cuenta ajena, efectos y valores públicos recibiendo por ello una comisión.

Bancarrota (*bankruptcy*): Quiebra comercial que resulta de no poder pagar las deudas.

Banco (*bank; banking*): Establecimiento público o privado de crédito donde se realizan operaciones de giro, cambio, descuento, apertura de créditos, de compra y venta de efectos públicos, etcétera. Según su función un banco puede ser de descuento, de emisión, hipotecario, de ahorros, industrial, comercial, etcétera.

Beneficiario (*beneficiary*): Persona a quien beneficia un contrato o seguro.

Bienes (*goods*): Patrimonio, hacienda, capital o riqueza. **Bienes inmuebles o raíces** (*real estate*): Bienes que no pueden trasladarse de un lugar a otro. **Bienes muebles** (*movable goods*): Bienes que pueden ser trasladados.

Bosquejo (*sketch*): Traza primera y no definitiva de un proyecto.

Bulto (*parcel, bundle*): Fardo, paquete de gran volumen.

C

Caja postal de ahorros (*postal savings bank*): Establecimiento destinado a recibir en depósito pequeñas cantidades de dinero que devengan interés a favor de sus dueños y a hacer otras operaciones propias de un banco.

Cambio (*change; exchange*): Porcentaje que se da o cobra por una letra de cambio. Precio en que se cotizan los valores mercantiles. Valor relativo de las monedas.

Cancelación (*payment, cancellation*): Anulación de un documento una vez vencido su plazo o validez.

Capital (*capital, capital stock*): Bienes, patrimonio. Cantidad de dinero que se impone a rédito. **Capital líquido** (*net or liquid capital*): Residuo del activo, detraído el pasivo, de una persona natural o jurídica. Importe de la diferencia entre el activo y el pasivo de una empresa o industria.

Capitalista (*capitalist*): Persona que posee un caudal, principalmente en valores o dinero. **Socio capitalista** (*financial partner*): Socio que aporta capital a una compañía o empresa, sometiéndolo a ganancias o pérdidas.

Capitalizar (*to capitalize; to compound interest*): Añadir al capital el producto de los intereses devengados para aumentarlo. Valuar exactamente el capital representado por determinado interés, renta, sueldo, etcétera.

Cargador (*loader, shipper*): La persona que embarca las mercancías en una clase de transporte.

Cargamento (*cargo, shipment*): Mercancías durante su traslado de un lugar a otro.

Cargar (*to charge*): Anotar en el «debe» una partida.

Cargo (*charge*): Anotación en el «debe» de una partida. Conjunto de partidas y cantidades recibidas de las que se debe dar una salida.

Carta de crédito (*letter of credit*): Documento que expide un banco autorizando al titular de la carta de crédito a retirar cierta suma de dinero de otra de sus agencias en el plazo señalado en la misma.

Caso fortuito: (Ver **Fortuito**.)

Caudal (*property, fortune*): Patrimonio, hacienda o bienes y, más comúnmente, dinero.

Certificación (*certification*): Documento en el que se certifica alguna cosa o hecho.

Certificado (*certified*): Carta o paquete que se certifica en la oficina de correos para acreditar que se ha enviado a su destinatario.

Certificar (*to certify*): Asegurar, afirmar, dar por cierta una cosa. Obtener un certificado que acredite que una carta o paquete se ha enviado por correo.

Cesión (*cession, transfer, conveyance*): Traspaso de la propiedad, posesión, acción o derecho que hace una persona a favor de otra. **Cesionista** (*transferrer*): Persona que hace una cesión o traspaso de bienes. **Cesionario** (*transferee*): Persona a cuyo favor se hace un traspaso o cesión de bienes.

Cláusula (*clause*): Cada una de las disposiciones de un contrato. **Cláusula de franco al costado del buque** (*free alongside ship, F.A.S.*): El vendedor pone la mercancía a disposición del comprador al costado del buque. **Cláusula de gastos libre a bordo** (*free on board, F.O.B.*): El vendedor pone la mercancía a bordo del buque.

Cliente (*customer*): Persona que usa los servicios de otra. Dícese del que habitualmente compra en un almacén o establecimiento comercial.

Cobro (*collection*): Acción de cobrar. Presentar un recibo para que sea pagado.

Colateral (*collateral*): Garantía adicional que presenta una persona que solicita un préstamo.

Comercio (*trade, commerce, business*): Actividad que consiste en comprar, vender o permutar para obtener provecho económico.

Comisión (*commission*): Retribución en dinero que recibe una persona o empresa por la prestación de un servicio; tanto por ciento que recibe el que negocia una venta. Encomienda que una persona realiza por encargo de otra.

Comisionista (*commission agent*): Persona que se dedica a vender por cuenta de otro, cobrando una comisión.

Compañía (Ver **Sociedad**.)

Conocimiento de embarque (*bill of lading*):

(*Continúa*)

Contrato sobre el flete, transporte y entrega de las mercancías.

Consignación (*consignment*): Acción de consignar. Enviar mercancías a un agente o representante para que las venda por cuenta del remitente mediante el pago de una comisión.

Consignatario (*consignee*): Agente que recibe en depósito una mercancía consignada.

Contabilidad (*accounting*): Sistema que coordina, dispone y analiza las distintas operaciones comerciales con el propósito de determinar el caudal de una persona o empresa.

Contingente (*quota, contingent*): Cuota que se señala a un país o a un industrial para limitar la importación de determinadas mercancías con el propósito de mantener la balanza comercial.

Contrabando (*smuggling, contraband*): Actividad que consiste en introducir en un país mercancías sin pagar los derechos de aduana, o introducir mercancías prohibidas.

Contrata (*contract*): Documento con que se garantiza un contrato. El propio contrato, ajuste o acuerdo. Contrato que se efectúa para realizar una obra por un precio acordado.

Contratista (*contractor*): Persona que por contrato realiza una obra.

Contrato (*contract, agreement*): Documento o acuerdo entre dos o más personas que los compromete legalmente. **Contrato de arrendamiento de inmueble** (*lease*): Convenio o acuerdo entre el propietario de un inmueble y el arrendatario, por el cual aquél cede a éste el derecho a usar dicho inmueble mediante el pago del arrendamiento. **Contrato de compra-venta** (*contract of purchase and sale*): Pacto entre el vendedor y el comprador por el cual el primero cede al segundo el derecho de propiedad del objeto o mercancía vendida mediante el pago del precio convenido.

Corredor (*broker*): Persona que por oficio interviene en almonedas, ajustes, compras y ventas de cualquier género de cosas. **Corredor de cambios** (*exchange broker*): Persona que solicita letras o dinero para otros y ajusta tanto los cambios e intereses que se han de dar como las seguridades o resguardos requeridos. **Corredor de comercio** (*stock broker*): Funcionario o agente cuyo oficio es intervenir, con carácter de notario, si está colegiado, en las operaciones bursátiles de negociación de letras, valores públicos y privados, etcétera.

Corretaje (*brokerage, broker's commission*): Retribución monetaria que corresponde al corredor por su trabajo.

Coste, costo (*cost*): Cantidad que se paga por la adquisición de algo. **Costo, seguro y flete** (*cost, insurance, and freight, C.I.F.*): Precio de venta de una mercadería que incluye el costo del seguro y del flete.

Cotejar (*to compare*): Comparar una cosa con otra teniendo ambas a la vista.

Cotejo (*comparison*): Prueba judicial que se practica para comprobar la autenticidad de un documento público o privado presentado en un juicio.

Cotización (*quotation; public announcement*): Tipo de cambio que se da a los valores que se aceptan en la bolsa de valores y que aumenta o disminuye según la oferta y la demanda de los mismos.

Cotizar (*to quote prices*): Publicar en voz alta en la bolsa de valores el precio de los títulos de la deuda del Estado, o el de las acciones mercantiles u otros valores que tienen curso legal o público. Facilitar el precio de las mercancías que están a la venta.

Crédito (*credit*): Fama de ser económicamente solvente. Dinero u objetos que se reciben como préstamo, con la obligación de devolver lo prestado más el pago de un interés en un plazo fijado previamente.

Cuadrar (*to balance an account*): Realizar las operaciones necesarias para hacer que las sumas deudoras coincidan con las acreedoras en los libros de contabilidad.

Cuota (*share*): Cantidad que corresponde a cada una de las partes en el reparto de una suma.

Cupón (*bond coupon*): Cada uno de los cajetines de los títulos, acciones, obligaciones, etcétera que se arrancan periódicamente para su cobro.

CH

Cheque (*check*): Orden de pago que se gira contra una cuenta bancaria corriente.

Cheque en descubierto (*overdraft*): Cheque que se gira por una cantidad superior al saldo de la cuenta contra la que se gira.

Cheque al portador (*check payable to the bearer*): Cheque que lo hace efectivo el que lo presenta al banco pues no aparece en él el nombre del girado o tenedor.

D

Debe (*debit*): Parte de la cuenta corriente donde se anotan todas las sumas de cargo.

Decomisar (*to confiscate*): Acción de confiscar una cosa por haberla comprado o vendido ilegalmente su poseedor o por contravenir algún contrato en que se haya determinado esta acción.

Déficit (*deficit, shortage*): Saldo en una cuenta que presenta gastos superiores a los ingresos.

Deflación (*deflation*): Término contrario a «inflación». Se trata de disminuir la cantidad de moneda circulante a fin de reducir precios y sueldos para controlar la inflación económica.

Demanda (*demand*): Solicitud de mercancías o bienes.

Depositario (*official assignee*): Persona encargada de custodiar y manejar los bienes y valores que se le entregan. (Ver **Síndico**.)

Depósito (*deposit; trust; warehouse*): Conjunto de cosas puestas o guardadas en un sitio para poder disponer de ellas cuando se necesitan. Cantidad de dinero depositada en un banco. También se dice de la cantidad de dinero que se entrega como garantía, con anterioridad al recibo de una mercancía, para asegurar el derecho a la misma.

Depreciación (*depreciation, decrease in value*): Disminución del valor de aquellas cosas que se desgastan con el uso.

Derechos de aduana (*customs duties*): Derechos que hay que pagar sobre la mercancía de exportación, con el propósito de limitar las importaciones y proteger así los productos nacionales.

Derecho de veto (*right of veto*): Derecho que tiene una persona natural o jurídica para impedir la aprobación de algo.

Descanso retribuido (*paid vacation*): Vacaciones pagadas a que tienen derecho los trabajadores.

Descuento (*discount, deduction*): Acción de descontar. Cantidad que se deduce cuando se anticipa el pago de un descuento.

Destinatario (*addressee*): Persona a quien se dirige o envía una carta u otra cosa.

Detallista (*retailer*): Persona que se dedica a realizar operaciones comerciales al por menor o al detalle.

Deuda (*debt*): Compromiso contraído al obtener como préstamo dinero o algún otro valor. Obligación de pagar o restituir lo prestado.

Deudor (*debtor*): Persona que debe cumplir un compromiso de pago.

Días fecha (*due date*): Término que se aplica a una carta de crédito u otro documento cuando en ellos se señala el plazo de su vencimiento.

Difusión (*coverage*): Acción de difundirse o extenderse una cosa. Alcance de las ventas en una zona del mercado.

Distrito postal (*postal code, zip code*): Cada una de las zonas en que se subdivide una población para la distribución de la correspondencia.

Dividendo (*dividend*): Cuota o cantidad que corresponde pagar o cobrar por una acción. **Dividendo activo** (*dividend on profits*): Cuotas que corresponden a cada acción al distribuirse las ganancias de una empresa o sociedad mercantil. **Dividendo pasivo** (*installment payment on subscribed stock*): Cantidades parciales que se compromete a satisfacer el suscriptor de una acción a solicitud de la entidad que emitió las acciones.

Divisa (*foreign exchange*): Unidad monetaria de un país pagadera en el extranjero.

Documento (*document*): Escrito que sirve para justificar algo.

Domicilio (*residence, head office*): Lugar en el que, legalmente, está establecida una persona natural o jurídica para el ejercicio de sus derechos y el cumplimiento de sus obligaciones.

E

Efectivo (*ready cash*): Cantidad de dinero contante o en papel moneda del cual dispone una persona o empresa.

Efectos (*assets, merchandise*): Bienes muebles, enseres.

Embargo (*embargo*): Orden judicial que dispone la retención de los bienes de una empresa hasta que ésta satisfaga una deuda pendiente.

Empresa (*company*): (Ver **Sociedad**.)

Empréstito (*governmental loan*): Operación realizada por el Estado por medio de la cual recibe en préstamo dinero de los capitales privados y que obtiene mediante la emisión de bonos que se ponen en circulación a través de los bancos.

Enajenación (*alienation*): Gravamen que afecta total o parcialmente un bien mueble o inmueble.

Endosante (*endorser*): Persona que endosa o cede un documento.

Endosar (*to endorse, transfer*): Ceder a favor de otra persona un documento de crédito expedido a la orden.

Endosatario (*endorsee*): Persona a cuyo favor se hace el endoso de un documento.

Endoso (*endorsement*): Lo que se escribe al dorso de un documento de crédito expedido a la orden para traspasarlo o cederlo a favor de otro.

Entrada (*cash receipt*): Caudal que entra en caja. Anotación que se hace en el «haber» de una cuenta corriente.

Escritura (*deed*): Documento público firmado en presencia de un notario público y de testigos, por medio del cual se transfiere el título de propiedad de un inmueble.

Especulación (*speculation*): Acción de especular. Operación comercial que se aprovecha del alza o baja en los valores y mercaderías con el propósito de obtener lucro.

Especular (*to speculate, dabble in stocks*): Obtener ganancia o provecho fuera del tráfico mercantil.

Especulador (*speculator*): Persona que especula.

Estabilidad monetaria (*monetary stability*): Equilibrio que guarda una moneda con relación a las reservas en oro que la garantizan.

Estadísticas (*statistics*): Censo o recuento.

Existencias (*stock on hand*): Mercancías existentes en un almacén, tienda o depósito.

Expediente (*dossier, record*): Conjunto de todas las tramitaciones llevadas a cabo en una oficina sobre un asunto. Conjunto de todos los documentos que se van produciendo en esas tramitaciones.

Exportación (*exportation*): Envío de mercancías de un país al extranjero.

Expropiación (*expropriation*): Acción y efecto de despojar a alguien de su propiedad, por disposición del Estado y por necesidad pública, y que se compensa mediante una indemnización en dinero efectivo.

F

Factura (*invoice*): Documento expedido por el que vende la mercancía y que debe contener las condiciones del precio de venta, cantidad, forma de entrega, nombre de la compañía compradora, fecha de entrega, etcétera.

Factura consular (*consular invoice*): Documento expedido por el Cónsul del país hacia donde se embarcan las mercancías.

Falsificar (*to counterfeit, falsify, forge*): Alterar la realidad en una contabilidad. Falsear o adulterar una cosa.

Fianza (*guarantee, security, bond*): Garantía que se da al contratante como respaldo del cumplimiento de las obligaciones contraídas.

Fiar (*to trust; to sell on credit*): Entregar una mercancía y recibir el dinero de su importe más tarde.

Fiduciario (*fiduciary, trusteeship*): Persona encargada por el testador de trasmitir sus bienes a otra u otras personas.

Filial (*branch*): Empresa subordinada a la casa matriz o casa central. También se conoce con el nombre de «sucursal».

Finanzas (*finances*): Conjunto de actividades relacionadas con el dinero de los negocios y la bolsa.

Financiero (*financier*): Persona entendida en las actividades relacionadas con el dinero de los negocios, la banca y la bolsa, y que se ocupa de ellas.

Flete (*freight*): Cantidad que se paga por el traslado de mercancías de un lugar a otro.

Fluctuación (*fluctuation*): Alza y baja de la cotización de valores como consecuencia del juego de la oferta y la demanda.

Fluvial (*fluvial*): Referente a los ríos.

Folleto (*brochure*): Obra impresa con un reducido número de hojas.

Fondos (*funds*): Caudales, valores disponibles en caja o en el banco.

Fortuito (*fortuitous, accidental*): Lo que ocurre casualmente y en forma inesperada. Por lo común es dañoso.

Franco (*free*): Libre del pago de algún impuesto o derecho.

Franquicia (*exemption*): Exención. Privilegio que se concede a alguien o a algo para no pagar ciertos derechos o gravámenes. **Franquicia postal** (*exemption from postage*): Exención de los derechos de franqueo.

Fraude (*fraud, deceit, guile*): Acto de mala fe. Engaño.

Fuerza mayor (*act of God*): Circunstancias que no se pueden prever ni evitar y que eximen del cumplimiento de alguna obligación.

G

Gaceta oficial (*gazette, official newspaper*): Nombre que se da al diario oficial de un país.

Ganancia (*profit*): Utilidad que resulta de la diferencia entre el precio de compra y el de venta; entre el costo de producción y el precio de venta; entre el costo de prestar un servicio y lo que se cobra por prestarlo.

Garantía (*guarantee, security, collateral*): Fianza, prenda que asegura y protege contra algún riesgo. **Garantía hipotecaria** (*mortgage security*): Fianza o prenda representada por un bien inmueble o por su valor.

Garantizar (*to guarantee*): Ofrecer garantía.

Género (*merchandise, goods*): Cualquier clase de mercancía.

Giro (*draft*): Movimiento y traslado de caudales por medio de documentos de cambio: letras, libranzas, etcétera. **Giro bancario** (*bank draft*): Orden de pago que hace un banco, pagadera por otro, generalmente en otra plaza. Cheque emitido por un banco pagadero en otro. **Giro postal** (*postal money order*): Transferencia de dinero ordenada en una oficina de correos y pagadera en otra. **Giro telegráfico** (*telegraphic money order*): Transferencia de

(*Continúa*)

dinero que se hace a través de la oficina de telégrafos.
Gravamen (*lien, assessment*): Carga u obligación impuesta sobre un bien inmueble o sobre un caudal.
Gruesa (*gross*): Igual a doce docenas.

H

Haber (*credit*): Una de las partes de un estado de cuenta, balance o libro de contabilidad donde se anotan las entradas. Cantidad que se percibe periódicamente a cambio de servicios personales. En este último caso, se llama comúnmente «sueldo».
Hipoteca (*mortgage*): Gravamen sobre bienes inmuebles que sirven como garantía del cumplimiento de una obligación o del pago de una deuda.

I

Importación (*importation*): Acción de introducir en un país mercancías o bienes comprados en el extranjero. Conjunto de cosas importadas.
Importador (*importer*): Persona que introduce en un país mercancía comprada en mercados extranjeros.
Impuesto (*tax*): Tributo, carga o gravamen impuesto por el gobierno de un país.
Incautar(se) (*to attach property*): Retener los bienes de una persona o empresa, por orden de un juez o tribunal hasta que se satisfagan sus deudas.
Indemnización (*indemnization*): Acción de resarcir a otro por el daño o perjuicio que se le ocasione.
Inflación (*inflation*): Aumento de la cantidad de dinero circulante como resultado de un alza en los precios.
Inmuebles (*real estate*): (Ver **Bienes inmuebles**.)
Insolvente (*insolvent*): Deudor incapaz de satisfacer sus deudas por carecer de medios para hacerlo.

Interés (*interest, profit*): Provecho, utilidad, ganancia que produce un capital. **Interés compuesto** (*compound interest*): Interés que produce un capital al cual se le van acumulando sus réditos para que éstos, a la vez, produzcan otros intereses. **Interés simple** (*simple interest*): Interés que se obtiene de un capital sin añadir ningún rédito vencido.
Inventario (*inventory*): Recuento de los bienes de una persona o empresa.
Inversionista (*investor*): Persona que invierte su capital en empresas y operaciones comerciales con el propósito de lucro.

L

Latifundio (*large estate*): Finca rústica de gran extensión.
Letra de cambio (*bill of exchange*): Documento mercantil de transferencia por el cual una persona (el **librador**) ordena a otra (el **librado**) pagar una determinada cantidad de dinero a la orden de un tercero (el **tenedor**) en la fecha y lugar especificados.
Libramiento (*order of payment*): Orden de pago que se emite por escrito.
Librar (*to issue an order of payment*): Girar o expedir letras, cartas de crédito, etcétera.
Libre cambio (*free trade*): Operación resultante del libre juego entre la oferta y la demanda. Doctrina económica que defiende la libertad de la oferta y la demanda, principalmente en el comercio internacional.
Libre empresa (*free enterprise*): Sistema económico en el que se puede comprar y vender sin impedimentos.
Liquidación (*liquidation*): Venta al por menor a precios muy bajos de toda o parte de la mercadería en existencia en una tienda.
Lista de precios (*price list*): Relación de las especificaciones y precios de las mercancías o productos.

Lucro (*profit, gain*): Beneficio o provecho monetario que se obtiene de una cosa.

M

Marca registrada (*trademark, registered brand*): Nombre oficial y legal por el que se conoce un producto.
Masa de acreedores (*group of creditors*): Conjunto de acreedores.
Materia prima (*raw material*): Productos del subsuelo o de la agricultura que la industria elabora y convierte en artículos de consumo.
Menoscabo (*detriment, impairment*): Disminución o deterioro de las cosas.
Mercado (*market*): Sitio o región destinado a la compra y venta de productos y mercancías.
Mercader (*merchant, dealer*): Persona que comercia con géneros vendibles.
Mercantilismo (*mercantilism*): Sistema económico de la época moderna que supone que la prosperidad de un país se mide por la cantidad de dinero circulante, es decir, que un país será más rico mientras más oro y plata tenga. Este sistema favorece la exportación de los productos nacionales para atraer la moneda y limita la importación de productos extranjeros por medio de crecidos derechos de aduana.
Minifundio (*small farm*): Finca rústica de reducida extensión.
Merma (*decrease*): Acción y efecto de mermar. Disminución de una cosa ya sea porque se pierde naturalmente o porque se sustrae una porción de ella.
Moratoria (*moratorium*): Plazo último que los acreedores otorgan a un deudor para que pague sus deudas.
Muellaje (*dockage*): Impuesto que paga toda embarcación que fondea junto al muelle.
Muestra (*sample*): Porción pequeña de un producto que se usa para dar a conocer su calidad.

N

Negligencia (*negligence, neglect*): Descuido, omisión.
Negociable (*negotiable*): Algo que es susceptible de negociarse como objeto de comercio.
Negociado (*office, division, or section in an official department*): Cada una de las dependencias en que se divide una oficina.
Negociar (*to negotiate*): Traficar, comerciar. Dedicarse a los negocios, especialmente a la compra-venta.
Neto (*net*): Integro, líquido. Lo que resulta después de deducir gastos, impuestos, descuentos.
Nómina (*payroll*): Documento en el que se detallan por lista los nombres de los empleados, sus horas trabajadas, sueldo o salario que devengan y los descuentos que se les hace por pago de impuestos, seguros, hospitalización, etcétera.
Numerario (*cash, currency*): Dinero efectivo.

O

Obligación (*bond, liability*): Título al portador que representa una cantidad prestada por un tercero al Estado o a una compañía.
Oferta (*supply*): Presentación de mercancías que los vendedores ponen en el mercado en solicitud de venta por el comprador. Ofrecimiento de una cosa en venta.
Operación de bolsa (*stock market transaction*): Operación comercial que se realiza en el mercado bursátil, con mercaderías o valores aceptados a libre cotización.
Orden de pago documentaria (*order of payment against presentation of documents*): El ordenante le hace saber al banco que pague a un tercero cierta cantidad contra la presentación de los documentos señalados.

P

Pagaré (*promissory note*): Documento en el que se promete el pago de una deuda en un plazo determinado.

Pago al contado (*cash payment*): Acción de pagar el precio total de lo que se compra en el momento de cerrar la operación.

Pago a la entrega (*cash on delivery, C.O.D.*): Acción de pagar el costo total de las mercancías o géneros comprados al ser recibidos.

Pago a plazos (*payment by installment*): Acción de pagar el precio total de algo que se compra en los plazos o períodos convenidos previamente.

Parquet (*floor*): Lugar en la bolsa de valores donde se reúnen los agentes de cambio y bolsa para realizar las operaciones bursátiles.

Participación (*copartnership, share*): Aportación de capital de cada uno de los accionistas de una sociedad.

Partida (*entry; shipment*): Cantidad parcial de una cuenta. Porción de un género de comercio.

Pasivo (*liabilities*): Importe de las deudas y obligaciones de una persona o empresa.

Patente (*patent*): Documento que acredita el registro de una marca comercial exclusiva. **Patente de invención** (*registered patent*): Certificado que asegura al autor de un invento su propiedad y su explotación exclusiva durante cierto tiempo.

Patrimonio (*patrimony*): Conjunto de propiedades y bienes de una persona natural o jurídica.

Pedido (*order*): Nota de los artículos que solicita el comprador.

Permuta (*exchange*): Acción de permutar. Dar una cosa a cambio de otra.

Peso bruto (*gross weight*): Peso total de una mercancía, incluyendo su envase.

Peso legal (*legal weight*): Peso de la mercancía con su envase para la venta al por menor.

Peso neto (*net weight*): Peso de la mercancía después de descontado cualquier aditamento.

Pignorar (*to pledge*): Dar o dejar un objeto como garantía de pago de un préstamo.

Plaza (*market*): Sitio, región o área en que se realizan operaciones mercantiles.

Plazo (*time of payment*): Término o tiempo que se otorga para satisfacer un compromiso.

Poder (*power of attorney*): Facultad otorgada por una persona o entidad (el **poderdante**) a otra persona (el **apoderado**) para que ésta realice actos o gestiones como su representante.

Póliza (*policy*): Documento en el que se da constancia de las condiciones de contratos, créditos, seguros, etcétera.

Portador (*bearer*): Persona que lleva o trae algo. El que presenta para su cobro un documento de crédito pagadero a quien lo exhibe.

Precio (*price*): Cantidad que se fija como pago de lo que se compra. **Precio corriente** (*market price*): Precio que rige en el mercado. Este precio está sujeto a la ley de la oferta y la demanda. **Precio de costo** (*cost price*): Precio que representa la suma total de los gastos de materia prima, producción, fabricación, pago a los trabajadores y demás gastos generales. **Precio de fábrica** (*factory price*): Precio del fabricante del producto o mercancía. **Precio de factura** (*invoice price*): Precio que se fija en la factura. **Precio de lista** (*list price*): Precio que figura en la lista de precios. **Precio neto** (*net price*): Precio que paga el comprador cuando no obtiene ni rebajas ni descuentos sobre el precio de la mercancía.

Presupuesto (*estimate, budget*): Estimación previa que se hace de los gastos e ingresos de un negocio, del costo de una obra, etcétera.

Prima (*premium*): Suma fija o proporcional que se paga como premio, regalo, sobreprecio, comisión, indemnización, etcétera. Costo de un seguro.

Producto nacional (*national product*): Bienes y productos del suelo y de la industria que produce un país.

Promoción (*promotion*): Iniciar o incrementar la venta de un producto.

Propietario (*owner, proprietor*): Persona que tiene el derecho de propiedad de un bien mueble o inmueble.

Prorrata (*share*): Cantidad que corresponde proporcionalmente a cada una de las partes entre las que se reparte algo.

Prorrogar (*to extend time*): Renovar el plazo de una obligación por tiempo determinado. Aplazar.

Protesto (*protest*): Requerimiento que se hace ante un notario quien certifica que un documento de pago presentado para su cancelación en el plazo estipulado no ha sido satisfecho, protestando recobrar su importe del deudor. Testimonio escrito del mismo requerimiento.

Publicidad (*advertising*): Medios con que se anuncia un producto.

Puerto franco (*free port*): Puerto que goza de franquicia de derechos de aduana.

Q

Quebrar (*to go bankrupt*): Cesar una persona o firma en el comercio por no poder cumplir con sus responsabilidades económicas por carencia de recursos.

Quiebra (*bankruptcy*): Situación económica y jurídica que ocurre cuando una persona o firma cesa de cumplir con sus compromisos monetarios por carecer de recursos. **Quiebra culpable** (*culpable bankruptcy*): Quiebra ocasionada por la mala administración, imprudencia o negligencia del comerciante. **Quiebra fortuita** (*accidental bankruptcy*): Quiebra que es resultado de la adversidad en los negocios. **Quiebra fraudulenta** (*fraudulent bankruptcy*): Quiebra que se produce con engaño o fraude, con el propósito de declararse insolvente—con frecuencia, para alzarse con los bienes.

R

Razón social (*firm name*): Nombre con que es legalmente conocida una sociedad mercantil.

Recambiar (*to re-exchange*): Volver a girar contra el librador el valor de una letra protestada.

Recaudar (*to collect*): Cobrar bienes o efectos.

Recesión (*recession*): Situación económica en que baja la demanda. Se propicia la baja en los precios e inversiones, aumenta el desempleo y se produce un debilitamento general económico. Generalmente, se produce después de un período de crisis.

Rédito (*interest, profits*): Renta que produce un capital.

Reembolsar (*to reimburse*): Devolver la cantidad prestada, incluyendo los intereses, si los hay, más las comisiones y otros gastos que se originan en una operación comercial.

Remesa (*remittance*): Remisión, envío de bienes, fondos, títulos, valores, etcétera.

Remitente (*sender*): Persona que envía una carta u otra cosa.

Renta (*rent*): Cantidad que paga el arrendatario al arrendador por el derecho a utilizar un bien o una propiedad. Utilidad o ganancia que produce periódicamente una cosa.

Requerimiento (*injunction*): Acto judicial por el que se intima a alguien a que haga o deje de hacer una cosa.

Rescindir (*to rescind, annul, cancel*): Dar por terminado legalmente un contrato o una obligación.

Resguardo (*certificate of deposit*): Documento que certifica por escrito que se ha hecho un depósito de valores o dinero efectivo en un banco y que el depósito produce ciertos beneficios.

Riesgo (*risk*): Peligro, contingencia de un daño.

Rótulo (*heading*): Cartel que da informes sobre un producto.

S

Saldar (*to pay up a debt*): Liquidar una deuda u obligación.

Saldo (*balance*): Diferencia entre el «debe» y el «haber». Cantidad que en contabilidad resulta a favor o en contra de alguien. Resto de mercaderías en existencia que se venden a bajo precio.

Salida (*outlay*): Despacho o venta de mercancías. En contabilidad, partida de descargo. Terminación de un negocio.

Seguro (*insurance*): Contrato por el cual una firma o persona (el asegurador) asume un riesgo sobre otra o sobre sus bienes o efectos (el asegurado) a cambio del pago de una cantidad determinada (la **prima**).

Síndico (*syndic, trustee*): Persona (o personas) elegida por los acreedores para que se encargue de liquidar una quiebra comercial.

Siniestro (*disaster*): Daños serios o pérdidas, particularmente producidos por una fuerza natural.

Sobregiro (*overdraft*): Acción de sobregirar. Hacer un giro o un cheque por valor superior al crédito disponible o al saldo de la cuenta.

Sobreviviente (*survivor*): Persona que sigue viviendo después de la muerte de otra.

Sociedad (*company, association, corporation*): Agrupación de personas que aportan individualmente capital para dedicarse a una actividad económica con el propósito de obtener beneficios lucrativos. **Sociedad anónima** (*joint-stock company*): Sociedad que se constituye por acciones. La responsabilidad está limitada al capital que representan las acciones. No toma el nombre de ninguno de los accionistas y su dirección y administración está a cargo de los administradores. **Sociedad cooperativa** (*cooperative partnership*): Sociedad que se constituye con el propósito de obtener la utilidad común de sus asociados. **Sociedad de responsabilidad limitada** (*limited company*): Sociedad que, sin ser anónima, responde a sus acreedores con los bienes sociales. La responsabilidad está limitada a la aportación de los socios. **Sociedad en comandita o comanditaria** (*joint company*): Sociedad formada por dos clases de socios, unos colectivos, con plenos derechos y obligaciones, y otros llamados «comanditarios», cuyo interés y responsabilidad en los negocios comunes están limitados a cierta cuantía. **Sociedad regular colectiva** (*general partnership*): Sociedad que se rige por pactos comunes a los socios, con el nombre de todos o algunos de ellos. Todos los socios participan proporcionalmente de los mismos derechos y obligaciones. La responsabilidad es indefinida.

Solvente (*solvent*): Característica de una persona que cumple satisfactoriamente sus deudas.

Subarrendamiento (*sublet*): Acción de dar o tomar en arriendo un bien inmueble, no de su dueño, sino del arrendatario del mismo.

Subasta (*auction*): Venta que consiste en ofrecer públicamente cosas que se adjudican al que ofrece más por ellas. Puede tratarse de bienes, de alhajas o de una contrata para la ejecución de una obra o de un servicio público.

Sucursal (*subsidiary, branch*): Establecimientos que tiene una misma empresa en diferentes poblaciones o en sitios distintos de una misma población.

Suspensión de pagos (*suspension of payments*): Declaración que debe hacer ante un juez el comerciante que no puede cumplir con el pago de sus obligaciones.

T

Talón (*stub*): Orden de pago u otro documento que se arranca de un talonario pero que deja en éste una parte que se conserva como justificante de su legitimidad.

Tarifa (*price list, schedule of charges*): Catálogo o tabla que contiene los precios, gastos de derecho o impuestos que se aplican a determinada mercancía o suministro.

Tarifa postal (*postage rate*): Tabla o catálogo de los precios que se debe pagar por los servicios de correos.

Tasa (*assessment, appraisal*): Precio fijo asignado por la autoridad a las mercancías. Acción de tasar. Documento donde aparece la tasa.

Tasar (*to appraise*): Calcular el valor o el precio que corresponde a una cosa. Determinar el valor de las averías causadas a una mercancía u otros bienes.

Tesorero (*treasurer*): Persona encargada de guardar los bienes, dinero o valores de una entidad.

Transferible (*transferable*): Algo que se puede ceder a favor de otro.

Traspaso (*transfer, conveyance of account*): Acción de traspasar. Retirar cierta cantidad de una cuenta para ser abonada a otra cuenta perteneciente al mismo titular.

U

Usufructo (*usufruct, profit*): Derecho a disfrutar de la propiedad de otro y de apropiarse de sus frutos sin deteriorla. Utilidad o provecho que se obtiene de alguna cosa.

Usura (*usury*): Interés excesivo obtenido por un préstamo. Ganancia o utilidad excesivos.

V

Valorar (*to appraise*): Tasar o estimar el valor de una cosa.

Valor nominal (*nominal value*): Valor que aparece en un documento y que le da su valor de emisión. Cantidad pagadera en una letra de cambio, independiente del valor neto.

Valores (*securities*): Títulos, acciones u obligaciones que representan dinero.

Vencimiento (*expiration*): Fin del plazo señalado para el cumplimiento de una letra, deuda, obligación, etcétera.

Venta (*sale*): Operación mediante la cual se hace la entrega de una propiedad, de un bien o servicio a cambio de un precio pactado.

Viajante (*traveling salesman*): Persona que viaja para realizar operaciones de venta o compra para un negocio o empresa.

Apéndice 2: ORGANISMOS E INSTITUCIONES ECONOMICAS INTERNACIONALES

Acuerdo General Sobre Aranceles Aduaneros y Comercio (GATT): Fundado en 1948. Es un código que se aplica al comercio internacional en general.

Asociación Latinoamericana de Libre Comercio (ALALC) (*Latin American Free Trade Association*): Esta asociación tiene por finalidad el establecimiento de un área de libre comercio hispanoamericano. Tiene su sede en Montevideo. Los países miembros son: Argentina, Brasil, Bolivia, Colombia, Chile, Ecuador, México, Paraguay, Perú, Uruguay, Venezuela. Actualmente se le conoce como **Asociación Latinoamericana de Integración.**

Asociación de Libre Comercio del Caribe (CARIFTA) (*Caribbean Free Trade Association*): Creada en 1966.

Banco Interamericano de Desarrollo (BID) (*Inter-American Development Bank*): Fundado por los Estados Unidos en 1957, lo integran los Estados Unidos y las repúblicas hispanoamericanas. Actualmente admite como miembros a países fuera de este hemisferio en calidad de «extrarregionales». Tiene como función fomentar el desarrollo de los medios de producción y la industrialización de los países hispanoamericanos.

Banco Internacional de Reconstrucción y Fomento (*International Development Bank*): Su función es fomentar los medios de producción de los países en desarrollo, así como asesorarlos en asuntos económicos. Con este objeto otorga préstamos a largo plazo y facilita la inversión de capitales. Tiene su sede en Washington.

Fondo Monetario Internacional (FMI) (*International Money Fund*): Esta institución fue creada en 1945 para velar por la estabilidad de la moneda. También se encarga de extender el comercio internacional. Apoya, con sus recursos, a los países miembros que solicitan su ayuda. Tiene su sede en Washington.

Grupo Andino: Grupo regional de la **ALALC**. Está formado por Bolivia, Colombia, Chile, Ecuador y Perú.

Lloyd's: Es un centro de contratación de seguros que tiene su origen y su sede en Londres.

Mercado Común Centroamericano: Se trata de una dependencia de la **Organización de Estados Centroamericanos (ODECA).** Los países miembros son: Costa Rica, Guatemala, El Salvador, Honduras, Nicaragua. Tiene como finalidad eliminar los aranceles entre los países miembros y establecer un arancel común para el comercio entre los países de la región y los del resto del mundo. Tiene su sede en Guatemala.

Mercado Común Europeo (*European Common Market*): Creado en 1957 para estimular el desarrollo económico de los países miembros dentro de un mercado común en el que operan libremente personas que tramitan bienes y servicios. Tiene como finalidad eliminar los derechos de aduana dentro de la comunidad y establecer aranceles comunes para las importaciones. Su sede está en Bruselas.

Organización de Países Exportadores de Petróleo (OPEP) (*Organization of Petroleum-Exporting Countries*): Organización encargada de coordinar todas las operaciones relacionadas con la compra y venta del petróleo y de defender los intereses generales de los países miembros. En Hispanoamérica la integran: Argentina, Colombia, Ecuador, Perú, Venezuela.

Sistema Económico Latinoamericano (SELA): Fundado en 1975 en Panamá. Defiende los intereses económicos regionales. Presenta la posición latinoamericana en asuntos internacionales. Lo integran 25 países. Los Estados Unidos, específicamente, están excluídos. Tiene sus oficinas centrales en Caracas, Venezuela.

Tratado General de Integración Económica de América Central: Este tratado fue firmado en Nicaragua en 1960. Su propósito es administrar los tratados económicos regionales y colaborar en materia fianciera con los países miembros. Tiene su sede en Guatemala.

Wall Street: Centro financiero de Nueva York.

Vocabulario: ESPAÑOL-INGLES

A

a bordo on board
a cargo de in care of
a crédito on credit, as a credit basis
a cuenta on account, in partial payment
a favor in favor of, payable to
a (su, nuestro, vuestro) favor in (your, our, your) behalf
a la atención de in care of
a la vista on sight
a mi pesar to my regret
a nombre de under the name of
a partir de as of, from (date)
a pesar de in spite of
a plazo on credit
a su cargo at your command or management
a su debido tiempo at the proper time, in due time
a su disposición at your disposal
a sus órdenes at your service
a tiempo on time
a vuelta de correo by return mail
el abogado/la abogada lawyer
abonar to credit with
abrazar to embrace
la abreviatura abbreviation
acabar to finish, complete, end
acceder to agree, consent
los accesorios accessories
las acciones stocks; ____ **más productivas** most profitable stocks; ____ **más remunerativas** most profitable stocks
el/la accionista stockholder, shareholder
la aceptación acceptance
el/la aceptante accepter
el acero steel
aclarar to explain, clarify
acompañar to accompany; to send with
aconsejable advisable
aconsejar to advise
acrecentar to increase; to promote, advance
acreditar to credit (*an account*)
el acreedor/la acreedora creditor
el acta (but: *fem.*) act or record of proceedings; ____ **de protesto**
act of protest (*of a bill*); ____ **notarial** notarial certificate
los actos de negocio business actions
actuar en consecuencia to act in consequence
acudir to present oneself; to attend
el acuerdo agreement
acusar recibo to acknowledge receipt
el acuse de recibo acknowledgement of receipt
el adelanto advance payment
adeudar to owe
el adjetivo numeral numeral adjective
adjudicar to adjudicate, settle
adjuntar to enclose, to attach (*in a letter*)
adjunto/a attached, enclosed
los adjuntos enclosures
la administración administration, management
la Administración General de Correos General Post Office
adoptar to adopt
adquirir to acquire, obtain, get
adscripto adscript
adverso/a adverse
afectísimo very affectionately
afirmar to affirm, assert, contend
aforar to gauge, measure, appraise
el aforo gauging, appraisal
el/la agente exclusivo/a exclusive agent
el agente vendedor/la agente vendedora sales agent
agradecer to be thankful for, to be grateful for
el agradecimiento gratitude
agravar to become grave or worse; to aggravate
agresivo aggressive
el ajuar trousseau
el ajustamiento settling of accounts
el ajuste adjustment
al calce at the bottom (*of a document*)
al contado cash in hand
al crédito on credit
al detalle retail
al dorso on the back
al pie at the foot (*of a document*)
al por mayor wholesale
al por menor retail
al precio de at a cost of
al respecto in regard to
al tanto de informed of, posted about
alegar to allege, affirm; to contend
alejar to alienate
el algodón cotton
alinear to align, line up
el almacén warehouse, storage house
el/la almacenista warehouser
alternar to alternate
la alternativa alternative
alzar to raise
la amabilidad affability, kindness
amortizar to redeem, amortize (a debt)
amparar to shelter, protect; to help, assist
los anexos enclosures
el antagonismo antagonism
ante mí in my presence
la antefirma company of the writer of a letter, put before the signature
(de) antemano beforehand
(con) anticipación in anticipation
anticipar to anticipate, act ahead (of)
el anticipo advance, loan, advanced payment
anual annual, yearly
anular to annul, make void
anunciar la visita to announce the visit; ____ **la rebaja** to announce a price reduction or discount; ____ **el saldo** to announce remnants sold at low prices
el anuncio advertisement
el anverso obverse (*of a written paper*)
el año en curso current year
la aparición apparition, appearance
la apariencia personal personal appearance
el apellido surname, family name; ____ **materno** mother's maiden name; ____ **paterno** family name
la apertura opening
aplazar to postpone
el apoderado/la apoderada attorney, proxy

317

apoderar to grant power of attorney
apreciar to appreciate; to estimate, price, value
la aprobación approval
aprobar to approve
apropiado appropriate, fit
aprovechar esta oportunidad to make use of this opportunity
la aptitud aptitude, ability, competence, capacity
el archivador/la archivadora filing clerk
la argumentación argumentation, reasoning
los argumentos convincentes convincing reasoning
el armario cabinet; ____ **con puertas de corredera de cristal** cabinet with sliding glass doors
el aro de platino platinum ring
arrendar to rent, let, lease
arriesgar to risk
arrojar (un saldo) to leave, show (*a certain figure, as a balance*)
los artículos de cuero leather goods
ascendente ascendant, ascending
ascender to ascend; to be promoted
el ascenso promotion
el asegurado/la asegurada insured, policy holder
el asegurador/la aseguradora insurer
la asistencia attendance, presence
el/la aspirante candidate, applicant
asumir to assume; to raise
el asunto subject, matter, business
la atención attention; (*pl.*) affairs, duties
su atenta carta your courteous letter; ____ **comunicación** your courteous communication
atentamente attentively
atento/a polite, courteous
atravesar to go through
la auditoría auditor's office
el aumento increase; ____ **de población** population increase; ____ **de sueldo** salary increase
autónomo/a autonomous
autorizar to authorize
el/la auxiliar de oficina office clerk
avalar to answer (*for a person*)
la avenida avenue
la avería damage
averiado/a damaged
el aviso notice, announcement

B

el balance balance sheet; balance
el balboa currency unit of Panama
la bancarrota bankruptcy
el Banco Agrícola e Industrial Agricultural and Industrial Bank
(por) barco by ship
el barrio city district, suburb
beneficioso beneficial, profitable
los bienes inmuebles real estate
la boda wedding
el bolívar currency unit of Venezuela
la bolsa stock market
el bolso de cuero leather purse
los bonos bonds
brindar to offer
el buen nombre reputation
el bufete lawyer's office
el bulto bulk, bundle, package

C

el cablegrama cablegram
la caja box; ____ **de seguridad** safe deposit box
la caja postal de ahorros postal savings bank
la calidad quality
calificado/a qualified, authorized, competent
la calle street
la cámara de comercio chamber of commerce
el camión truck
la campaña publicitaria sales promotion campaign
cancelar to cancel
la cantidad amount, quantity
el capital invertido invested capital
la cara anterior front (*of a postcard, coin, etc.*); ____ **posterior** back (*of a postcard, coin, etc.*)
(con) carácter exclusivo exclusively
carecer to lack; ____ **de fondos** to lack funds
el cargador/la cargadora shipper, freighter
el cargamento load
cargar to load; ____ **a (la) cuenta** to charge
el cargo position, post; ____ **directivo** managing position; ____ **vacante** opening, vacant position
la carta letter; ____ **circular** circular letter; ____ **colectiva** collective letter (*to a mass of people*); ____ **comercial** business letter; ____ **credencial** credential letter; ____ **de aceptación** acceptance letter; ____ **de acuse de recibo** letter to acknowledge receipt; ____ **de acuse de recibo de un pedido** letter to acknowledge receipt of an order; ____ **de ajuste** adjustment letter; ____ **de amistad** friendship letter; ____ **de cambio de domicilio de una empresa** letter to announce the change of address of a business or company; ____ **de cambio de nombre de una firma o razón social** letter to announce a change in the name of a business or company; ____ **de cancelación** letter of cancellation; ____ **de citación** letter of citation, quotation; ____ **de cobro aislada** collection letter; ____ **de cobro en serie** follow-up collection letter; ____ **de compromisos sociales** social correspondence, social letter; ____ **de concesión de crédito** credit letter; ____ **de denegación de crédito** letter denying credit; ____ **de descontinuación de mercancías** letter to announce the discontinuance of merchandise; ____ **de envío de un pedido** letter to announce the remittance of an order; ____ **de esfuerzo argumentativo** letter of strong argumentative endeavor; ____ **de excusa** letter of apology; ____ **de felicitación** letter of congratulation; ____ **de gracias** thank-you letter; ____ **de gratitud** letter of gratitude; ____ **de invitación** letter of invitation; ____ **de notificación** letter of notification; ____ **de pago o de confirmación de pago** acquittance, letter confirming payment; ____ **de pedido** letter to place an order, commercial order letter; ____ **de pésame** letter of condolence; ____ **de porte** way bill, railway bill; ____ **de presentación** letter of personal introduction; ____ **de propaganda** letter of advertisement; ____ **de prórroga para el pago** letter to request an extension on payment; ____ **de reclamación** letter of complaint, claim; ____ **de recomendación** letter of recommendation; ____ **de rectificación de saldo** letter to state a correction on the balance; ____ **de referencias comerciales favorables** letter of favorable commercial references; ____ **de renuncia** letter of resignation; ____ **de rutina o de trámite** routine business letter; ____ **de solicitud** letter of application, request, demand; ____ **de solicitud de ascenso** letter to request pro-

motion; ____ **de solicitud de aumento de sueldo** letter requesting an increase in salary; ____ **de solicitud de catálogo** letter requesting a catalog; ____ **de solicitud de cotización** letter requesting quotation, price list, current price; ____ **de solicitud de crédito** letter of application or request for credit; ____ **de solicitud de empleo** letter requesting a position, job; ____ **de solicitud de un seguro** letter to request insurance; ____ **diurna** day letter; ____ **familiar** family letter; ____ **nocturna** night letter; ____ **oficial** official letter; ____ **personal** personal private letter; ____ **poder** letter of power of attorney
las cartas fórmulas o formularios form letters
el cartel poster
la cartulina cardboard
la casa matriz principal, main business establishment; ____ **vendedora** seller's house
la casilla square
el catálogo catalog
causas ajenas a nuestra voluntad causes beyond our control; ____ **de fuerza mayor** act of God; ____ **imprevistas** unforeseen causes
el celo zeal
los centavos cents
los céntimos cents
el centro de procesamiento de datos data processing center
ceñirse to confine or limit oneself
la cerrajería trade of locksmith
la certificación de servicios certification of services rendered
certificado/a qualified, authorized, competent
el certificado de origen certificate of origin
certificar to certify
la cesantía dismissal or retirement, cessation of services
cesar to cease; to leave a post or employment
el cierre close (*of a letter*)
ciertamente certainly, surely
las cifras figures, numbers
la cinta de máquina de escribir typewriter ribbon
circular to circulate
la circular circular; ____ **anunciando la constitución o creación de una empresa** circular announcing the formation or creation of a new company; ____ **anunciando la inauguración o apertura de sucursales** circular announcing the opening of new branches; ____ **anunciando la modificación o disolución de una empresa** circular announcing the modification or dissolution of a company or business; ____ **anunciando rebaja o saldo de un artículo** circular announcing a rebate or discount of an article; ____ **anunciando la visita de un viajante** circular announcing the visit of a salesperson; ____ **avisando el cambio de domicilio de una empresa** circular announcing the change of address of a business; ____ **comunicando el cambio de nombre de una razón social** circular announcing the change in the name of a business or company; ____ **comunicando el nombramiento de nuevos jefes** circular announcing the appointment of new officers; ____ **informando la modificación de precios** circular announcing a change in prices; ____ **de propaganda de un producto** advertising circular
la citación citation, summons; appointment
citado/a quoted; ____ **anteriormente** previously mentioned
la claridad clarity
la clasificación assortment
la clave key (*to a code*)
el clavo nail
la clientela clientele, customers
el cobro collection of money; ____ **aislado** collection; ____ **en serie** follow-up collection
el código de comercio business code
el cognado cognate
el/la colega colleague
el colón currency unit of Costa Rica and El Salvador
la coma comma
los comentaristas económicos economic commentators
el/la comerciante trader, merchant; ____ **detallista** retail merchant; ____ **deudor/a** indebted businessperson
el comercio trade, commerce
el cometido commission, charge, task, duty
el comisario/la comisaria commissary, manager
la comisión commission, percentage
la compañía company, partnership ____ **de ferrocarril** railroad company; ____ **de seguros** insurance company; ____ **naviera** shipping company; ____ **textil** textile company; ____ **vendedora** selling company
comparecer to appear (*in court*)
el/la compatriota compatriot
la competencia competence
complacer to please
el componente component
el comportamiento behavior
el comprador/la compradora buyer
la compraventa purchase and sale
comprobar to verify, confirm, check; to prove
el comunicado telegráfico telegraphic communication ____ **interior** interoffice communication
con anterioridad previously, beforehand
con copia with a copy (*to*)
con destino destined (*to*)
con gran pesar with deep regret
con la mayor brevedad posible as soon as possible
con mucho gusto with great pleasure
conceder to give, bestow, grant
la concesión de crédito concession, granting of credit
la concisión conciseness; ____ **expositiva** expositive conciseness
conciso/a concise
las condiciones stipulations, specifications; ____ **de envío** terms of shipment; ____ **de pago** terms of payment
las confecciones handiwork, workmanship; ready-made articles
conferir to confer, give, bestow, award; ____ **poder** to bestow power
la confianza confidence, trust
confiar to trust, to have faith or confidence
confidencial confidential
confirmar to confirm
confuso/a obscure
el conocedor/la conocedora (de) expert (in)
el conocimiento de embarque bill of lading
consciente conscious, aware
la consecuencia consequence
conservar to maintain, preserve
las conservas preserves
la consignación consignment
consignado/a a consigned to
el consignador/la consignadora consigner
el consignatario/la consignataria consignee

consiguiente consequence, result, effect
(por) consiguiente consequently, therefore
constantemente constantly, firmly
la constitución de una empresa constitution of a company or firm
construir to build
el consumidor/la consumidora consumer
el contador público/la contadora pública public accountant
contar con to depend on, rely on
el contenido contents
contento/a content
la contestación answer, reply; ____ **favorable** favorable reply
contradecir to contradict
el contratiempo inconvenience
el contrato contract; ____ **de compra-venta** purchase and sale contract
convencer to convince
la conveniencia convenience
el convenio convention
convocar to convene, convoke
la copia fiel true or faithful copy
cordialmente cordially
el córdoba currency unit of Nicaragua
cortés courteous, polite
la cortesía courtesy
el corto plazo short term
el corredor/la corredora de aduanas customhouse broker
el correo certificado registered mail
el Correo y las Telecomunicaciones Post Office and Telecommunications
correr por cuenta y cargo nuestro to be our affair
la correspondencia comercial o mercantil business correspondence; ____ **oficial** official correspondence; ____ **privada** private, personal correspondence; ____ **social** social correspondence
correspondiente corresponding, respective
(al) corriente current, up to date
costo y flete (C.F.) cost and freight (C.F.); ____, **seguro y flete (C.S.F.)** cost, insurance, and freight (C.I.F.)
costoso/a costly, expensive
cotejar to compare; to confront
la cotización quotation; price; current price list
cotizar to quote (*prices*)
la creación de una empresa creation of a company or firm
el crédito credit; reputation
los críticos financieros financial critics
el cruzeiro currency unit of Brazil
el cuadernillo block notebook, memo pad
las cualidades qualities
la cuantía amount, quantity
cuanto antes as soon as possible; immediately
la cuenta account, bill, statement; ____ **bancaria** bank account; ____ **corriente** checking account
el cuerpo de la carta body of the letter
el cuestionario questionnaire
cuidadoso/a careful, solicitous
cumplidor/a true to one's word, reliable
cumplimentar to fulfill, carry out; to compliment, congratulate
el cumplimiento completion, performance, fulfillment
cumplir to fulfill; to execute; ____ **con** to fulfill; to do; to perform

CH

el cheque check; ____ **de administración** cashier's check

D

el daño damage
los daños y perjuicios damages
dar fe to attest, certify, witness; to give credit
los datos personales personal data
de acuerdo con in accordance with
de buena voluntad with pleasure, willingly
de conformidad con by common consent
de la presente (carta) of the present (letter)
de lo contrario otherwise, if not
el debe debit
el deber penoso painful or distressing duty
debidamente autorizado duly authorized
debido a owing to, on account of
el/la debiente debtor
la declaración declaration, statement; ____ **de aduana o arancelaria** customs declaration
declararse to declare one's opinion; to declare, make known
dejar constancia to leave record, written evidence
del actual of the present (*month or year*)
del corriente of the present (*month or year*)
el/la demandante complainant, plaintiff
demandar to sue; to demand; ____ **la explicación** to demand an explanation
la demora delay
demorar to delay
demostrar to demonstrate; to prove
la denegación de crédito refusal of credit
denegar to deny, refuse
el departamento department; ____ **de ajustes** adjustment department; ____ **de archivos** file department; ____ **de contabilidad** accounting department; ____ **de embarque** shipping department; ____ **de exportación e importación** import-export department; ____ **de ingeniería** engineering department; ____ **de publicidad** public relations department; ____ **de relaciones exteriores** foreign affairs department; ____ **de ventas** sales department; ____ **legal** legal department
depositar la confianza to entrust, confide
el depositario/la depositaria depository, trustee, receiver
el derecho mercantil commercial or business law
los derechos arancelarios customs duties; ____ **consulares** consular duties
derrochar to waste, squander
descargar to unload
descontar to discount; to deduct
descontinuar to discontinue
la descortesía discourtesy
el descrédito discredit
el descuento discount
descuidado/a careless, negligent
desempeñar to perform, accomplish, carry out (*an undertaking*)
desestimar to hold in low esteem
desfavorable unfavorable; contrary
la designación designation
designar to assign (someone) to a particular function
despachar to dispatch; to expedite; to ship, to send off (*a letter*); ____ **urgentemente** to dispatch urgently
el despacho office, bureau;

dispatch
la despedida close (*of a letter*)
el destinatario/la destinataria addressee
detallar to detail, specify
el detalle detail; **al** ____ retail
el/la detallista retailer
el deterioro deterioration, damage
la deuda debt; ____ **vencida** due or expired debt
el deudor (moroso)/la deudora (morosa) (slow, tardy) debtor
devengar to earn, draw (*as salary, interest*)
la devolución refund; return
devolver to return (*an object*); to refund
el día laborable working day
días fecha stated day; ____ **vista** on sight
los días pasados some days ago
(lo) dicho (the) aforesaid
las dificultades financieras financial difficulties
la dilación delay
la dirección address
el director general/la directora general general director
dirigirse a to address; to speak (to); to apply
la discreción discretion
disculparse to excuse oneself, to apologize
el diseñador/la diseñadora designer
la disolución de una sociedad dissolution of a partnership; ____ **de una empresa** dissolution of a company or firm
distinguir to distinguish; to esteem, show regard for
la distribución distribution
el distrito postal zip code, postal code
divisor divisor
la docena dozen
el documento de crédito document of credit (*security*)
los documentos contra pago notes payable; ____ **de embarque** shipping documents; ____ **de exportación** export documents; ____ **de importación** import documents
el dólar currency unit of the United States and Puerto Rico ____ **canadiense** currency unit of Canada
el domicilio domicile, home, residence
el duplicado duplicate

E

la economía economy
los efectos articles of merchandise, goods; ____ **averiados** damaged goods; ____ **de oficina** stationery; ____ **eléctricos** electric appliances
efectuar to carry out
eficiente efficient
la ejecución execution, carrying out
ejecutar to execute, perform
ejecutivo/a executive
el ejercicio fiscal fiscal (*year*)
el embalaje packing, baling
embalar to pack
el embarcador/la embarcadora shipper
embarcar to put on board; to ship
el embarque shipment
empacar to pack
empeorar to grow worse; to impair; to make worse
empleado/a used
el empleador/la empleadora employer
el empleo employment, occupation
la empresa company, firm; ____ **mercantil** business enterprise
en consignación on consignment
en contestación a in answer to
en cuanto a as far, as far as, with regard to
en espera (de) waiting (*for*), awaiting
en exceso in excess
en existencia in stock
en la actualidad at present, at the present time
en manos de in the hands, power of
en relación con in relation to
en representación as a representative
en respuesta in answer, in reply
en su caso in your case
en (de) venta on sale
en vista de in view of, considering
enajenar to alienate
encabezar to head; to lead
el encargado/la encargada person in charge, agent, representative
endosable endorsable
el/la endosante endorser
el endosatario/la endosataria endorsee
el endoso endorsement
la enfermedad illness, sickness
el engaño deception

las enmiendas emendations, corrections
enojoso/a irritating, troublesome
ensanchar to expand
en seguida immediately
la entidad entity
entorpecer to hamper
la entrada de párrafo indent
entrante (semana, mes) coming (*week, month*)
la entrega delivery
entregar to deliver
la entrevista interview
el envase container, bottling, packing
enviar to send, to remit
el envío remittance or consignment of goods shipment
el equipo equipment
equitativo/a equitable, fair, just
la equivocación mistake
erigir to erect, raise
es posible que it is possible that
escoger to choose
escribir a máquina to type
la escritura a mano handwriting
el escudo currency unit of Portugal
el esfuerzo effort; strong endeavor; ____ **argumentativo** argumentative endeavor
esgrimir to wield
el espacio space; ____ **en blanco** blank space
especificar to specify; to itemize
estable stable, steady, firm
el establecimiento establishment
estar al corriente to be up to date; ____ **al tanto de** to be aware of; ____ **encargado/a** to be in charge (of); ____ **sujeto/a** to be bound, obligated
la estampilla stamp
el estilo bloque block style; ____ **de presentación** presentation style; ____ **de puntuación** punctuation style; ____ **florido o barroco** flowery or baroque style; ____ **mixto** mixed style; ____ **sangrado** indented style
las estipulaciones stipulations, provisos, specifications, requirements
estipular to stipulate
eternamente eternally, everlastingly
la exactitud exactness, accuracy; punctuality
exceder to exceed, surpass; to go too far
el exceso de producción overproduction
la excusa apology
la existencia existence

321
Vocabulario

(en) existencia in stock
el expedidor/la expedidora sender, dispatcher, shipper
la expedición dispatch; ____ **de giros postales** dispatch of money orders
el expediente papers bearing on a case
expedir to issue
explicativo/a explicative, explanatory
exponer to expose; to explain
las expresiones vulgares vulgar, common expressions
expuesto/a exposed; liable; dangerous
extender to extend, prolong
extenso/a extensive, spacious
(al) extranjero abroad
el extravío misplacement

F

el/la fabricante manufacturer
la factura invoice; ____ **comercial** commercial invoice; ____ **consular** consular invoice
facturar to invoice, bill
la facultad faculty; power; authority
la falta lack, absence, shortage; ____ **de fondos** lack of funds; ____ **de pagos** nonpayment
la fama fame; reputation
el fardo bale, parcel, bundle
favorable favorable
la fecha date; ____ **de embarque** date of shipment; ____ **de vencimiento** maturity date; **en** ____ **próxima** at an early date
el ferrocarril railroad
el fichero card index
figurar to appear
fijar to fix; to fasten
el fin end, ending; purpose
finalizar to finish
el financiero/la financiera financier
las finanzas finances
la firma signature; ____ **comercial** firm name
el fletador/la fletadora freighter, charterer
el flete freight, cargo
floreciente flourishing
el fomento industrial industrial development
los fondos funds, capital
la forma de envío manner of shipment; ____ **de pago** manner of payment

las formalidades requisites, requirements
el formalismo formalism
formalizar to put in final form; to formalize
formular to formulate
el formulismo formulism, use of formulaic expressions
forzado forced
el franco currency unit of France
franco a bordo (F.A.B.) free on board (F.O.B.)
el franqueo postal postage
la franquicia postal exemption from postage
el frasco flask, vial, bottle
la fuerza mayor act of God
el funcionario/la funcionaria functionary, public official
la fundición foundry

G

la ganancia profit, gain
la garantía guaranty
garantizar to guarantee
los gastos expenses; ____ **de embalaje** packing expenses; ____ **de transporte** carrying charges, freight
los géneros goods, merchandise
la gerencia management
el/la gerente manager
la gestión effort, action, negotiation
gestionar to conduct, manage; to carry out; to negotiate
el girado/la girada drawee
el girador/la giradora drawer
girar to draw (*a check, draft*)
el giro draft; ____ **postal** money order
grabar to engrave; ____ **en la mente** to impress upon the mind
los grandes almacenes department stores
la gratificación gratification; reward; gratuity
gratis free
gratuitamente free
el guaraní currency unit of Paraguay
gubernamental governmental
la guía terrestre bill of lading
el gulden currency unit of Holland

H

hábil capable, skillful
hacer constar to make clear, evident; ____ **presente** to state, to remind of; to call attention to; ____ **referencia** to mention; ____ **saber** to make known; to inform, notify
herir to hurt, harm; to offend
el hierro iron
la hipoteca mortgage
la hoja adjunta enclosed note; ____ **impresa** printed leaf
la honradez honesty
el horario schedule; ____ **de verano** summer schedule
las horas extraordinarias overtime; ____ **laborables** working hours
la huelga strike

I

los idiomas languages
la idoneidad suitability, capacity
ignorar to be ignorant, not know
impedir to prevent, impede, hinder
imponer to impose or levy
el importe price, cost; value; amount; ____ **total** total amount or cost
impreso/a printed
los impresos printed matter
imprimir to print
impugnar to impugn; to oppose
la inauguración de una sucursal opening of a new subsidiary or branch
incluir to include, enclose
la incompatibilidad incompatibility
incondicionalmente unconditionally
el inconveniente obstacle; disadvantage
incrementar to increase, intensify, augment
incumplido/a unfulfilled; nonpunctual
la indemnización indemnification, compensation
indemnizar to indemnify
indisponer to alienate
la industria corchera cork industry; ____ **metalúrgica** metallurgic industry
inestable unstable
el infrascrito/la infrascrita undersigned; hereinafter mentioned
el ingreso entry; money received
las iniciales de identificación initials
injustificado/a unjustified, unjustifiable
insignificante insignificant

insistir (en) to insist (on), persist (in)
las inspecciones contables inspections of accountants
el inspector/la inspectora de aduana customs inspector
instalado installed, put in
el instrumento tool; ____ **de crédito** means of credit; ____ **de pago** means of payment
insuficientemente retribuido underpaid
intachable irreproachable
integrado/a consisting of; formed by
la integridad integrity
el interés interest
interesado/a interested, concerned
intranquilo/a upset
el inventario inventory
la inversión investment
el/la inversionista investor; ____ **individual** individual investor; ____ **privado/a** private investor
el inversor/la inversora investor
invertir to invest
la investigación del mercado market research
irrevocable irrevocable
irritante irritating

J

el jefe/la jefa de almacén warehouse supervisor; ____ **de departamento** department head; ____ **de personal** personnel director; ____ **de ventas** sales director
la joyería jewelry shop
el juguete toy
la junta de accionistas board of stockholders; ____ **directiva** board of trustees
justificar to justify
justificativo/a justifying, justificatory
justo/a fair, just
juzgar to judge; to pass or render judgment

L

la laboriosidad laboriousness
el laconismo laconism, brevity of expression
lamentar to regret, be sorry for; to lament
lanzar to throw; ____ **un producto** to launch a product on the market
el largo período long or extended period
las latas de conserva canned goods
el lector/la lectora reader
el lema slogan
el lempira currency unit of Honduras
la lencería linen goods
lento/a slow, tardy
la letra a cobrar bill receivable; ____ **bancaria** bank draft, bank bill; ____ **de cambio** bill of exchange, draft
el letrero poster
la libra esterlina currency unit of Great Britain; ____ **Irlandesa** currency unit of Ireland
el librado/la librada drawee
el librador/la libradora drawer
libre de gastos a bordo free on board (F.O.B.); ____ **al lado del barco** free alongside ship (F.A.S.)
la licencia de exportación export license; ____ **gramatical** grammatical license; ____ **por asuntos personales** leave of absence
limitarse a to confine oneself (to)
la línea written or printed line; ____ **de crédito** line of credit
la liquidación liquidation; ____ **especial** clearance sale
liquidar to liquidate, sell out; to pay up
la lira currency unit of Italy
lo antes posible as soon as possible
los locales comerciales business sites, premises
la localidad location
el lote lot, share, part
el lugar whereabouts

LL

llanamente simply, plainly, clearly
llenar to fill in
llevar a cabo to carry through, accomplish

M

el mal cumplidor/la mala cumplidora unreliable (persons); ____ **estado** bad condition; ____ **pagado** underpaid
la mala fe bad faith
malas condiciones bad conditions
el malentendido misunderstanding
mancomunado/a joint
la mancha stain, spot
mandar to send
el mandato command, injunction, order
mantener to maintain
la máquina automática automatic machine; ____ **calculadora** calculating machine; ____ **de escribir** typewriter
la maquinaria machinery
la marca comercial brand, trademark
el marco currency unit of Germany
el margen margin; ____ **lateral** side margin
mayor de edad of age, adult; ____ **escala** larger scale
la mayoría majority
la mayúscula capital (*letter*)
mecanoescrito typed
la mecanografía typing; ____ **método ciego** touch typing
mecanografiar to type
el mecanógrafo/la mecanógrafa typist
las medidas measures; ____ **pertinentes o procedentes** appropriate or pertinent steps
el medio half
el medio de transporte means of transportation
el membrete letterhead
el memorándum memorandum
menor de edad under age, minor
el mensaje message; ____ **breve** brief or concise message
el mensajero/la mensajera messenger
la mercadería goods, merchandise; ____ **averiada** damaged merchandise; ____ **de calidad inferior** merchandise of inferior quality
el mercado market, market place; ____ **mundial** world market
la mercancía merchandise; ____ **errónea** wrong merchandise
las mercancías de calidad superior merchandise of superior quality
mercantil commercial, mercantile
merecer to deserve
mesurado/a controlled, restrained
la metalúrgica metallurgy
el Ministerio de Agricultura Department of Agriculture; ____ **de Comercio** Department of Commerce; ____ **de Comunicaciones y Transporte** Office of Postmaster General; ____ **de Educación** Department of Education; ____ **de Estado** Department of State; ____ **de Hacienda** Trea-

323
Vocabulario

sury Department; ___ de Justicia Justice Department; ___ de Obras Públicas Department of Public Works
el/la ministro cabinet minister
minucioso/a precise, thorough
la minúscula lowercase letter
minuta minute (*as of a meeting*)
la misiva missive
la mitad half
el modelo impreso printed copy
la modificación modification; ___ de una empresa modification of a company or firm
la mojadura moistening, wetting
las molestias inconveniences, hardships, discomforts
la moneda corriente currency; ___ **extranjera** foreign exchange; ___ **nacional** currency
moroso/a tardy, delinquent
el motín mutiny, insurrection, riot
los muebles furniture; ___ de oficina office furniture
la muestra sample
el múltiplo multiple
el mundo de los negocios business world
mutuamente mutually, reciprocally
el/la mutuante lender
el mutuario/la mutuaria mutuary

N

la naturalidad naturalness
el naviero ship, vessel
el naviero/la naviera ship owner
negarse to refuse, deny
negociar to trade; to negotiate
el negocio business; occupation; commerce
el nombramiento appointment, naming; ___ de apoderados appointment of attorneys
nos es grato it is pleasing to us
la nota de crédito note of credit; ___ **de débito** note of debit; ___ **de pedido** statement of order
el/la notario público notary public
las noticias news; notice; information; advice
la notificación notification, notice
notificar to notify, inform
los novios bride and groom
el número number; ___ **cardinal** cardinal number; ___ **entero** integer; ___ **ordinal** ordinal number
la nutria otter

O

objetar to object to, oppose
la obligación pendiente pending or unresolved obligation
las obligaciones obligations, liabilities
obligarse to obligate or bind oneself
obrar de mala fe to act in bad faith
las obras de reforma remodeling
el obrero/la obrera worker, laborer, employee
obviamente obviously
la ocasión occasion, chance, opportunity
ocasionar to cause, occasion; to jeopardize
la oferta offer; supply
el/la oficial de tercera clase clerk
la oficina office; ___ **central o principal** main office; ___ **de correos** post office
ofrecer to offer; to propose
la omisión omission; carelessness, neglect
omitir to omit
las operaciones mercantiles o comerciales business operations
la orden order; ___ **de pago** draft; ___ **del día** order of the day, agenda; ___ **telegráfica** telegraphic order
la ortografía spelling
otorgar to grant; to consent to, agree to
la oxidación oxidation

P

el pacto pact, agreement
pagadero a payable to
pagar la deuda to pay the debt
el pagaré promissory note, IOU
la página page
el pago al contado cash payment; ___ **contra entrega o a la entrega** cash on delivery (C.O.D.)
páguese a la orden de pay to the order of
los países extranjeros foreign countries
la pañería clothing store, drapery shop
el papel con bordes deckle-edged paper; ___ **cuadriculado** graph paper; ___ **de copia** copying paper; ___ **de estaño** metallic paper; ___ **de estraza** butcher paper; ___ **de seda** tissue paper

la papelería stationery shop
el paradero whereabouts
parecer to seem, appear
el parentesco kinship
el paro obrero work stoppage
las partes interesadas interested parties
el párrafo paragraph
pasado meridiano afternoon
pasar a máquina to type
la patente patent
el pedido order; ___ **pendiente** pending order
percibir to perceive
la pérdida loss, detriment, damage
el periodismo journalism
el/la periodista journalist
el/la perito expert
perjudicar to damage, hurt
el perjuicio damage
permanecer to remain, endure
la persona física human being; ___ **jurídica** company, (person of a) corporation; ___ **natural** common person
el personal personnel, staff
persuadir to persuade, convince
pertinente a pertaining to
la peseta currency unit of Spain
el peso currency unit of Argentina, Bolivia, Colombia, Cuba, Chile, Mexico, Dominican Republic
el peso weight; ___ **neto** net weight
la petición de prórroga de pago request of time extension on payment
las pieles furs
las piezas pieces, parts
el piso floor
la planta floor
la plaza square; position, employment, job; ___ **vacante** opening
el plazo term, time; ___ **de entrega** delivery date; ___ **de pago** term payment
el pleno plenum, joint session
el pliego sheet (of paper); ___ **de papel** folded sheet of paper
el poder power of attorney; ___ **cumplido** full or complete power; ___ **cumplido y bastante** complete and sufficient power
el/la poderante constituent
la póliza policy; ___ **de seguro** insurance policy
poner de manifiesto to make public; ___ **en conocimiento** to inform, notify; ___ **en (la) cuenta** to charge
ponerse en contacto to get in touch with

por anticipado beforehand, in advance
por ausencia by proxy
por autorización by authorization
por ciento percentage
por cobrar unpaid
por considerar considering
por consiguiente consequently, therefore
por esta razón for this reason
por este medio by this means
por intermedio de through, with the help of
por la presente (carta) by means of this (letter)
por medio o por mediación de through, by means of
por mucho tiempo for a long time
por omisión through neglect, omission
por orden by order
por recibir pending receipt
por unanimidad unanimously
la portada cover page
el portador/la portadora bearer, holder
el porte debido unpaid or collect freight; ____ **pagado** prepaid freight
la posesión possession
la postdata (P.D.) postscript (P.S.)
precario/a precarious
el precio cotizado quoted price, listed price; ____ **de venta** selling price; ____ **por unidad** unit price; ____ **vigente** standing price, current price
premiar to reward
la prensa press, newspaper
presentar to introduce (a person)
presentarse to appear, present oneself
el presente año current year
la presilla paperclip
el préstamo loan
prestar to lend; ____ **atención** to pay attention; to render a service
prestar servicio to render, perform a service
el prestigio reputation
prestigioso/a renowned
el presupuesto budget; estimate
previamente previously
previo/a previous
la prima premium
primitivo/a primitive, original
la probidad probity, honesty
los procedimientos legales legal proceedings
el proceso legal legal case
los productos alimenticios food products; ____ **cárnicos** meat products; ____ **enlatados** canned goods; ____ **lácteos** milk products; ____ **químicos** chemical products
la prohibición prohibition
la promoción promotion
promover to promote
la pronta contestación prompt or quick response
las prontas noticias prompt news
la propaganda de un producto advertisement of an article
propicio propitious, favorable
la propiedad ownership
proponer to propose
la proposición justa fair proposition
el propósito intention
la prórroga prolongation, extension (*of time*); ____ **de pago** extension (*of time*) on payment due
prosperar to prosper
próspero prosperous, favorable, propitious
el protesto protest (*of a bill*)
el próximo pasado mes last month
el proyecto project, plan; ____ **de presupuesto** projected budget
la prudencia prudence, moderation
prudente prudent
la prueba proof, evidence; trial, test
la publicidad publicity, advertising
el puerto port; ____ **de desembarque o de destino** port of destination or delivery; ____ **de embarque** port of shipment
el puesto position, post
la pulgada inch
el punto period (*punctuation*)
la puntuación abierta open punctuation; ____ **cerrada** closed punctuation; ____ **mixta** mixed punctuation
puntual punctual
puntualmente punctually; faithfully; exactly

Q

quedamos de Uds. we remain
quedar reconocido/a to remain grateful, obliged
la queja complaint
quejarse to complain
el quetzal currency unit of Guatemala
la quiebra fortuita accidental bankruptcy; ____ **voluntaria** voluntary bankruptcy

R

radicar to be located; to settle
el radiograma radiogram
la rapidez rapidity
la rastra large truck
ratificar to ratify, confirm
la razón social firm
el razonamiento reasoning
la reapertura reopening
rebuscado/a affected, unnatural
el recargo overcharge; extra charge
la receta prescription; recipe
recibir to receive; ____ **el testimonio** to receive testimony
el recibo receipt
la reclamación reclamation; complaint; claim
reclamado/a claimed
el/la reclamante complainer; claimant
reclamar to claim; to demand
la recompensa compensation, recompense
reconocido/a obliged; grateful
recordar to remember; to remind
el recordatorio reminder
rectificar to rectify, correct
recuperar to recover
recurrir to resort to; to revert
la redacción editing
redactar to write; to edit
el redactor/la redactora writer; editor
el rédito income, revenue; interest
la redundancia redundancy
reemplazar to replace
la referencia reference line
las referencias references (*character*); ____ **bancarias** banking references; ____ **comerciales** business references
reintegrar to reimburse, repay, refund
reiterado/a reiterated
reiterar to reiterate
relacionado/a related
las relaciones públicas public relations
rellenar to fill in
los remanentes remnants, remains
la remesa remittance
el/la remitente sender, remitter
remitir to send; to remit
el renglón written or printed line
renunciar to resign, renounce
repartir to divide
el reparto de la correspondencia mail delivery
la repetición repetition
el/la representante representative, agent

repujado/a formed in relief as a pattern
la reputación fame, reputation
el requerimiento demand, requisition, summons; ____ **de pago** demand for payment
requerir to summon; to notify; ____ **de pago** to demand payment
el requisito requirement
resarcir to indemnify
rescindir to rescind, annul, cancel
la reserva reserve, discretion, prudence
reservar to reserve, to retain
el resguardo security, guaranty, voucher
la resolución resolution, solution (*of a problem*); ____ **oportuna** opportune resolution
resolver to resolve; to determine
respaldar to endorse; to answer for; to guarantee
responder (por un crédito) to be responsible (for a credit)
la responsabilidad responsibility; ____ **civil** civil responsibility; ____ **mancomunada** joint responsibility
responsable responsible, reliable
la respuesta answer, reply, response; ____ **positiva** positive response; ____ **rigurosa** exact reply
el retazo remnant
retenido/a held up
retirar to withdraw
retirarse to withdraw; to retire
la retribución retribution, recompense, fee; ____ **mensual** monthly salary
retroactivo/a retroactive
la reunión meeting
el reverso reverse, back, rear side
revisar to revise, review, reexamine; ____ **las cuentas** to audit the accounts
el rial currency unit of Iran
el riesgo risk
el robo robbery, theft
rogar to request, beg, ask
roto/a torn, broken
el rublo currency unit of Russia
la rúbrica flourish added to a signature
rubricar to sign with a flourish

S

el sabedor/la sabedora informed person
sacar to extract, draw out, withdraw
el saldo balance
el saluda short note to send greetings or regards
el saludo salutation; opening of letter
la sangría indent
satisfacer to pay in full; to satisfy
el secretario/la secretaria secretary; ____ **ejecutivo/a** executive secretary
seguidamente immediately; right after
seguir honrando to continue honoring
seguro de sure, certain of
el seguro contra incendios fire insurance; ____ **de vida** life insurance
seleccionar las acciones más remunerativas to select the most profitable stocks
el sello stamp
semanal weekly
la sencillez simplicity
sencillo/a simple, uncomplicated
sentar en cuenta to note down; to enter an account
sentida condolencia deepest sympathy
sentir to regret, be sorry for
señalar to point out
las señas address
la seriedad comercial business ethics
servicio (agencia) de consejos a los inversionistas investment advisory service (agency)
los servicios postales postal services; ____ **prestados** services rendered
servir to serve
la sesión meeting; ____ **extraordinaria** extraordinary session; ____ **ordinaria** ordinary session
la sicología psychology
la sigla acronym
el siguiente following
la silla giratoria swivel chair
similar similar, resembling
sin costo alguno without extra charge
sin garantía ni respaldo without guaranty or backing
sin gastos without charges
sin más without any
el siniestro shipwreck; disaster; loss at sea
la sintaxis syntax
el sistema métrico decimal decimal metric system
sito/a situated, located
la situación económica economic situation or circumstances
situado/a situated
el sobrante leftover, surplus
el sobre envelope
sobre todo especially
la sociedad society; corporation, association, partnership, copartnership; ____ **anónima (S.A.)** corporation (Inc.); ____ **anónima de responsabilidad limitada** corporation of limited responsibility; ____ **colectiva (S.C.)** general partnership, copartnership; ____ **de responsabilidad limitada (S.L.R.)** limited partnership; ____ **en comandita (S. en C.)** joint company; ____ **limitada (S.L.)** limited partnership
el sol currency unit of Peru
el/la solicitante applicant, solicitor; petitioner
la solicitud petition, application, request; ____ **de cotización** request for quotation; ____ **de crédito** application or request for credit; ____ **de empleo** job application
la solución beneficiosa beneficial solution; ____ **razonable** reasonable solution
la solvencia solvency
sorprendente surprising
subsanar to correct; to repair
el Subsecretario/la Subsecretaria de Hacienda Assistant Secretary of the Treasury
subsiguiente subsequent, succeeding
el sucesor/la sucesora successor
el sucre currency unit of Ecuador
la sucursal subsidiary, branch
el sueldo salary; ____ **básico** base pay; ____ **líquido** take-home pay
suficiente sufficient, enough
la suma sum, amount, total
suministrar to supply, furnish, provide
el suministro supply, provision
el superávit surplus
suplicar to implore, beg, ask, request
suprimir to suppress, eliminate
susceptibilidad susceptibility
suscribir to subscribe
la suscripción subscription
el suscriptor/la suscriptora subscriber
suspender to suspend; to stop
sustituir to substitute, replace

T

el tacto tact; skill
el talón check, draft, note of payment
la talla size
el taller workshop, factory, mill
el tamaño size
la taquigrafía shorthand
el taquígrafo/la taquígrafa stenographer
tardíamente belatedly, too late
la tarifa price list; fare; rate
la tarjeta postal postcard
el tarro can; jar
telegrafiar to telegraph, cable
telegráfico/a telegraphic
el telégrafo telegraph
el telegrama telegram
el télex telex
el temor dread, fear
el tenedor/la tenedora holder
tenemos el gusto we have the pleasure
tener a bien to find it convenient, to deem best; ____ **efecto** to take effect, become effective; ____ **en cuenta** to take into account or consideration; ____ **la bondad de** to have the kindness to; ____ **lugar** to take place, occur
el término condition, term; manner, behavior
los términos de pago terms of payment; ____ **del contrato** terms of the contract
el tesorero/la tesorera treasurer
testimoniar to attest, bear witness to
el testimonio testimony; affidavit
el texto de la carta body of the letter
tipográfico/a typographical
el título académico professional degree
tomar medidas to take measures or steps; ____ **una decisión** to make a decision
el tono amenazador threatening tone; ____ **ofensivo** offensive tone; ____ **suplicante** tone of entreaty
el tornillo screw
el total bruto gross total
el/la traficante trafficker, trader, dealer
tramitar to transact; to carry out
el trámite procedure; formalities; negotiations; proceeding (*law*)
tranquilamente calmly, peacefully
la transacción transaction, negotiation
transcribir to transcribe; ____ **literalmente** to transcribe literally
transigir to compromise, settle on, give in, agree to
la transmisión transmission
el transportador/la transportadora carrier
el transporte transportation; ____ **terrestre** land transportation
el traslado transfer; ____ **en comisión de servicios** transfer due to assigned services
trazar to design, devise, plan
el triplicado triplicate
turbado/a disturbed, upset, restless

U

ultimar to end, finish, close
el último número the latest number
unánimamente unanimously
la unidad monetaria monetary unit
la urbanizadora urbanizing company
usado/a en used in

V

el vale bond; promissory note, IOU; voucher; sales slip
(por) valor de in the amount of
el valor por unidad unit price
el vaso can; pot; jar; receptacle
vencer to mature, fall due; to expire; ____ **el plazo** to expire (*time for payment*)
el vendedor/la vendedora seller, salesperson
vender al detalle to sell at retail
la venta sale
la ventaja advantage
ventilar to clear up (*a matter*)
la vía marítima by sea; ____ **telegráfica** by telegraph
el/la viajante de comercio commercial traveler
vigente in force, standing (*of a law*)
vinatero/a pertaining to wine
el vínculo tie, bond, link
la visa visa
el visón mink
visto bueno corrected, approved, okay
(a la) vuelta on returning; turn over the page; carried over

Y

el yen currency unit of Japan
el yuan currency unit of China

Z

zarpar to sail
el zorro fox

About the Authors

Ela Gómez-Quintero is Professor of Spanish at Iona College, where she has been Director of the Iona College Study Programs in Spain and Mexico and coordinator of the undergraduate and graduate programs in Spanish. She received her Ph.D. from New York University, where she has also taught, and in addition holds a degree in Law from the University of Havana. Professor Gómez-Quintero is the author of *Quevedo: hombre y escritor en conflicto con su época*, as well as of several articles of literary criticism. She has been the recipient of various research grants to pursue her scholarly interests.

María E. Pérez is Professor of Spanish at Iona College, where she has been Director of the Iona College Study Programs in Spain and Mexico and coordinator of the undergraduate and graduate programs in Spanish. She received her M.A. and Ph.D. from New York University. Professor Pérez has published several articles of literary criticism in addition to the books *Lo americano en el teatro de Sor Juana Inés de la Cruz* and *La ambigüedad modernista en la obra de Valle-Inclán*.